Benjamin Creme
Die Kunst der Zusammenarbeit

Die Kunst der Zusammenarbeit

Benjamin Creme

[redacted]

Edition Tetraeder

Titel der englischen Originalausgabe:
The Art of Co-operation
by Benjamin Creme
First Edition – June 2002
Share International Foundation
London • Amsterdam • Los Angeles

Das Bild auf der Umschlagseite ist die Reproduktion eines Gemäldes von Benjamin Creme aus dem Jahr 1964 mit dem Titel **Mandala IV**.

Bibliografische Informationen der Deutschen Bibliothek
Die Deutsche Bibliothek verzeichnet diese Publikation in der Deutschen Nationalbibliografie; detaillierte bibliografische Daten sind im Internet unter <http://dnb.ddb.de> abrufbar.

[redacted]

1. Auflage: März 2004
2. Auflage: Oktober 2007

Druck: Offset Druckerei Pohland, Augsburg

Dieses Buch ist meinem verehrten Meister gewidmet, der mich durch seine Präsenz – auf dem Wege der Überschattung – dazu inspiriert hat.

Inhalt

Teil drei
Einheit

Vorwort

Dieses Buch ist wie das vorherige, *Die große Annäherung – neues Licht und neues Leben für die Menschheit*, in drei selbstständige, aber zusammenhängende Teile gegliedert. Jeder Teil beginnt mit einem programmatischen und erhellenden Artikel meines Meisters, dem sich ein Vortrag oder Kommentar meinerseits anschließt. Den Ausführungen liegen meine Vorträge auf Tagungen in San Francisco (USA), Kerkrade (Holland) und Shiga (Japan) zugrunde. Im Anschluss folgt jeweils ein großer Abschnitt mit Fragen aus dem Publikum, die auf diesen Vorträgen oder bei anderen Gelegenheiten erörtert wurden.

Der erste Teil, "Die Kunst der Zusammenarbeit", der dem Buch den Titel leiht, behandelt ausführlich die gegensätzlichen Lebensauffassungen und Verhaltensweisen: Zusammenarbeit oder Wettbewerb. Er verfolgt den Konkurrenzgeist zurück bis zum Tierreich und beschreibt, wie er im Zuge der menschlichen Entwicklung allmählich der Zusammenarbeit weicht. Das Kapitel zeigt auf, dass viele der Probleme der modernen Welt in diesem Zusammenhang zu sehen sind, und dass Kooperation der einzig mögliche Weg ist, um sie, im Einklang mit der Absicht unserer Seele, lösen zu können.

Der zweite Teil, "Das Problem der Verblendung", greift das allgegenwärtige Problem der Illusion auf – Verblendung ist Illusion auf der astralen oder emotionalen Ebene. Sie wird als Nebel beschrieben, der dem größten Teil der Menschheit die Sicht auf die eigentliche Wirklichkeit versperrt und den Schmerz und das Leid der Welt verursacht. Unter dem Einfluss neuer und gewaltiger Energien werden diese Verblendungen wie nie zuvor in den Brennpunkt gerückt, was schließlich, wenn wir uns aus ihrem uralten Bann befreien, zu einem großen Sprung nach vorn in der menschlichen Evolution führen wird.

Der dritte Teil, "Einheit", beleuchtet die Idee der Einheit von einem völlig neuen Standpunkt aus: Einheit als unser eigentlicher Zustand, den wir alle, bewusst oder unbewusst, suchen, da er die Identität und die Wechselbeziehung aller Atome im Kosmos widerspiegelt. Zusammenarbeit wird als ein Aspekt der Einheit und als unerlässlich für ihr Zustandekommen gesehen. Zusammenarbeit und Einheit werden als Seelenqualitäten beschrieben, die immer offensichtlicher werden, wenn die Menschheit die

Wirklichkeit des Lebens begreift, und als Voraussetzungen für die Lösung der vielen Probleme, mit denen wir heute konfrontiert sind. Angesichts des inspirierenden Beispiels Maitreyas und seiner Gruppe der Meister und ihrer Lehren können wir sicher sein, dass wir diese Probleme überwinden und beglückt unsere Evolutionsreise fortsetzen werden.

Hintergrundinformation

Diese Vorträge und Antworten auf Fragen richteten sich in erster Linie an Gruppen, die mit meinen Informationen und vorangegangenen Publikationen vertraut sind. Deshalb spreche ich freimütig über Maitreya und die Meister der Weisheit, ohne erklären zu müssen, wer sie sind und was ihre Arbeit und ihre Beziehung zur Menschheit betrifft. Für neue Leser sind allerdings einige Erklärungen notwendig, und daher folgt hier eine kurze Darstellung ihrer Arbeit und ihrer Pläne.

Die Meister der Weisheit sind eine Gruppe vollkommener Menschen, die uns in der Evolution vorangegangen sind und bereits eine Stufe erreicht haben, auf der sie keiner weiteren Inkarnation auf unserem Planeten bedürfen. Trotzdem bleiben sie auf der Erde, um die Evolution von uns Übrigen zu überwachen. Sie sind die Hüter des Evolutionsprozesses, die Ratgeber, die Mentoren, die Beschützer der Menschheit, und sie arbeiten daran, dass der Evolutionsplan unseres planetaren Logos durch die Menschheit und die niederen Naturreiche ausgeführt wird. Für viele Tausende von Jahren haben sie (und ihre Vorgänger) vorwiegend in abgelegenen Gebirgs- und Wüstenregionen der Welt gelebt – im Himalaja, in den Anden, den Rocky Mountains, der Kaskadenkette, den Karpaten, dem Atlas, dem Ural sowie in der Gobi und anderen Wüsten. Aus der Abgeschiedenheit dieser Gebirgs- und Wüstenorte haben sie hinter den Kulissen die menschliche Evolution überwacht und stimuliert.

Seit über 500 Jahren haben sie sich als Gruppe darauf vorbereitet, in die Alltagswelt zurückzukehren – ein Ereignis, das, wie ich behaupte, bereits im Gange ist. Im Juli 1977 stieg Maitreya, der das Christusprinzip – die Liebesenergie – verkörpert und das Amt des Weltlehrers bekleidet, von seinem Refugium im Himalaja herab und reiste nach London, seinem "Fokus" in der modernen Welt. Maitreya lebt als einfacher Mann in der asiatischen Gemeinschaft von London und wartet auf den geeigneten Zeitpunkt, um öffentlich vor die Welt zu treten. Er wird von den Religionen unter verschiedenen Namen erwartet: als Christus, Imam Mahdi, Messias, Krishna, Maitreya-Buddha. Er kommt nicht als ein religiöser Führer, sondern als ein Erzieher im weitesten Sinne.

Maitreyas Gegenwart wird die Menschheit dazu bewegen, die notwendigen Änderungen in unserem politischen, ökonomischen und sozialen Leben vorzunehmen, um Frieden, Gerechtigkeit und Freiheit für alle Menschen zu garantieren. Seine größte Sorge gilt den Ungleichheiten im Lebensstandard der reichen und armen Länder, die, wie er sagt, die Zukunft der gesamten Menschheit bedrohen. Die terroristischen Aktivitäten der jüngsten Zeit sind ein Symptom für diese Kluft.

Maitreya versteht das Prinzip des Teilens als Schlüssel zur Lösung unserer zahllosen Probleme und als einzige Möglichkeit, um richtige mitmenschliche Beziehungen zu entwickeln. Maitreya sagt: "Nehmt die Bedürfnisse eures Bruders als Maßstab für euer Handeln und löst so die Probleme der Welt. Es gibt keinen anderen Weg." Bald wird Maitreya in einem großen amerikanischen Fernsehsender auftreten (ohne als Maitreya angekündigt zu werden), und seine öffentliche Mission beginnen.

Im Januar 1959 setzten sich einer der Meister im Himalaja und bald darauf auch Maitreya selbst mit mir in Verbindung. Es wurde mir die Aufgabe angeboten, den Weg zu ihrer Ankunft vorzubereiten und ein Klima der Hoffnung und Erwartung zu schaffen, eine Aufgabe, mit der ich nun seit 28 Jahren befasst bin. Im Laufe der Schulung durch meinen Meister, mit der ich auf diese Arbeit vorbereitet wurde, haben wir eine ständige telepathische Verbindung aufgebaut. Das ermöglicht ihm, mit einem Minimum an Aufmerksamkeit und Energie mit mir zu kommunizieren. Er schuf ein Instrument, mit dessen Hilfe er arbeiten kann und das auch auf kleinste Impulse von ihm reagieren kann (natürlich unter meiner völligen Mitwirkung und ohne die geringste Verletzung meines freien Willens). Die in diesem Buch enthaltenen Artikel des Meisters wurden von ihm ursprünglich für die Zeitschrift *Share International* diktiert.

Weitere Informationen zu Maitreya und den Meistern finden Sie in meinen Büchern sowie in der Zeitschrift *Share International* und auf der entsprechenden Website. Nähere Angaben dazu finden Sie am Ende dieses Buches.

Ich möchte den vielen Menschen in London und San Francisco, deren Zeit und Mühe zu diesem Buch beigetragen haben, meinen Dank aussprechen. Die Hingabe und Effizienz, mit der sie die Aufgaben des Transkribierens, Übersetzens, Eingebens, Korrekturlesens und der Index-Zusammenstellung auf sich genommen haben, haben diese Publikation erst ermöglicht. Insbesondere gilt mein Dank, wieder einmal, Michiko Ishikawa für ihre unschätzbare Arbeit, das umfangreiche Material in eine lesbare Form zu bringen.

London, Juni 2002
Benjamin Creme

Anmerkungen des Herausgebers:

(1) In diesem Buch werden immer wieder Botschaften von Maitreya, dem Weltlehrer zitiert. Während der Jahre der Vorbereitung auf seine Ankunft übermittelte Maitreya über Benjamin Creme bei dessen öffentlichen Vorträgen 140 Botschaften. Sie inspirieren die Leser dazu, die Nachricht von der Wiederkehr Maitreyas zu verbreiten und sich für die dringende Rettung von Millionen Menschen einzusetzen, die in einer Welt des Überflusses unter Armut und Hunger leiden. Weitere Informationen siehe "Literaturhinweise" am Ende des Buches.

(2) Die meisten der Artikel sowie der Fragen und Antworten, die in diesem Buch enthalten sind, wurden ursprünglich in der Zeitschrift *Share International* im Zeitraum von Januar 1998 bis Januar 2002 veröffentlicht. Das Erscheinungsdatum ist jeweils am Ende der Artikel und der Fragen vermerkt. Einige Fragen stammen aus Benjamin Cremes Vorträgen in Japan, die bisher nicht veröffentlicht wurden. Sie sind durch "JK" (Japan-Konferenz) vor dem Vortragsdatum gekennzeichnet.

Teil eins

Die Kunst der Zusammenarbeit

Am Fuße des Berges, meine Brüder, erscheint der Aufstieg wirklich steil, aber nach den ersten Schritten geht es schnell voran, und wenn ihr euch dem Gipfel nähert, werden euren Füßen Flügel wachsen, und von dort oben werdet ihr die Herrlichkeit Gottes schauen.

So wird es sein, meine Freunde und Brüder.
Ich, Maitreya, verspreche es.

Maitreya, 28. November 1979
(aus: *Botschaften von Maitreya – dem Christus*, Edition Tetraeder München)

Die Kunst der Zusammenarbeit

von Meister —, durch Benjamin Creme

[1] Immer mehr beginnen die Menschen, den Ernst der Probleme zu begreifen, mit denen sie heute konfrontiert sind. An allen Fronten, im politischen, wirtschaftlichen und sozialen Bereich nehmen die Probleme überhand und verursachen Kummer und ratloses Kopfschütteln. Nimmt man die Umweltprobleme hinzu, die auf den allzu sorglosen Umgang mit der Natur und ihren Ressourcen zurückzuführen sind, dann sieht die Zukunft der Menschheit noch düsterer aus. Langsam keimt die Erkenntnis, dass das Leben der Menschheit in einer Krise steckt und etwas Drastisches geschehen muss, bevor es zu spät ist.

Was aber kann der Mensch tun, um sich vor der Katastrophe zu retten? Welche Schritte sind geeignet, die Bedrohung seines Wohlergehens vielleicht doch noch abzuwenden?

Die Antwort ist relativ simpel, doch, wie es scheint, für die Menschen schwer zu begreifen, da sie sich im Netz ihrer eigenen Konditionierungen verfangen haben.

Die Menschen müssen sich vom Gift des Konkurrenzdenkens frei machen; sie müssen Wettbewerb als das begreifen, was er ist – eine Verblendung –, und wenn sie die Einheit aller Menschen erkennen, sich zur Kooperation für das Wohl aller bereit finden. Nur Kooperation und Gerechtigkeit werden die Menschen vor der selbst verursachten Katastrophe retten; allein Kooperation und Gerechtigkeit können ihre Zukunft garantieren. In Anbetracht dessen hat der Mensch kaum eine andere Wahl: er muss Zusammenarbeit als den Schlüssel zu seiner Rettung akzeptieren.

[2] Wenn die Menschen zusammenarbeiten statt miteinander zu konkurrieren, wird es sein, als habe ein Zaubertrank sie verwandelt. Wie leicht langwierige Probleme dann gelöst werden können, wird alle überraschen. Was undenkbar erschien wird auf den leisesten Impuls hin möglich, und sie werden – allein durch diese Zusammenarbeit – die Kunst zu leben lernen. So wird es sein, und so werden die Menschen die Schönheit zwischenmenschlicher Beziehungen schätzen lernen, die sich nur durch Zusammenarbeit erschließt. Durch Kooperation wird die neue Zivilisation aufgebaut, die neue Wissenschaft enthüllt und ein neues Einvernehmen offenbar. So werden die Menschen zusammenwachsen und gemeinsam ihre Göttlichkeit entdecken. Und so werden sie die Freude und das Glück einer solchen Verbundenheit erleben.

Schlüsselrolle

Die Meister, eure Älteren Brüder wissen sehr gut, was Zusammenarbeit ist. In allem, was sie tun, spielt Kooperation eine Schlüsselrolle. In einer gelebten Bruderschaft, wo das Geschwür des Wettbewerbs unbekannt ist, kann es auch nicht anders sein.

Es ist unser aufrichtiger Wunsch, dass die Menschen die Kunst der Zusammenarbeit lernen, und dafür stehen wir als Mentoren und als Beispiel zur Verfügung. Wenn man bedenkt, wie befreiend Zusammenarbeit ist, verwundert es doch sehr, wie langsam die Menschen begreifen, welche Freuden sie bereiten kann.

Die Ära des Wettbewerbs nähert sich nun schnell dem Ende. Mit ihrem Untergang wird auch die Erinnerung an Gewalt und Krieg, Hunger mitten im Überfluss, Gier und Ausgrenzung verblassen. Anstelle all dieses Leids wird sich eine segensreiche Zusammenarbeit entwickeln und den Menschen ihre wesenhafte Göttlichkeit garantieren. So wird es sein, und so werden die Menschen eine andere Facette der Natur Gottes kennen lernen. (*Share International*, September 2000)

Zusammenarbeit

von Meister —, durch Benjamin Creme

[3] Die Menschheit steht vor einem großen Sprung in die Zukunft, eine Zukunft, in der sich die eigentliche, die göttliche Natur der Menschen zeigen wird. Auch wenn es ihm kaum bewusst sein mag, konnte und wird der Mensch die Prüfungen bestehen, durch die er in voller Reife die Kenntnisse und Kräfte gewinnen wird, mit denen er die Zukunft gestalten kann.

Gegenwärtig mag diese Realität nur in der Vision der Ratgeber der Menschheit erkennbar sein; aber es ist so und verheißt Gutes für die kommende Zeit. Wo immer Menschen heute zusammenkommen, können wir ein neues Verantwortungsbewusstsein für das Wohlergehen des Planeten wahrnehmen.

Erst jetzt, nachdem der Mensch Äonen damit verbracht hat, für seine Existenz und den Fortschritt zu kämpfen, kann man sagen, dass er reif geworden ist, auch wenn ihm das selbst noch nicht klar ist.

Ein großer Schritt

Nun ist die Voraussetzung für einen großen Fortschritt in der menschlichen Entwicklung gegeben, der so schnell und erfolgreich sein wird, dass er alle früheren Bemühungen weit übertrifft. Während bis jetzt langsamer und stetiger Fortschritt wünschenswert war und sogar bevorzugt wurde, wird heute ein neuer Rhythmus geschaffen, dessen Dynamik die Menschheit auf eine Welle globalen Wandels in die Zukunft mitreißen wird. So groß sind die Spannungen in der heutigen, gespaltenen Welt, dass nur ein schneller Richtungswechsel sie vor der Katastrophe bewahren kann. Dieser schnelle Wechsel wird zweifellos vielen Anpassungsprobleme bereiten, aber die Mehrheit wird diese Veränderungen als Chancen für eine neue Lebensweise willkommen heißen.

Wir, die Arbeiter hinter den Kulissen, haben vollstes Vertrauen, dass die Menschheit diese radikale Transformation ihrer **[4]** Strukturen voranbringen wird. Diese Strukturen entsprechen nicht länger den Bedürfnissen der Menschen und blockieren die Entwicklung des Neuen. Wir beobachten und beraten, wir beaufsichtigen dies alles.

Nach und nach entwickeln die Menschen ein neues Bewusstsein für ihre inneren Bedürfnisse. Das alte Wettbewerbsdenken ist zwar äußerst zäh, aber es wird auch ein neuer Geist der Zusammenarbeit deutlich. Dies ist ein gutes Omen für die Zukunft, denn allein durch Zusammenarbeit wird die Menschheit überleben; allein durch Zusammenarbeit kann die neue Zivilisation aufgebaut werden; allein durch Zusammenarbeit können die Menschen die innere Wahrheit ihrer Göttlichkeit erkennen und verwirklichen.

Zusammenarbeit ist das natürliche Ergebnis richtiger Beziehungen: in gleicher Weise ergeben sich richtige Beziehungen aus weiser Zusammenarbeit. In der Zusammenarbeit liegt der Schlüssel für jeglichen Erfolg in der Gruppenarbeit, sie ist Ausdruck des göttlichen guten Willens. Ohne Zusammenarbeit kann nichts Dauerhaftes erreicht werden, denn nur sie bringt eine Synthese der vielen verschiedenen Sichtweisen zustande.

Zusammenarbeit ist ein anderes Wort für Einheit. Einheit und Zusammenarbeit sind das Sprungbrett in die Zukunft und die Garantie für den Fortschritt aller Menschen. Die Menschheit verfügt über große, noch unerschlossene Kraftreserven, die darauf warten, durch die Magie der Zusammenarbeit freigesetzt zu werden.

Wettbewerb verzerrt die natürliche Ordnung; Zusammenarbeit bringt den guten Willen im Menschen hervor. Wettbewerb ist nur um das eigene Wohl besorgt. Zusammenarbeit bewirkt das Beste für alle.

Wettbewerb führt zu Spaltung, dem Ursprung aller Sünden; Zusammenarbeit sucht die vielfarbigen Stränge des einen, göttlichen Lebens zu verbinden und zu vereinen.

Wettbewerb hat den Menschen an den Rand des Abgrunds gebracht; allein Zusammenarbeit wird ihm helfen, den Weg zu finden.

Die ewig Gestrigen lieben den Wettbewerb; die Neuen ergreifen freudig die Gelegenheit göttlicher Zusammenarbeit.

Man kann die Menschen auf der Welt in zwei Kategorien einteilen: diejenigen, die miteinander konkurrieren – und diejenigen, die kooperieren.

Befreit eurer Herz vom Makel des Wettbewerbs und öffnet euch dem Glück der Zusammenarbeit. (*Share International*, Dezember 1984)

Zusammenarbeit ist eine Notwendigkeit

[5] *Der folgende Artikel ist die redigierte Version eines Vortrags von Benjamin Creme, der 1997 auf der Transmissionstagung in San Francisco, USA, stattfand. Der Vortrag, der sich insbesondere an die amerikanische Zuhörerschaft wendet, wurde im selben Jahr auf der Tagung in Kerkrade, Niederlande, wiederholt.*

Die Welt teilt sich in zwei Gruppen: Die einen halten an den alten habgierigen und selbstsüchtigen nationalistischen Systemen fest und repräsentieren daher die reaktionären Kräfte in der Welt; die anderen öffnen sich den neu hereinströmenden Energien des Wassermann-Zeitalters und suchen nach Wegen der Brüderlichkeit und Zusammenarbeit; sie erkennen unsere gegenseitige Abhängigkeit, die aus der Tatsache erwächst, dass wir alle einer Menschheit angehören.

Als diese eine Menschheit erfüllen wir unsere gemeinsame Bestimmung und – mit unseren verschiedenen Nationalitäten und Veranlagungen – entwickeln wir in uns die Fähigkeit, in wirklicher Einheit die außergewöhnliche Vielfalt des göttlichen Lebens zum Ausdruck zu bringen. Darin liegt offensichtlich eines der größten Probleme für die Menschheit, denn die Welt ist heute völlig gespalten und der Wettbewerb regiert. Es liegt dies im Wesen unserer politischen und wirtschaftlichen Systeme, die nun einmal auf Marktkräften, Kommerzialisierung, Expansion und Macht basieren. Wenn wir überleben wollen, müssen wir diesen Zustand ändern. Wie können wir die ungeheure Macht des Wettbewerbs stürzen, die heute sämtlichen Aspekten unseres Lebens zugrunde liegt, und an ihre Stelle die Idee von Zusammenarbeit und vor allem auch das entsprechende Handeln setzen?

Ich glaube, dass Wettbewerb in der Angst begründet liegt. Wenn wir in unserer Geschichte zurückblicken, können wir erkennen, dass der Wettbewerb einen Bezug zum Tierreich hat. Für Tiere ist es natürlich, dass sie im täglichen Kampf ums Überleben miteinander um Futter konkurrieren. Zwischen den Wölfen und dem Karibu, zwischen den Löwen, Tigern, Pumas und Leoparden und den vielen Antilopen- und Hirscharten herrscht ein andauernder Konkurrenzkampf. Sie sind alle im Wettstreit. Aber das ist ihnen nicht bewusst. Der Löwe **[6]** oder Tiger würde nie denken: "Ich konkurriere mit meinen Brüdern und Schwestern um eine Antilope." So etwas würde ihnen nie in den Sinn kommen. Ihr Verhalten ist einfach eine instinktive Reaktion auf das Leben.

Wenn ein Löwe, Tiger oder Leopard hungrig ist, macht er sich auf Futtersuche. Sein Futter ist immer vierbeinig; folglich ist für diese Tiere alles auf vier Beinen geeignetes Freiwild. Die Frage ist nur, wer schneller auf den Beinen ist. Wenn der Hirsch oder die Antilope schneller ist – was oft der Fall ist –, entkommt sie der großen Katze. Wenn – mittels Kooperation – Löwen oder Leoparden zusammenarbeiten oder, wie Wölfe bei der Verfolgung eines Karibu, aufgrund ihres gemeinsamen, angeborenen Instinkts sich zur Kooperation zusammentun und gemeinsam jagen, können sie ihre Beute zur Strecke bringen, selbst wenn diese viel schneller ist. Zusammenarbeit gibt es auch im Tierreich, aber die Jagd ist im Wesentlichen ein Wettkampf ums Überleben.

Dies ist zwar keine lückenlose Nacherzählung der Geschichte, aber es reicht aus, um meinen Standpunkt zu illustrieren. Für die Frühmenschen, die in einer Zeit der Nahrungsknappheit lebten, war es völlig natürlich, um diese lebenswichtige Nahrung zu konkurrieren. Sie kämpften ums Überleben. Auch beim Konkurrenzkampf zwischen dem frühen Tiermenschen und dem Tierreich ging es über viele Zeitalter hinweg ums Überleben. Die Nachkommen der Dinosaurier – wenngleich kleiner und schneller, waren es immer noch Dinosaurier und ebenso raubgierig – dezimierten die Menschheit. Immer wieder wurde die Existenz der gesamten Menschheit vom Tierreich bedroht. Der Konkurrenzkampf ums Überleben ist bei den Tieren ein ganz natürlicher Instinkt.

Wir jedoch sind keine Tiere. Obwohl wir unseren Körper und einige unserer Instinkte dem Tierreich verdanken, sind wir Seelen in Inkarnation. Dadurch kommt für uns in den Beziehungen zwischen Mensch und Mensch, zwischen Gruppen, Nationen etc. noch etwas anderes als Konkurrenzkampf ins Spiel. Wir befinden uns zwar nicht immer im Konkurrenzkampf, aber wenn das der Fall ist, zerstören wir uns am Ende immer selbst. Krieg – das ist Konkurrenzkampf par excellence, und auf ihn hat die Menschheit immer wieder aus den unterschiedlichsten Gründen zurückgegriffen: **[7]** zur Expansion, zum Beutemachen, sehr oft auch nur zum Vergnügen, wie im Mittelalter, um den Schwertarm stark und geschmeidig zu halten, einfach aus schierer Jagdlust – Jagd auf unsere Brüder und Schwestern anderer Hautfarbe, Religion, Stammeszugehörigkeit oder ethnischer Zugehörigkeit.

Mit dem Aufkommen der Ackerbaugesellschaften nahm die Notwendigkeit des Konkurrenzkampfes ab. Zwar fand er in Form von Kriegen noch immer sehr häufig statt, aber indem sich die Menschen einer sesshaften Agrarkultur zuwandten, befreite es sie von der Notwendigkeit, sich gegenseitig oder Tiere zu jagen, um des Tötens willen oder für den Kochtopf. Ein neuer Aspekt entwickelte sich: die Zusammenarbeit. Die Stämme wurden größer, kleine Marktstädte entstanden, und der Handel begann. Dazu bedarf es der Kooperation. Eine Stadt oder ein Handelsplatz kann nicht ohne Kooperation aufgebaut werden. Ohne Kooperation kann der Umfang menschlicher Aktivitäten nicht ausgeweitet werden und auch keine Kreativität entstehen. Wenn einige ein Loch in den Boden graben, können andere ein Haus darauf bauen; wenn einige Häuser bauen, bekommen andere wiederum die Möglichkeit, Klavier oder Harfe zu spielen. Solche Differenzierungen und Spezialisierungen bereichern die menschliche Gesellschaft, ihre Zivilisation und Kultur. Ohne den Geist der Zusammenarbeit könnte dieser Reichtum nicht gefördert werden. Es bedarf des Bewusstseins, dass wir Teil einer Gruppe sind, einer Gemeinschaft von Brüdern und Schwestern, die gemeinsam die Ressourcen eines bestimmten Ortes teilt und daher die Früchte eines solchen kooperativen Austausches genießen kann.

Überproduktion

Wir sind heute an einem Punkt angelangt, an dem die Welt in praktischer, materieller Hinsicht wahrscheinlich reicher ist als je zuvor. Pro Kopf gibt es mehr Produkte als zu irgendeiner anderen Zeit in der Menschheitsgeschichte. Noch nie hatte man das Gefühl, so viele *Dinge* zu benötigen. Nie zuvor gab es so viele übervolle Lagerhäuser. Wir haben einen Punkt massiver Überproduktion erreicht – was ohne Kooperation nicht möglich wäre. All dies ist das Ergebnis von Kooperation; aber die konkurrierenden Versuche, sich diese Güter gegenseitig zu verkaufen, haben zu anhaltenden massiven Angriffen eines jeden gegen jeden geführt.

[8] Einst haben die Menschen lediglich mit dem gehandelt, was sie brauchten. Wenn man Wein produzierte oder Oliven anbaute, tauschte man die Waren gegen Gold, Silber, Zinn, Lapislazuli oder irgendein anderes Naturprodukt ein. Das war ausreichend. Niemand wäre auf die Idee gekommen, mit anderen Leuten um ein bestimmtes Handelsgut zu konkurrieren. Als Phönizier, Römer oder Grieche trieb man Handel mit Britannien und Germanien, um die Güter zu erwerben, die dort hergestellt wurden – und nicht jene, die man selbst produzierte. Man brachte ihnen Wein, Oliven und Marmor und erhielt dafür Zinn, Kupfer, Wolle und Bernstein. So entwickelte sich aus dieserart von Agrarkultur auf der ganzen Welt eine natürliche, kooperative Handelsindustrie.

Heute stellen alle Industrienationen das Gleiche her. Wir produzieren Automobile, Nähmaschinen, Kühlschränke, Taschenrechner, Computer und das ganze Drum und Dran unseres modernen, anspruchsvollen Stadtlebens – und alle versuchen wir, uns gegenseitig diese Sachen zu verkaufen. Genau genommen bräuchte keiner von uns das, was uns der andere verkaufen will. Wir wollen es nur haben, wenn es weniger kostet. Das ist die Hauptbedingung. Wenn etwas von besserer Qualität ist und teurer, wollen wir es nicht unbedingt haben. Wenn es aber von besserer Qualität ist und billiger, dann wollen wir es natürlich haben. Wenn es qualitativ nicht ganz so gut ist, aber um einiges billiger, werden wir uns bestimmt damit zufrieden geben. So sieht unser Handel heutzutage aus. Wir besorgen uns nur Dinge, die wir auch ganz leicht selbst herstellen könnten, die aber dann etwas mehr kosten würden.

Wir sind in einer Art Handelssackgasse gelandet. Wie könnten wir da wieder herauskommen? Der eine Weg besteht darin, zur Agrarkultur zurückzukehren, in der jeder nur seine eigenen Sachen herstellt und mit ihnen handelt, um die gegenseitigen Bedürfnisse zu decken. Das wäre vernünftig, aber die Welt von heute ist so groß geworden, es gibt so viele Menschen, und ein entsprechendes Handelssystem wäre so kompliziert, dass niemand auf die Idee käme, es in die Praxis umzusetzen. Natürlich wäre es unsinnig, die Reise in die Vergangenheit anzutreten. Wir müssen in eine anderen Richtung gehen: Wir müssen uns kooperativ verhalten, statt zu konkurrieren – sonst gelangen wir überhaupt nirgendwohin.

Konkurrenz

[9] Das Konkurrenzverhalten scheint der menschlichen Psyche angeboren zu sein. Jeder ist in größerem oder geringerem Maße auf Wettbewerb eingestellt. Wir müssen diese Tatsache erkennen und annehmen, und wir müssen lernen, damit umzugehen. Die meisten Geschwister konkurrieren um die Liebe, Anerkennung und Aufmerksamkeit ihrer Eltern. Bekommen sie diese nicht, hassen sie ihre Geschwister dafür und lassen es am jüngeren Kind aus. In jeder Familie mit zwei oder drei Kindern ist das erste bis zum zweiten Lebensjahr brav, bis das nächste kommt.

Die Verantwortung der Eltern ist enorm. Da Konkurrenzverhalten zwischen Geschwistern fast unvermeidlich ist, muss es kontrolliert und durch Kooperation ersetzt werden, die meiner Ansicht nach erst beigebracht werden muss.

Jeder in der heutigen, sehr unvollkommenen Gesellschaft ist konditioniert. Alle Eltern konditionieren ihre Kinder in der Weise, wie sie selbst konditioniert wurden. Wir geben unsere eigene Konditionierung immerzu weiter. Wir können fast nicht anders. Wir müssen schon sehr wachsam sein, sehr feinfühlig und intelligent, um zu realisieren, was wir gerade tun – und dazu noch äußerst geduldig und gelassen. Wir müssen für unsere Kinder vom frühesten Alter an die richtigen Bedingungen für die Zusammenarbeit schaffen.

Bessere Kindertagesstätten und Kindergärten versuchen ihren Kindern Kooperation einzuprägen. Das zu erleben, ist wundervoll, einfach wonnig. Aber sobald zwei Kinder dasselbe Spielzeug haben oder dasselbe unternehmen wollen, ist es schnell vorbei mit dem Frieden. Dann kommt der alte, primitive Urmensch wieder hervor mit seinem Konkurrenzinstinkt – als Ausdruck des Wunschprinzips, das über die Persönlichkeit herrscht. Bis zum Alter von vierzehn Jahren wird das Kind von seiner astralen Natur dominiert. (Ich spreche hier nicht von genialen Menschen, die schon als Eingeweihte ins Leben treten und gleich anfangen zu malen wie Picasso.)

Göttlicher guter Wille

Das Wunschprinzip ist sehr mächtig und drückt sich instinktiv durch Wettbewerb aus. Es könnte kooperieren, aber wenn es meint, dass es etwas braucht, oder wenn es etwas unbedingt haben will, greift es zu und kämpft **[10]** darum, tötet, falls nötig, verletzt und zerstört. So verläuft die menschliche Lebensgeschichte, bis das Stadium erreicht wird, in dem sich die Seele – der göttliche Aspekt, dessen Wesen der gute Wille ist – offenbart. Wie der Meister sagt: *“Zusammenarbeit ist Ausdruck des göttlichen guten Willens.”* Die Seele demonstriert den guten Willen, der uns zur Zusammenarbeit veranlasst.

Für die Menschen – in ihren physischen Körpern und mit ihren vorwiegend astral gelenkten Persönlichkeiten – ist es sehr schwierig, die Natur der Seele klar zu erkennen und zu verstehen, außer vielleicht intellektuell. Die Seele besitzt Weitblick; sie kann sich niemals als abgesondert empfinden.

Die Seele erzeugt auf magische Weise die Person auf der physischen Ebene. Dies geschieht, indem sie die Strahlenstruktur und die gegenwärtigen Körper mit den Schwingungsraten, die im letzten Leben erreicht wurden, erschafft. Die Seele versucht, ihr exaktes Ebenbild auf der physischen Ebene zu erzeugen, und da sie intelligent ist, weiß sie, dass sie dazu viele Inkarnationen brauchen wird. Sie muss ihrer Spiegelung die Vehikel, also die Körper, zur Verfügung stellen, die den jeweiligen Lebensbedingungen entsprechen: die Beschaffenheit der Familie und der Umwelt, in die sie hineingesetzt wird; ein Bündel von Vehikeln, Strahlen und Fähigkeiten. In unseren zahllosen Inkarnationen hatten wir mehr oder weniger schon alle Strahlen. Einige von ihnen sind noch nicht aktiv, können also noch nicht so richtig zum Ausdruck kommen. Andere waren vielleicht erst kurz zuvor wirksam und herrschen daher in der Ausrüstung noch vor. Nichts von alldem geht jemals verloren.

Die Seele besitzt absoluten guten Willen. Sie kennt nur göttliche Intelligenz, göttliche Liebe und göttliche Absicht oder göttlichen Willen. Der gute Wille ist ein Aspekt der Liebe. Er ist die Absicht und Liebe Gottes in einem – die eigentliche Liebe. Die Seele versucht dies ihrem Vehikel einzuprägen, was unweigerlich zur Zusammenarbeit führt. Wenn wir zusammenarbeiten, entsteht in uns die Neigung, den guten Willen zu entwickeln. Beide wirken zusammen. Je kooperativer wir sind, desto stärker kommt der gute Wille zum Ausdruck. Je mehr wir guten Willens sind, desto größer wird unser Wunsch nach Zusammenarbeit. Wenn wir guten Willens sind, ist **[11]** die Kooperation einfach. Sie ist jedoch sehr schwierig, wenn wir eher nach dem Wunschprinzip funktionieren als nach dem Seelenprinzip des guten Willens, wenn wir unserer Intelligenz folgen und das durchsetzen wollen, was uns als notwendig, als das Beste für uns selbst und unsere Gruppe erscheint. Die Intelligenz steht aber auch oft im Widerstreit zur Einsicht und Intuition, die Teil der Seele sind und immer zum guten Willen führen, zu wirklichen, echten Beziehungen.

Die Seele kennt nur rechte Beziehungen. Und genau diese möchte sie auf der physischen Ebene herstellen. Das ist natürlich schwierig, da wir seit ewigen Zeiten und vor allem jetzt mit unseren modernen politischen und wirtschaftlichen Strukturen eine Welt geschaffen haben, die im Wesentlichen auf Wettbewerb beruht.

Der "amerikanische Traum"

Nehmen wir beispielsweise die USA. Hier ist der größte Wunsch – der so genannte "American Dream" – Überfluss und Freiheit. Da Amerika ohnehin vom 6. Strahl des Idealismus dominiert wird, ist der Wettkampf Amerikas grundlegender Persönlichkeitsausdruck. Es kann nicht anders, weil sein Idealismus und sein Sinn für Individualität seinen Konkurrenzgeist bestärken.

Die frühen Pilgerväter kamen nach Amerika, weil sie die Religionsfreiheit suchten. Sie fanden, dies sei ein Land, "wo Milch und Honig fließen". Amerika war die Antwort auf den Traum vom Überfluss an materiellem Wohlstand, Expansion und Macht, von allem, was im irdischen Leben der Menschen als lohnendes Ziel erachtet werden konnte. All das wurde zum Bestandteil des amerikanischen Traums. Beim Aufbau dieser Nation mussten die frühen Siedler um das Land kämpfen, das den amerikanischen Ureinwohnern gehörte; folglich mussten die Siedler mehr oder weniger alle "Indianer" ausrotten. Sie führten das Gewehr ein, und natürlich ist eine gute Flinte besser als jeder noch so gute Pfeil und Bogen. Dieses Land hat man sich im Wettbewerb erkämpft, wie das bei allen Pioniertaten geschieht. Man muss miteinander konkurrieren, um Pionierarbeit zu leisten und eine Nation aufzubauen. Dieser Konkurrenzgeist hat sich bis heute gehalten und ist zum stärksten Merkmal dieses Landes geworden.

[12] Amerikas "Geschenk" an die Welt ist der Wettbewerb – in Form seiner Filme und seiner wirtschaftlichen und politischen Macht, die es an sich gerissen hat. Wettbewerb ist der wichtigste Ausdruck des heutigen amerikanischen Lebens – nicht der einzige, aber der wichtigste.

Schon von klein auf wird den amerikanischen Kindern beigebracht, sich aneinander zu messen. Sie werden tatsächlich zum Konkurrenzverhalten angehalten. Natürlich nicht nur sie. Den Europäern, und vor allem den Japanern, wird das Konkurrieren ebenso beigebracht, sie werden regelrecht darauf eingeschworen. Mütter loben ihre Kinder nur, wenn sie in der Schule gut abschneiden. Man lehrt sie, jede Situation mit offenen Armen anzunehmen, die ihre "Chancen" im Leben verbessern könnte. Dieses Verhalten dominiert immer mehr den Sinn des Lebens und ist heute in der ganzen Welt verbreitet. Es ist ein "amerikanischer Traum", der zu einem Welt-Traum geworden ist, einem Traum vom Überfluss.

Dieser Traum basiert auf Habgier, die sich ihrerseits wiederum auf Angst gründet. Er hat sich mit dem Wettbewerb verbündet, der gleichfalls seine Ursache in der Angst hat. Wo keine Angst herrscht, herrscht auch kein Wettbewerb. Verabschieden wir uns von der Angst, erhalten wir ihr Gegenteil: Liebe, Vertrauen und Zuversicht. Wird uns das genommen, erleiden wir Schaden. Wenn Mutter und Vater in unserer Erziehung dieses grundlegende Vertrauen in das Leben zerstören – dieses Urvertrauen, diese Liebe und den kooperativen Geist des guten Willens, mit dem wir alle geboren werden, der gefördert oder aber durch Angst und daher Wettbewerb ersetzt werden kann –, dann wird das Konkurrenzverhalten zum Bestandteil unseres Bewusstseins.

Einige Nationen können einfach nicht ohne Wettbewerb leben. Ein großes Problem für die heutige Welt ist die gewaltige Einflussnahme Amerikas auf die Lebensweise der restlichen Welt. Dies geschieht durch Film, Radio und Fernsehen. Die amerikanischen Filme sind eines der größten Erziehungsmittel der Welt. Sie werden überall gesehen, sowohl in der entwickelten als auch in der unterentwickelten Welt. Die Amerikaner machen gute und schlechte Filme, aber vor allem machen sie Lehrfilme. Sie lehren die Welt, wie man in Angst lebt und wie man sie durch Konkurrenzkampf überwindet: Wenn du nur eifrig die Ellbogen gebrauchst, kannst du dich über die Angst erheben. Du gewinnst dazu, wirst größer, schwimmst im **[13]** Überfluss und kannst so ein Polster erwerben, mit dem du die Kräfte, vor denen du dich fürchtest, in Schach hältst.

In diesem Land wird jedem beigebracht, dass es der Traum eines jeden sei, "Millionär zu werden". Ich weiß, dass niemand in diesem Raum davon träumt, eine Million zu machen. Sie wären ohnehin wenig dazu geeignet, weil Sie nur zu gut die Bedeutung und den Zweck des Lebens verstehen. Aus diesem Grund sind Sie auch in dieser Art von Gruppe. Aber Millionen Ihrer Mitbürger sind besessen von der Idee, "eine Million zu machen" – und die erste Million ist immer die schwierigste. Sobald Sie aber die erste Million haben, kommt der Rest von alleine. Sie investieren und spielen an der Börse, die die Spieltische zur Verfügung stellt, auf denen aus dieser Million ganz schnell zwei, drei Millionen werden können – bis hin zu einer Milliarde. Das gehört zum "amerikanischen Traum".

Sie müssen ein Leben hinter abgeschlossenen Toren führen. Sie müssen hinein- und hinausgelassen werden. Und das nennen Sie Freiheit? Diese Leute können nie zu meinen Vorträgen kommen, weil sie bis Mitternacht arbeiten. Sie haben Angst, dass sie ausgeraubt werden. Das ist überall auf der Welt dasselbe. Das ist nicht die Freiheit, die ich mir vorstelle.

Insbesondere das amerikanische Volk hat – allgemein gesprochen – dieses Hirngespinst angenommen. Sie wollen zwar Freiheit, schaffen aber Institutionen, die ihnen genau die Freiheit verweigern, die sie angeblich genießen und bewahren wollen. Sie stellen eine große Armee auf, um den "American Way of Life" zu schützen. Ich liebe Amerika und die Amerikaner. Aber den "American Way of Life" können Sie gerne behalten! Er hat nichts mit Freiheit zu tun, nichts mit Gerechtigkeit oder Zusammenarbeit, sondern einzig mit Konkurrenzdenken.

Die Amerikaner sind deswegen so gut im Wettbewerb, weil er für sie einen Dauerzustand darstellt. Sei es beim Geschäftemachen, sei es im Krieg, immer liegen sie im Konkurrenzkampf. Und wenn es nicht offen geht, konkurrieren sie verdeckt unterm Ladentisch, mit Hilfe des CIA [US-Geheimdienst]. Wozu, meinen Sie, gibt es den CIA? Der CIA soll gegen die anderen Nationen der Welt konkurrieren, ohne dass es danach aussieht, weil es unfein wäre, sich demokratisch gewählte **[14]** Regierungen vom Halse zu schaffen. Also wird der CIA eingesetzt, um die Drecksarbeit für Ihr Land zu übernehmen.

Ich ziehe über die Vereinigten Staaten her, aber das ist nicht meine eigentliche Absicht. Ich möchte vielmehr auf den Hauptverursacher des Konkurrenzdenkens hinweisen; und dieses Konkurrenzdenken hat sich bereits über die ganze Welt verbreitet und bedroht sie heute ernsthaft in ihrer Existenz.

Gegenseitige Abhängigkeit

Wenn wir das Konkurrenzverhalten nicht aufgeben, werden wir die Welt zerstören. So einfach ist das. Die Menschen müssen verstehen, dass sie voneinander abhängig sind – Brüder und Schwestern *einer* Menschheit; sie müssen auch verstehen, dass die Menschheit eine Macht in der Welt darstellt, die bestimmten Regeln zu gehorchen hat. Diese Regeln sind uns von der Seelenebene her angeboren. Wenn wir die Seelenebene zum Ausdruck bringen, gehorchen wir diesen Regeln.

Die Regeln verlangen von uns, dass wir zusammenarbeiten. Es gibt auf der ganzen Welt keine einzige Nation – nicht einmal die größte, die USA –, die politisch und ökonomisch allein bestehen könnte. Amerika hat Billionen Dollar Staatsschulden; für 25 Prozent dieser Schulden bürgt Japan. Wenn Japan seine Anlagen in US-Regierungsanleihen verkauft, werden 25 Prozent der US-Staatsschulden in ihren Grundlagen erschüttert. Entweder bringen Sie irgendwie den Rest auf, oder Ihr Land bricht zusammen.

Das alles ist das Ergebnis einer völlig falschen Auffassung von der Welt, die schon seit langem von den Regierungen dieses Landes vertreten wurde. Die Welt ist anders, als sie von den Regierungen gesehen wurde. Sie haben sie wirklich als ein Machtspiel betrachtet, nach dem Motto: Je größer und mächtiger wir sind, desto besser können wir das Spiel kontrollieren. Über Jahrhunderte wurden auf der restlichen Welt kleine Machtspiele ausgetragen – in Europa über zahllose Jahrhunderte hinweg, im Fernen Osten noch länger. Jahrtausendelang war China aufgrund der Kämpfe zwischen Kriegsherren zerrissen; dasselbe galt für Japan.

In den USA, die ein noch junges Land sind, gab es diese Art von internen Streitigkeiten nicht. Das ist ganz und gar ungewöhnlich für ein Land dieser Größe. Zweimal hat es sie erwischt: **[15]** der Unabhängigkeitskrieg und der Bürgerkrieg zwischen den Nord- und Südstaaten. Das war ihre kurze Rekapitulation – obwohl es damals nicht so erschien – der europäischen und fernöstlichen Geschichte, um die Voraussetzungen für die moderne Zeit zu schaffen. Ich bin sicher, dass es in diesem Land viele Menschen gibt, die noch immer unter den Folgen des Bürgerkriegs leiden; aber durch diesen Krieg wurden auch die Schwarzen befreit. Krieg birgt Gutes wie Schlechtes. Es gibt gerechte und völlig ungerechte Kriege.

Worauf wir warten – schrieb Djwhal Khul durch Alice Bailey –, ist die Manifestation des Seelenstrahls Amerikas, des 2. Strahls der Liebe. Wenn der Seelenaspekt von Amerika hervortritt, wird er die Welt vom Wettbewerb befreien. Bis jetzt hat sich vor allem der Persönlichkeitsstrahl manifestiert – der gierig, anmaßend und rücksichtslos ist, Gesetze aufstellt und kämpferisch ist und das gut kann, weil seine Energie die des 6. Strahls ist. Der 6. Strahl hat eine ungeheuere Kapazität, sich zu begeistern und das zu bekommen, was er will. Durch ihn wirkt das Wunschprinzip, und wenn es nicht so wäre, wäre das selbstverständlich ein großer Verlust für die Welt. In den letzten 2000 Jahren hat dieser Strahl die Welt dominiert. Er gehört zum Erbe des Fische-Zeitalters und zeigt sich deutlich in der jeweils neuesten Erscheinungsform der Menschheit.

Die Vereinigten Staaten verkörpern jenen Aspekt, der gegenwärtig im Evolutionsplan des Planeten erreicht wurde. Amerika ist Europa, auf die andere Seite des Meeres versetzt, bestehend aus lauter kleinen Teilen Europas – Deutschland, Italien, England, Polen, Schweden und so weiter. Sie wurden herübergeholt und verpflanzt – und dann miteinander vermischt. Amerika ist das Ergebnis eines von der Hierarchie durchgeführten Experiments. Die Menschen Europas und Amerikas bilden die fünfte Unterrasse der arischen, das heißt der fünften Wurzelrasse. Dieses Land veranschaulicht die jüngste Entwicklungsphase der Menschheit – von der ersten Unterrasse der ersten Wurzelrasse bis zur heutigen fünften Unterrasse der fünften Wurzelrasse. Aus dieser fünften Unterrasse werden schon heute und über lange Zeit bis weit in die Zukunft Menschen herangezogen, **[16]** die die sechste Unterrasse der fünften Wurzelrasse bilden werden. Sie sind in Amerika und Europa zu finden, vor allem in Amerika. Ein neues Menschenwesen wird aus dieser Mischung geschaffen werden. Aus diesem Spannungsfeld entsteht die Möglichkeit, dass die Intuition – als Seelenaspekt – ins Spiel kommt.

Leistung

Amerikas Seelenaspekt, der 2. Strahl der Liebe und Weisheit, zeigte sich am deutlichsten im Marshallplan nach dem Ende des Zweiten Weltkriegs. Der Marshallplan ist bis heute die größte Leistung Amerikas gegenüber der restlichen Welt – nicht seine Geschenke wie Wettbewerb, Computerisierung, Mondlandung und nun die Erforschung des Mars. Das macht mehr oder weniger jeder. Amerika kann das größer und besser und schneller, weil es in diesen speziellen Dingen größer und besser ist. Aber das sind nicht die wichtigen Dinge. Wirklich wichtig sind nur die menschlich richtigen Beziehungen, die eine Nation schafft. Idealistisch wie es ist, glaubt Amerika an rechte menschliche Beziehungen, solange diese mit seiner Vorstellung davon übereinstimmen. Diese Vorstellung verbindet Kapitalismus mit einem demokratisch – aber nicht allz˜u demokratisch – gearteten politischen System.

Da nun der Kalte Krieg beendet wurde – nicht etwa, weil der Kapitalismus über den Kommunismus triumphiert hätte, sondern weil Michail Gorbatschow, inspiriert von Maitreya, nach Amerika reiste und Gespräche über Frieden und die Beendigung des Kalten Krieges führte –, findet zum ersten Mal ein gewisses Maß an Kooperation zwischen Amerika und der ehemaligen Sowjetunion statt. Auch Russland wird auf der Persönlichkeitsebene vom 6. Strahl dominiert. Vom Zweiten Weltkrieg bis noch vor wenigen Jahren standen sich zwei politische, militärische und wirtschaftliche Giganten in Konkurrenz gegenüber. Diese zwei Supermächte haben auf die Menschheit einen gewaltigen, nervenaufreibenden Druck ausgeübt. Momentan gibt es nur eine Supermacht – vorerst. (China wird als Supermacht noch hervorgetreten.) Nachdem Amerika als die alleinige Supermacht dasteht, trägt es die Verantwortung **[17]** für den Aufbau einer neuen Welt. Das wird ihm nur gelingen, wenn sich die Liebe des 2. Strahls, der Seelenaspekt des Landes, manifestiert.

Durch wen kann er sich manifestieren? Allein durch die Jünger und Eingeweihten des Landes, weil sie es sind, die dem Seelenaspekt einer Nation Ausdruck verleihen können. Es ist Sache der Initiierten und Jünger, mit den Ideen, Lehren und der inspirierenden Gedankenform der Kooperation auf weltweiter Ebene Einfluss zu nehmen – in Übereinstimmung mit der Globalisierung, die Amerika in wirtschaftlicher Hinsicht geschaffen hat. Um das politische Gegenstück dazu zu schaffen, ist unter den Nationen noch nicht genügend guter Wille vorhanden, und folglich herrscht noch immer der Konkurrenzgeist, in Form der Marktkräfte, und die Kommerzialisierung allen Lebens als Bestandteil dieser Marktkräfte.

Wenn die Marktkräfte den Lebensstil einer globalen Gemeinschaft bestimmen sollen, muss dieser sich auf Wettbewerb gründen, weil der Markt das so verlangt. Der Größte wird unausweichlich gewinnen. Der Größte ist nun einmal Amerika, und deswegen protegiert es die Marktkräfte. Niemand fördert die Marktkräfte, wenn er in einer unterlegenen Position ist. Es ist unvorstellbar, dass Zaire [heute: Demokratische Republik Kongo] oder Uganda der Welt die freie Marktwirtschaft "zum Geschenk" machen. Sie musste aus diesem Land, Amerika, kommen. Heute hat sie sich über die ganze Welt verbreitet, weil sich auch die amerikanische Wirtschaft über die ganze Welt verbreitet hat.

Die geistige Krise der Menschheit, die daraus resultiert, dass wir den Sinn und Zweck unseres Lebens nicht erkennen, konzentriert sich heute in der Politik und vor allem in der Wirtschaft, und genau dort muss sie gelöst werden. Das heißt, dass dem Seelenaspekt, dem spirituellen Aspekt, Geltung verschafft werden muss.

Wir müssen uns darüber klar werden, was wir eigentlich machen, und es dann ändern. Die Menschheit muss sich ändern, oder sie wird untergehen. Der Meister hat es in aller Klarheit ausgedrückt: "*Zusammenarbeit ist ein anderes Wort für Einheit. Einheit und Zusammenarbeit sind das Sprungbrett in die Zukunft und die Garantie für den Fortschritt aller Menschen. Die Menschheit verfügt über große, noch unerschlossene Kraftreserven,* **[18]** *die darauf warten, durch die Magie der Zusammenarbeit freigesetzt zu werden.*"

Indem wir unter den Bedingungen des Konkurrenzkampfes und somit in Angst leben, nutzen wir lediglich einen Bruchteil unseres Potenzials. Milliarden Menschen, der Großteil der Weltbevölkerung, haben keine Stimme, haben keinerlei Einfluss auf ihr eigenes Schicksal. Die Welt übergeht sie; das Leben geht an ihnen vorbei. Sie können nur zuschauen – erniedrigt, ausgebeutet, verletzt, innerlich voller Wut; zornig schauen die Leute zu, was auf der Welt passiert; sie sehen es im Fernsehen und in Filmen. Möglicherweise arbeiten sie achtzehn Stunden am Tag, nur um ihren armseligen Lebensunterhalt bestreiten zu können. Sie machen dies sieben Tage in der Woche, täglich das Gleiche. So sieht das Leben von Millionen Menschen aus, und – etwas weniger qualvoll – das Leben weiterer Millionen.

Was wird geschehen, wenn diese Leute Maitreya sehen und seine Stimme hören werden, die zu Gerechtigkeit, Teilen und rechten menschlichen Beziehungen aufruft? Diese Menschen warten auf den Moment der Rache. Sie haben die Feuer ihres natürlichen Lebens unterdrückt, damit sie nicht explodieren und sich selbst oder den "Boss" töten. Diese ganze aufgestaute, frustrierte lebensspendende Energie wird jetzt noch unter Verschluss gehalten – aber das wird nicht immer so bleiben. Ich glaube, dass Maitreya für die Sicherheit dieser Lage – um dieses unterdrückte Feuer unter Kontrolle zu halten – seine ganze Kraft aufbieten muss. Maitreya wird zu Veränderungen aufrufen, aber auch – dessen können Sie sicher sein – zu Ausgleich und Vergebung. Wir werden allmählich sehen, wie die dynamische Kraft der Veränderung zunimmt, und wir werden das alte Unrecht vergeben und vergessen. Dies ist unbedingt notwendig, andernfalls würde es zu einem Blutbad kommen.

Es muss allen vermittelt werden, dass *nur* Zusammenarbeit auf dem Weg weiterführen kann, und dass sie keinesfalls nur eine bedauerliche Notwendigkeit ist, weil es sonst zur Revolution käme. Wir müssen diese Veränderungen um ihrer selbst Willen *wollen.* Wir müssen Zusammenarbeit *wollen.* Wir müssen die Rechte eines jeden menschlichen Wesens erkennen und bejahen, vom Jüngsten und Niedrigsten auf der Wirtschaftsskala bis zu den Herren der Macht in den Villen der Industrieländer. Das ist essenziell. Der Wettbewerb, sagt mein **[19]** Meister, *"verzerrt die natürliche Ordnung; Zusammenarbeit bringt den guten Willen im Menschen hervor".*

Menschenunwürdiges Dasein

Wenn Wettbewerb, wie es der Fall ist, auf Angst beruht, dann führen wir alle ein menschenunwürdiges Dasein. Wir akzeptieren den Wettbewerb als unsere Aufgabe, ohne ihn als solchen zu erkennen, weil wir nur in einen Teil seiner Mechanismen eingebunden sind: Wir müssen Waren und Dienstleistungen herstellen, die billiger als alle anderen sind. Das ist das Ziel. Sollte dies bedeuten, dass wir dabei unseren Job verlieren, dann müssen wir das akzeptieren. Menschen verlieren ihren Arbeitsplatz, weil rationalisiert wird, nur damit ein bestimmtes Produkt billiger als anderswo verkauft werden kann. Wenn Sie ein guter Amerikaner sind und an diesen Wettbewerbsmythos glauben, sollten Sie auch den Verlust Ihres Jobs, Ihres Komforts und Ihrer Lebensweise akzeptieren. Das ist ein natürlicher Bestandteil der freien Marktwirtschaft.

Was aber geschieht, wenn Sie das nicht akzeptieren können? Was passiert, wenn die Belastungen zu groß werden? Die Belastungen der Marktkräfte beginnen jetzt auch in den reichen Ländern empfindlich zu schmerzen. Es ist fast unmöglich, durch New York, London, Paris, Tokio, Berlin oder sonst eine Stadt zu gehen, ohne über Leute zu stolpern, die im Freien schlafen müssen – diese ganze Armee von Obdach- und Arbeitslosen der Industrieländer. Das ist das Produkt der Marktkräfte. Dann gibt es die Drogen und die Kriminalität; letztere nimmt zu, weil die Drogen bezahlt werden müssen. 87 Prozent der Kriminalität in Amerika hat mit Drogen zu tun. Nahezu dasselbe gilt für Großbritannien und das restliche Europa. Wenn die Kriminalität steigt, nehmen auch die Drogen zu, und wenn die Drogenkultur zunimmt, wächst die Kriminalität – sie bedingen sich gegenseitig. Maitreya sagt, dass Leute, die unter Drogenmissbrauch leiden, an geistigem, an spirituellem Hunger leiden. Geistiger Hunger – eine Folge des Wettbewerbs – treibt die Leute in die Drogenabhängigkeit. Natürlich springen dabei für die Drogenbarone Milliarden von Dollars heraus. Sie liefern die Mittel für den langsamen Selbstmord von Millionen Menschen.

Wie lange, glauben wir, kann das noch so weitergehen? Wir müssen unseren Lebensstil ändern. Wir müssen die Angst, die sich im Konkurrenzkampf ausdrückt, aus dem Bewusstsein der Menschheit tilgen. Wie **[20]** sollen wir das anstellen? Wir müssen einen Weg finden. Wir können Maitreya fragen, und er wird uns sagen: "Vertraut mir, vertraut dem Leben, vertraut euch, vertraut Gott in euch und teilt die Ressourcen der Welt." Sobald wir das Prinzip des Teilens annehmen und so Gerechtigkeit auf der Welt schaffen, werden wir dem Wettbewerb ein Ende setzen.

Die Geißel des Wettbewerbs hat ihre Ursache in zwei Dingen: Habgier und Angst. Gier ist die Folge von Angst. Angst ist der grundlegende Ausdruck all dessen, was sich gegen das Leben richtet. Fällt die Angst weg, wird die Energie des Lebens freigesetzt. Aus diesem Grund basiert das kapitalistische System auf der Idee der Befreiung des Menschen, um ihm die Möglichkeit zur Entdeckung seiner Kreativität zu geben. Allerdings wird dies nur unter rein individuellen und materialistischen Gesichtspunkten betrachtet; der Seelenaspekt, der sich kollektiv äußert, wird dabei ausgeklammert. Die Individualität, auf die jeder so stolz ist, muss *in den Dienst der Gruppe* gestellt werden. Wenn dies geschieht, ändert die Individualität ihren Charakter. Statt zu konkurrieren, beginnt sie zu kooperieren. Sie bringt den göttlichen guten Willen zum Ausdruck. Das ist es, was die Welt tun muss – und jede Gruppe muss das ebenfalls.

Zusammenarbeit in den Gruppen einprägen

Eines der Hauptprobleme unserer Gruppen heute (in manchen Ländern mehr als in anderen) besteht darin, wie ihre Mitglieder – die alle dasselbe glauben, alle auf Maitreya warten, und die viel Zeit und Energie darauf verwenden, das Bewusstsein der Öffentlichkeit für die Wiederkehr Maitreyas und der Meister zu öffnen – mit den Medien in Kontakt treten und sie dazu bringen, diese Informationen zu verbreiten. All das ist von der Kooperation abhängig. Richtige Zusammenarbeit führt zu richtigen äußeren – und daher effizienten – Aktivitäten, genauso wie konzentrierte wirtschaftliche Effizienz zu wirkungsvollerem Wettbewerb führt.

Wenn Sie Konkurrenz durch Kooperation ersetzen, bringen Sie die Methoden, das Bewusstsein, die Kreativität und die Vorstellungskraft einer größeren Gruppe von Leuten ein. Wenn Sie auf diese Weise verfahren, wird die Gruppe viel effektiver. Sie bekommen mehr Ideen. Sie müssen erkennen, dass jeder das Recht auf eigene Ideen hat. Vielleicht sind nicht alle **[21]** Gesichtspunkte gleich wesentlich in Bezug auf das Problem, aber durch Zusammenarbeit, durch Versuch und Irrtum gelangen Sie zu den Ideen, die wirklich effektiv sind. Die ganze Frage von Wettbewerb und Zusammenarbeit ist für Gruppenangelegenheiten höchst relevant, und jede Gruppe sollte sie sehr ernst nehmen.

Einige Menschen können einfach nicht zusammenarbeiten. Um noch einmal auf den 6. Strahl zurückzukommen: Im Vergleich zu den anderen Strahlen fällt es ihm aufgrund seiner ausgeprägten Individualität schwer zusammenzuarbeiten. Der 6. Strahl ist der Strahl des Idealismus, aber der Idealismus findet seinen Ausdruck immer auf individualistische Weise. Sie werden in jeder Gruppe Leute finden, bei denen der 6. Strahl dominiert, und die aufgrund ihres Idealismus in solchen Gruppen sind. Ihre Motive sind durch und durch gut, idealistisch und schätzenswert, aber ihre Vorgehensweise hindert sie daran, mit anderen Gruppenmitgliedern zusammenzuarbeiten, weil ihr Idealismus auf ihre eigene Individualität konzentriert ist. Sie können *für* die Gruppe arbeiten – manchmal sehr effektiv –, aber nicht *mit* der Gruppe. Kooperation heißt, miteinander und gemeinsam zu arbeiten, und einen weisen Kompromiss zu finden. Den Strahl-6-Menschen fällt der Kompromiss sehr schwer, weil sie immer Recht haben. Sie denken: Warum soll ich mit jemandem einen Kompromiss schließen, der eine falsche Ansicht vertritt? Das ist die Sichtweise des 6. Strahls: Es wäre doch dumm, meine richtige Vorstellung für ihre falsche aufzugeben. Nur ein Dummkopf würde so etwas tun. Der Strahl-6-Mensch ist aber kein Dummkopf. Er mag blind, bigott und verbohrt sein, aber das ist etwas anderes.

Reife

Der Meister sagt, dass wir erst jetzt – nach Äonen des Kampfes ums Dasein in Form von Wettbewerb – an einen Punkt gelangt sind, an dem wir alles zum Leben Notwendige sehr leicht herstellen können, zum Beispiel mit Hilfe von Robotern. Wir werden bald Superroboter einsetzen, und schließlich werden wir sogar Roboter durch Gedankenkraft erschaffen. Das können wir alles machen, das ist nicht schwierig. Wir haben gerade erst die nötige Reife erreicht – eine Reife, die, wenngleich für die Meister ersichtlich, der Menschheit selbst noch verborgen bleibt. Die Meister wissen, dass die Menschheit jetzt **[22]** reif genug ist, um über die Möglichkeiten, Gefahren und die für Veränderungen notwendigen Handlungsweisen nachzudenken, sie zu beurteilen und zu erkennen.

Wir haben uns bisher noch nie selbst zerstört. Wir hätten es 1959 während der Berlin-Krise beinahe getan und damit den Dritten Weltkrieg ausgelöst. Zum Glück für uns wurde dieser Krieg gemeinsam von unserer Hierarchie und den Raumbrüdern – durch ihre Vertreter in der Welt – verhindert. 1962 kam es mit der Kuba-Krise zu einer weiteren Bedrohung, die aber merkwürdigerweise nicht so gefährlich war. Der Krieg gegen den Krieg war 1959 bereits gewonnen, und die Erde gerettet.

Wir können noch immer zerstören. Wir haben einen freien Willen, wir können Maitreya zurückweisen. Wir können sagen: "Nein, wir lassen es so, wie es ist. Wir stecken so tief im Wettbewerb, dass wir gar nichts anderes können." Doch was, wenn die Börsen zusammenbrechen? Funktioniert der Wettbewerb dann überhaupt noch? Nach welchen Kriterien soll man dann noch Erfolg oder Misserfolg messen? Riesige globale Konzerne haben auf den Börsenmärkten in großem Umfang investiert, und nicht nur das: Sie spielen jeden Tag, jede Stunde auf den Märkten der ganzen Welt. Dabei geht es fast immer um Währungsspekulationen – der zukünftige Kurs des Dollar, des Yen, des Euro, des Pfund Sterling. Alle Großkonzerne investieren eine Menge Geld in diese Form der Spekulation. Selbst Banken und Landkreise sind schon bankrott gegangen – wie die Barings Bank in Großbritannien und Orange County in Südkalifornien vor zwei oder drei Jahren – aufgrund ihres Engagements in Derivaten, das heißt aufgrund von Spekulationen auf den Kurs irgendeiner bestimmten Währung für einen Zeitraum von drei oder sechs Monaten oder wie lange auch immer. Dieses ganze auf Konkurrenz errichtete Gebäude kann über Nacht einstürzen und muss transformiert werden. Die Meister wissen, dass wir bereit sind, dass wir reif genug sind, die richtigen Entscheidungen zu treffen.

Der Meister sagt: "*Man kann die Menschen auf der Welt in zwei Kategorien einteilen: diejenigen, die miteinander konkurrieren – und diejenigen, die kooperieren.*" Das ist eine erstaunliche Feststellung. Sie ist meiner Ansicht nach die entscheidende Aussage über die Zeit, in der wir leben, und eine bemerkenswerte Beurteilung der aktuellen Weltlage und der Bereitschaft der Menschheit **[23]** Veränderungen vorzunehmen. Heute herrschen zwei große Kräfte vor: die reaktionären, rückwärtsgewandten Kräfte, die an der Vergangenheit hängen und grimmig am Alten und Nutzlosen festhalten, das bereits zusammenbricht und auseinander fällt – und jene Kräfte, die erkennen, dass der einzige weiterführende Weg in der Zusammenarbeit besteht, und die mit der Bereitschaft zur Kooperation inkarnieren, weil sie Jünger und Eingeweihte sind. In den Händen dieser

Jünger und Eingeweihten, die die neue Gruppe der Weltdiener bilden, liegt die Zukunft der Welt. (*Share International*, Januar/Februar 1998)

[Weitere Strahlenstrukturen von Nationen und Persönlichkeiten siehe: Benjamin Creme, *Maitreyas Mission*, *Band Eins*, *Zwei* und *Drei*, Edition Tetraeder, München.]

Guten Abend, meine lieben Freunde.
Ich nehme wieder die Gelegenheit wahr, mit euch zu sprechen und euch die Ursachen meiner Wiederkehr bewusst zu machen.

Viele Gründe sprechen dafür, dass ich herabsteige und wieder unter euch erscheine. Es sind in erster Linie folgende:
Für meine Brüder, die Meister der Weisheit, ist die Rückkehr als Gruppe in das Alltagsgeschehen der Welt vorgesehen.
Für mich als ihren Führer und als einen von ihnen gilt dies ebenso.
Es gibt viele Menschen auf der ganzen Welt, die nach mir rufen und um meine Rückkehr bitten. Ich erfülle ihre Bitte.
Unendlich viele sind hungrig und kommen sinnlos um, während die Nahrung, die ihnen fehlt, in den Lagerhäusern der Welt verkommt.
Doch viele brauchen meine Hilfe auf andere Weise: als Lehrer, Beschützer, als Freund und Begleiter.
Als all das komme ich.

Um die Menschen, wenn sie mich anerkennen, in die neue Zeit zu führen, in das neue Land, in die herrliche Zukunft, die auf die Menschheit im kommenden Zeitalter wartet – für all das komme ich.

Ich komme auch, um euch den Weg zu Gott, zurück zu eurem Ursprung zu weisen; um euch zu zeigen, dass der Weg zu Gott ein einfacher Pfad ist, den alle Menschen gehen können;
und um euch aufwärts zu führen in das Licht der neuen Wahrheit, der Offenbarung, die ich bringe. Für all das komme ich.

Lasst mich euch bei der Hand nehmen und euch in das verheißene Land führen, um euch die Wunder, die Herrlichkeit Gottes zu zeigen, die für immer euer sind.

Die Vorhut der Meister der Weisheit ist jetzt unter euch.
Bald werdet ihr sie erkennen. Helft ihnen bei ihrer Arbeit.
Wisst auch, dass sie das neue Zeitalter durch euch bauen.
Lasst euch von ihnen leiten und führen und den Weg zeigen; und so ihr dieses tut, werdet ihr euren Brüdern und Schwestern gut gedient haben.

Fasst Mut, meine Freunde.
Alles wird gut werden. Alles in allem wird gut werden.

Maitreya, 15. September 1977
(aus: *Botschaften von Maitreya – dem Christus*, Edition Tetraeder, München)

Die Kunst der Zusammenarbeit

Fragen und Antworten

[25] *Die Fragen ohne Datum stammen von den Tagungen in den USA und den Niederlanden 1997. Sie wurden im darauffolgenden Jahr in* ***Share International*** *in der Januar/Februar-Ausgabe abgedruckt. Die mit "JK" gekennzeichneten Fragen stammen von der Tagung in Japan 1997 und sind bisher noch nicht veröffentlicht worden.*

Zusammenarbeit von der Wiege an

Zusammenarbeit beginnt als eine Idee im Denken. Könnten Sie etwas darüber sagen, wie Zusammenarbeit als Geisteshaltung eingeprägt werden kann?

Irgendwann muss die Zusammenarbeit anfangen – am besten in der Kindheit. Das bedeutet, dass die Eltern an Kooperation glauben müssen; sie müssen so seelenorientiert sein, dass sie Kooperation als die bessere Lebensweise erkennen – nicht nur in der Familie, sondern auch über sie hinaus.

Die meisten Familien werden feststellen, wenn sie Klein-Peter oder Klein-Lisa in den Kindergarten bringen, dass sich ihr Kind dort einfügt oder auch nicht. Wenn es sich einordnet, liegt das gewöhnlich daran, dass es kein übermäßiges Konkurrenzverhalten an den Tag legt und schon ein bisschen gelernt hat zu kooperieren. Es hat gemerkt, dass man beim Mittagessen vernünftigerweise den Mund hält und nicht so sehr mit Essen herumwirft. Wenn man zusammen im Sand oder im Wasser spielt, kann man das entweder unter Konkurrenzbedingungen machen – man kann herumspritzen und mit Sand schmeißen und sich toll daran freuen, den "Feind" zu besiegen –, oder man kann kooperativ miteinander spielen und dabei wahrscheinlich einen viel dauerhafteren, wenn auch nicht ganz so aufregenden Spaß aus dieser Erfahrung gewinnen.

Das müssen die Eltern ihren Kindern einprägen. Beim ersten Kind ist das noch einfach, weil es noch keine **[26]** geschwisterliche Konkurrenz kennt, aber sobald das zweite erscheint, kommt es sofort zu Rivalitäten. Das erste Kind denkt sich vielleicht: "Bisher war ich der Liebling von Mama und

Papa, und jetzt kommt dieses kleine Balg daher und nimmt mir die Zuneigung und die Zeit und die Aufmerksamkeit von Mama und Papa weg. Das ist gemein."

Eifersucht und Konkurrenzverhalten haben ihre Wurzeln in der Angst. Sie sind das Ergebnis eines Mangels an grenzenlosem Vertrauen, dass Mutter und Vater uns genauso lieben wie die anderen – und der mangelnden Fähigkeit, diese Liebe zu teilen. Den meisten Menschen fällt es schwer, Liebe zu teilen. Unsere Schwierigkeiten stammen aus der Kindheit. Wir müssen die Liebe von Mutter und Vater mit unseren Geschwistern teilen. Wenn das ein Problem war, wird es für uns als Erwachsene sehr schwierig, die Liebe mit anderen Menschen zu teilen. Wir verlangen von den Menschen, die wir lieben, dass sie ausschließlich für uns da sind – dass sie uns ihre vollkommene und uneingeschränkte Liebe entgegenbringen, die allein auf uns bezogen ist. Die Tatsache, dass sie ihre Liebe vielleicht auch mit anderen teilen wollen, ist uns ein Gräuel. Die meisten von uns wurden nicht ausreichend im Sinne von Toleranz und Kooperation erzogen, um aus dem Teufelskreis des Konkurrenzdenkens auszubrechen, den die Eltern in Gang gesetzt haben. Konkurrenzdenken ist überall vorhanden. Wir sehen es im Fernsehen und im Kino, wir atmen es mit der Luft – es ist ein wetteiferndes Festhalten und Sicherstellen, dass wir all die Liebe und Aufmerksamkeit und all die Dinge, die wir begehren und vermeintlich brauchen, auch bekommen.

Deshalb ist Konkurrenz so weit verbreitet – und Stress ebenso. Die Menschen sterben viel früher, als es vielleicht sein müsste, weil der Wettbewerbsdruck die Spontaneität des Lebens in ihnen abtötet. Die meisten Menschen schauen nur zu, wie die Welt an ihnen vorbeizieht; sie nehmen nicht am Leben teil, spielen keine Rolle darin. Sie können nur reagieren, ihren Job machen und nie spontan irgendetwas hervorbringen, außer vielleicht Kindern.

Zusammenarbeit aber ist schwierig. Die Eltern müssen sich dazu *entschließen*, ihre Familie unter dem Aspekt der Zusammenarbeit zu formen, was auch immer sie darunter verstehen. Zusammenarbeit ist eine Eigenschaft der Seele: die Energie des guten Willens, die sich im sozialen Charakter einer Person ausdrückt.

[27] Den Kindern Kooperationsbereitschaft einzuschärfen ist sehr wichtig, und es ist Aufgabe der Eltern – sie müssen den Anfang machen. Natürlich sollte sich jede Gruppe als selbsterziehend betrachten, wobei jedes Mitglied an diesem Prozess teilnimmt. Niemand hat die Lernphase des Lebens abgeschlossen – sie dauert von der Geburt bis zum Tod an –; dennoch sagen viele Leute: "Ich bin zur Schule gegangen, ich habe meine Erziehung hinter mir", und damit hat es sich. Sie versuchen nicht, sich fortzubilden und ihr Bewusstsein zu erweitern. Der Menschheit wird sich eine gewaltige Gelegenheit zur Weiterbildung bieten, sobald wir Schritte zur Veränderung der politischen und vor allem der wirtschaftlichen Strukturen unternehmen. In allen Bereichen wird dann Zusammenarbeit stattfinden, weil Regierungen, große Institutionen und auch die Nationen zusammenarbeiten werden. Für den Einzelnen wird es dann viel einfacher sein zu kooperieren, weil es etwas völlig Normales sein wird.

Richtige Beziehungen

Wie können wir in dieser auf Wettbewerb ausgerichteten Gesellschaft geeignete Bedingungen schaffen, sodass die neue Generation ihre Potenzial entwickeln kann? Wie können wir mit ihr kommunizieren? Ich stelle diese Frage im Hinblick auf den Grundgedanken, dass uns die kommenden Generationen zur Zusammenarbeit anregen werden.

Wenn das der Fall ist, wenn wir darauf vertrauen, dass uns die kommenden Generationen zur Zusammenarbeit anregen werden, können wir mit Sicherheit davon ausgehen, dass die entsprechenden äußeren Bedingungen bereits geschaffen worden sind, auf deren Grundlage sie uns zeigen werden, wie man zusammenarbeitet. Wie ich schon gesagt habe, konkurrieren Kinder üblicherweise um die Liebe und Aufmerksamkeit ihrer Eltern. Ich habe auf die Notwendigkeit hingewiesen, die Kinder die Kunst der Zusammenarbeit zu *lehren.* Ich glaube, dass das richtig ist, aber ich glaube nicht, dass die Zusammenarbeit auch den Erwachsenen beigebracht werden kann. Ich glaube, dass man entweder konkurriert oder kooperiert. Es handelt sich nicht um einen Übergang vom Wettbewerb zur Zusammenarbeit, sondern um eine gegensätzliche Lebensweise; die Veränderung muss im Herzen stattfinden.

Das Fundament des Wettbewerbs ist die Angst. Aus Angst sehen wir in jedem einen potenziellen Feind – **[28]** der uns herabsetzen und Angst einjagen will, der uns an unseren Vater oder Großvater erinnert, die wir nicht gemocht haben, und der uns deshalb irgendwie bedrohlich vorkommt. Wenn grenzenloses Vertrauen vorhanden ist, wenn das Leben völlig akzeptiert wird – aufgrund vergangener und gegenwärtiger Erfahrungen –, dann können der Konkurrenztrieb und die Angst, die ihn antreibt, nicht länger ihr Haupt erheben. Entweder demonstrieren wir wer und was wir sind, oder wir tun es nicht – eines von beiden. Wenn wir stets erkennen lassen, wer und was wir sind, nämlich eine Seele in Inkarnation, dann wird sich – unabhängig von unserem Evolutionsgrad – automatisch das Wesen der Seele offenbaren.

Wir können das bei einem Kleinkind sehen, das noch keinen Konkurrenzgeist bei seinen älteren Geschwistern erlebt hat: Das eigene Dasein in der Welt ist vollkommen, es existiert nur der Moment. Die Eltern sind wunderbar und liebevoll, jederzeit bereit, dem Kind ihre Aufmerksamkeit zu schenken. Es lebt in einem Zustand der Seligkeit.

Entweder ist dieses Seelengefühl, das Gefühl des Selbst, da oder nicht. Und solange es da ist, kann kein Wettbewerb aufkommen. Der Wettbewerb entsteht, wenn Angst auftritt – die Angst vor Verlust, vor jemandem, der sich in dieses totale, bejahende Gefühl des Einsseins mit allem, was ist, hineindrängt. Dies ist eine fortlaufende Erfahrung, die von Zeit zu Zeit – abhängig vom Stand der Evolution – unterbrochen wird. Es ist der Zustand, in dem sich das, was wir Gott nennen, im Menschen auf der physischen Ebene manifestiert. Solange das Bewusstsein dieser Verbindung aufrechterhalten wird, solange kann der Wettbewerbstrieb nicht aufkommen, weil es keine Angst gibt. Wenn wir von Wettbewerb und Zusammenarbeit sprechen, sprechen wir eigentlich von existierender oder nicht existierender Angst.

Kooperation wird da möglich, wo keine Angst ist; sie muss dem Kind erst beigebracht werden. Durch *gutes Beispiel* kann gezeigt werden, wie man zusammenarbeitet; jene Seelenqualität, die wir Zusammenarbeit nennen, und die die Anwesenheit des Göttlichen im Alltag bedeutet, muss dem Kind *vorgelebt* werden. Auf diese Weise wird das Kind angeregt, sich ebenso zu verhalten. Jedes Kind folgt seinen Eltern, läuft hinter ihnen her, macht genau dasselbe **[29]** wie sie, redet so wie die Eltern und verhält sich genauso wie sie dem Leben und anderen Leuten gegenüber.

Wenn wir über die Verantwortung für die Erziehung unserer Kinder zur Zusammenarbeit sprechen, müssen wir uns selbst kennen. Wir müssen die Zusammenarbeit selbst anwenden. Wir müssen das sein, was wir sind – die Seele in Inkarnation. Der Meister sagt: *"Man kann die Menschen auf der Welt in zwei Kategorien einteilen: diejenigen, die miteinander konkurrieren – und diejenigen, die kooperieren."* Damit sind nicht jene gemeint, die an ein bestimmtes wirtschaftliches Konkurrenzsystem glauben oder nicht. Das ist nur eine Folge. Es bezieht sich auf jene, die in ihrem Leben Angst haben oder die keine Angst haben. Wenn Sie zu denjenigen gehören, die Angst haben, werden Sie unweigerlich konkurrieren. Sie können in wirtschaftlicher Hinsicht konkurrieren, es kann aber auch sein, dass Sie in den menschlichen Beziehungen konkurrieren und auf diese Weise falsche menschliche Beziehungen schaffen.

Zusammenarbeit ist etwas, das *getan* werden muss. Sie bedeutet Handeln. Sie ergibt sich aus der Tatsache, dass wir dem Ausdruck verleihen, was wir sind. Das äußert sich bei jedem anders, weil es unterschiedliche Arten von Seelen gibt: Sie sind individualisiert und kommen mit unterschiedlichen Strahlenenergien in die Welt. Die Art und Weise, wie sich Kooperation und echte Beziehungen äußern, mögen verschieden sein; sie sind jedoch als das, was sie sind – nämlich richtige Beziehungen – erkennbar. Jedes Mal, wenn Sie Kooperation sagen, müssen Sie sich gleichzeitig denken: "Das sind richtige Beziehungen." Schaffen Sie richtige Beziehungen, und Sie werden feststellen, dass Sie kooperieren. Kooperieren Sie, und Sie werden feststellen, dass Sie richtige Beziehungen schaffen. Die Begriffe sind synonym.

Wie können wir in dieser so wettbewerbsorientierten Gesellschaft geeignete äußere Bedingungen für die Zusammenarbeit schaffen?
Das ist das Problem. Wir leben in einer Gesellschaft, in der Wettbewerb zu einer Art Gott erhoben wurde. Der Wettbewerb wird als wesentliche Lebensqualität anerkannt, die notwendig ist zur Produktions- und Verkaufssteigerung von Gütern. Doch ansonsten hat er im Wirtschaftsleben keine Funktion. Denn vom wirtschaftlichen Standpunkt betrachtet, hat er nur die Berechtigung, mehr und billigere Waren zu produzieren, die wir noch günstiger und **[30]** gezielter als die Konkurrenz verkaufen können. Das bedeutet letztlich, dass wir unser Selbstverständnis als Menschen, als Seelen in Inkarnation, durch eine mechanistische Sicht vom Sinn und Ziel des Lebens ersetzt haben.

In der Bibel wird das in der *Offenbarung des Johannes* veranschaulicht. Die große Hure Babylon hat den Thron bestiegen, und wir beten vor diesem Altar des Wettbewerbs und der Habgier. Es geht um nichts anderes, als um menschliche Habgier. Das müssen wir uns klar machen und dennoch konsequent bei jeder Gelegenheit versuchen, rechte menschliche Beziehungen zu entwickeln, ohne Sentimentalität, auf natürliche und logische Weise, weil wir sind, wer und was wir sind: eine Seele in Inkarnation. Auf der Seelenebene existieren diese korrekten Beziehungen bereits. Nur die Seele hat den Sinn für das Ganze.

Wir können die neue Generation sich selbst überlassen. In jeder Generation inkarnieren sich die Seelen, die mit den Lösungen für die auftretenden Probleme ausgestattet sind. Ab einem bestimmten Alter ist es nicht mehr möglich, mit der neuen Situation klarzukommen. Die neue Generation kann von ihren Vätern und Großvätern nicht erwarten, mit ihren

Problemen fertig zu werden. Die Väter und Großväter können von den Jungen lernen, wie die Probleme zu lösen sind, und ich denke, dass das tatsächlich schon im Gange ist. Viele Leute mittleren und höheren Alters werden manche der Aktivitäten der Jungen nicht gutheißen, aber sie werden auch zugeben, dass diese eine Freiheit, ein Selbstvertrauen und ein Bewusstsein für die Möglichkeiten des Lebens haben, die sie selbst nur zu oft vermissten oder nicht erkannten.

Sport

Kann Sport den Kindern Kooperation, Eintracht und Teamarbeit beibringen?
Er kann ihnen Teamarbeit und daher auch Kooperation beibringen. Als Mitglieder einer Mannschaft, und indem sie sich mit dieser identifizieren, können sie Eintracht lernen. Durch Sport kann Kooperation vermittelt werden, weil Kooperation zu einem richtigen Spiel gehört.

[31] Das ideale Spiel in dieser Hinsicht ist Kricket, weil es keinen wirklichen Wettkampf erfordert; es gibt keinen direkten Angriff. Der Wettkampf findet nur symbolisch statt, zwischen zwei heldenhaften Gruppen: einer aus England und einer anderen aus Neuseeland, Australien, Westindien, Pakistan, Indien, Simbabwe, Sri Lanka oder Südafrika. Wo immer der Union Jack hingekommen ist, erblühte das edle Spiel des Krickets und verankerte einen gewissen fairen und richtigen Umgang mit dem Leben, ein Feingefühl, eine Verfeinerung des Geschmacks und der Kultur. Es ist ein veredelndes Spiel. Wenn sich Ihrem Kind die Gelegenheit bietet, in einen Kricketklub einzutreten – egal auf welchem Niveau –, würde ich das an Ihrer Stelle unterstützen; es gibt meines Erachtens keine bessere, kultivierendere Beschäftigung für die Seele in Inkarnation als das Kricketspiel. Ich scherze natürlich etwas. Die Mannschaftssportarten sind sehr gut für Kinder. Sport ist eine Sublimierung des Krieges. Es ist weitaus besser, miteinander zu spielen, als sich zu bekämpfen.

Sind die Menschen grundsätzlich wettbewerbs- und kampforientiert?
Ich denke, der äußere Anstrich der menschlichen Zivilisation ist hauchdünn. In Wirklichkeit sind wir weitgehend intelligente Tiere. Die meisten Menschen sind noch astral ausgerichtet, werden von ihren Emotionen beherrscht und verfallen dadurch schnell ins Konkurrieren und Kämpfen.

"Gesunder Wettbewerb" – eine Rationalisierung

Gibt es so etwas wie einen gesunden Wettbewerb, um bessere, effizientere Produkte oder bessere Medikamente herzustellen?
"Gesunder Wettbewerb" führt bloß dazu, dass der Preis eines Produkts gesenkt wird – das ist alles. Wenn Sie billige Produkte haben wollen, müssen Sie auch willens sein, sich mit den Folgen des "gesunden Wettbewerbs" abzufinden. Es erwächst kein Vorteil daraus, dass ein Produkt aufgrund des Wettbewerbs von Hunderten von Firmen, die alle dasselbe produzieren, billig hergestellt wird, wenn dieser Prozess die Kommerzialisierung einschließt und dadurch die Lebensqualität vermindert.

[32] Wir brauchen natürlich preisgünstige Produkte. Wenn zum Beispiel die Nationen ihr Geld nicht in Waffen und strategische Reserven, sondern in die Herstellung von erschwinglichen Gütern steckten, wäre das zu erreichen. Wir brauchen nicht hundert Firmen, die alle dieselben Leistungen anbieten und in einem "gesunden" Wettbewerb miteinander stehen, um die Produktionskosten zu senken. Der Preis auf dem Preisschild mag günstig sein, aber wie hoch sind dabei die sozialen Kosten? Das sind die *wirklichen* Kosten.

Sie können den Preis eines Produkts nicht nur auf der Dollarskala festlegen; Sie müssen die sozialen Folgen, die durch seine Herstellung entstehen, in Betracht ziehen. Ist es richtig, die Ressourcen, die für die Herstellung von hundert verschiedenen Autos, Abflussrohren, Türen oder was auch immer benötigt werden, zu verschleudern und zu missbrauchen, nur um den niedrigstmöglichen Preis zu erreichen, wenn die dabei auftretenden sozialen, globalen und ökologischen Kosten verheerend sind?

Einen "gesunden Wettbewerb" gib es nicht. Es gibt entweder Zusammenarbeit oder Wettbewerb. Zusammenarbeit ist pro Leben, pro Evolution – während Wettbewerb genau das Gegenteil davon ist. Er ist des Gegenteil von Leben, er ist gegen die Evolution. Mit der Zeit wird jedes Land mithilfe von Robotern – und besonders durch äußerst verfeinerte Herstellungsprozesse mithilfe dieser Roboter – autark werden. Wir müssen heute mit dem Prozess des Teilens anfangen, indem wir die Ressourcen der Welt, die manuell oder von Maschinen mit unterschiedlicher Leistungsfähigkeit hergestellt werden, umverteilen.

"Gesunder Wettbewerb" treibt alles zum Exzess, und schließlich konkurrieren die Hersteller miteinander, um das Produkt zu verkaufen. Wir können aber nicht alles, was produziert wird, kaufen. Hier kommt der Mythos der Auswahl ins Spiel. Kaufen Sie etwas, weil es gut aussieht? Weil es lange hält? Bestimmt nicht, zumindest nicht heutzutage. Weil es preisgünstig ist? Ja, das ist der Hauptgrund. Es sieht gut aus, und es ist nicht teuer. Das ist das Resultat des so genannten "gesunden Wettbewerbs".

Dieser Vorgang wiederholt sich auf der ganzen Welt. In den USA leben 281 Millionen Menschen, China hat 1,2 Milliarden, Indien hat etwas über eine Milliarde, in Europa leben zwischen 500 und 550 Millionen Menschen und in Japan rund 120 Millionen [Stand: 2000]. All diese **[33]** Nationen stellen im Wesentlichen die gleichen Produkte her – einige sind etwas besser, einige sind nicht ganz so gut und einige sind etwas kostspieliger. Doch alle missbrauchen die Ressourcen des Planeten. Sie können nicht über eine unbegrenzte Auswahl von Produkten verfügen, die unter so genannten "gesunden" Wettbewerbsbedingungen tausendfach hergestellt werden, ohne die Ressourcen des Planeten zu verschleudern. Die Industrieländer können das gar nicht alles kaufen oder benutzen, was sie produzieren. Während die Entwicklungsländer es sich weitgehend überhaupt nicht leisten können, ihren Anteil davon zu kaufen. Daher ist es notwendig, zu teilen.

Wie können wir das ändern, dass so viele Länder dasselbe produzieren? Wie kann es weitergehen?

Es ist eine Frage der Rationalisierung. Jedes Land hat in bestimmten Bereichen eine Überproduktionen zu verzeichnen – außer einigen Ländern in der Dritten Welt. Jede Nation wird aufgefordert werden, die über ihren Grundbedarf hinausgehenden Überschüsse der Welt zur Verfügung zu stellen, und aus diesem Gemeinschaftspool wird der Bedarf aller gedeckt werden. Der Umverteilungsprozess und die Rationalisierung unserer Wirtschaftsstrukturen werden auch die Überproduktionen rationalisieren. Dass 50 Großunternehmen unter verschiedenen Namen zum Beispiel Aspirin herstellen, wird es dann nicht mehr geben.

Das scheint noch in weiter Ferne zu liegen.

Das wird auch nicht von heute auf morgen geschehen, aber wir könnten schon morgen damit anfangen, wenn wir wollten. Ein Land wie Amerika könnte seine Produktion rationalisieren, damit es nicht länger – bedingt durch Wettbewerb – eine Vielzahl gleichartiger Dinge produziert und so die Ressourcen der Welt missbraucht. Gehen Sie in irgendein großes Geschäft, und Sie werden mit Waren voll gepackte Regale vorfinden. Woher stammen diese Waren? Aus den begrenzten Ressourcen der Welt. Warum sind sie alle in diesem einen großen Geschäft anzutreffen? Warum können wir fünfzig verschiedene Sorten von Taschentüchern, Migränetabletten oder was auch immer kaufen? Wir brauchen diese Vielzahl nicht.

[34] Weil sich die USA ausschließlich auf den Wettbewerb der Marktkräfte stützen, wird hier immer wieder die so genannte Auswahl hervorgehoben. Sie haben eine unbegrenzte Auswahl zur Verfügung – die Ihnen nur die Zeit stiehlt. All das ist für diese habgierige, kindliche Bevölkerung da, die diese unbegrenzte Vielfalt haben will oder dazu abgerichtet wurde, damit sie heute dieses und morgen jenes wünscht. Sie glaubt, dass so ein tolles Leben in Hülle und Fülle aussehen müsse. In Amerika dreht sich alles um Überfluss. Jedes Land – Europa, Japan, Australien und all die anderen – hat diese Idee vom Überfluss "abgekauft". Nur darum geht es bei den Marktkräften, aber der Tribut an menschlichem Leid, der dafür gezahlt wird, ist schrecklich. Allein in den USA leben 33 Millionen Menschen unter der Armutsgrenze. Hunderttausende von Menschen leben hier auf der Straße. Die sozialen Kosten dieses Überflusses, dieser vielfältigen Auswahl sind so hoch, dass sie gar nicht abzusehen sind. Jemand sollte eine Untersuchung machen, wie viel die Welt ihre fünfzig verschiedenen Sorten Cornflakes kosten, und in einer großen Zeitung veröffentlichen. Wir könnten das schon morgen reduzieren – dazu brauchen wir Maitreya nicht.

Hat Wettbewerb auch irgendetwas Positives an sich, das man nutzen könnte, um daraus auszusteigen? Oder sollte man ihn einfach vergessen und gleich bei richtigen mitmenschlichen Beziehungen ansetzen?
Wenn es mir überhaupt gelungen ist, meine Ansicht über das Wesen der Zusammenarbeit im Gegensatz zum Wettbewerb darzustellen, werden Sie erkennen, dass es sich um keine echte Frage handelt. Wo Konkurrenz herrscht, gibt es keine Zusammenarbeit. Wo Zusammenarbeit stattfindet, gibt es keinen Wettbewerb. Sie können nicht nebeneinander bestehen. In einer Person kann es beides geben, wenn sie ihr Verhalten je nach Situation ändert, aber sie passen von sich aus nicht zusammen. Wenn man zusammenarbeitet, tritt Wettbewerb erst gar nicht auf. Sobald man miteinander konkurriert, bleiben Zusammenarbeit, mitmenschliche Beziehungen, guter Wille und Seelenausdruck leider auf der Strecke.

Angst vor Verlust

[35] *Viele Menschen guten Willens, die unsere Botschaft gehört haben, fürchten, dass das Ende des Wettbewerbs und der Beginn des Teilens den*

Verlust ihres Lebensunterhalts oder -standards oder auch ihrer persönlichen Entfaltungsmöglichkeiten bedeuten. Wie können wir ihnen unsere Informationen auf eine weniger esoterische Art und Weise übermitteln, sodass sie nicht so viel Angst haben?
Sagen Sie ihnen, dass das Prinzip des Teilens sie nicht ihres Lebensunterhalts beraubt; er könnte sich dadurch sogar steigern. Wenn Sie Multimillionär sind, müssen Sie sich vielleicht mit einem Golfplatz mit neun statt mit achtzehn Löchern in Ihrem Garten zufrieden geben. Wenn Sie allerdings als Lastwagenfahrer arbeiten, könnten Sie durch das Teilen vielleicht ein viel besseres Leben haben.

Durch das Teilen der Weltressourcen wird die Welt wieder Vernunft annehmen. Damit wird das Leben für die *meisten* Menschen glücklicher werden. Manche werden die Vereinfachung des Lebens und die mangelnde "Auswahl" am Anfang als Verlust empfinden, doch wir werden – unter dem Einfluss der Meister und im Zuge der geistigen und mentalen Transformation, der nachlassenden Spannungen und Belastungen als Folge des Teilens – eine Welt schaffen, in der die Menschen das Leben viel besser zu schätzen wissen und schön finden. Jeden Tag werden die Medien über die Fortschritte und die Auswirkungen des Teilens berichten. Die ganze Welt wird daran beteiligt sein. Wir werden Maitreya im Fernsehen sehen, wo er Fragen beantworten wird. Die Menschen werden sagen: "Wissen Sie, ich habe zwar etwas weniger Geld, aber ich bin glücklicher. Ich bin wirklich froh." Sie können mit weniger glücklich sein, wenn es allen mehr oder weniger genauso geht, wenn Sie sich nicht wünschen, Sie hätten eine Million. Denn es gibt ja tatsächlich Leute, die Millionen besitzen, während Sie nur sehr wenig haben. Diese Spaltung erzeugt Gier – das Gefühl, sein Leben nicht allen seinen Möglichkeiten entsprechend leben zu können.

Es gibt keinen Grund, weshalb die Menschen befürchten müssten, dass sie unter dem Prinzip des Teilens zu leiden haben. Erzählen Sie ihnen, dass die meisten Menschen ganz im Gegenteil besser und glücklicher leben werden. Die Menschen, denen es **[36]** vielleicht nicht besser gehen wird, sind jene, deren momentaner Lebensstandard irreal ist. Man braucht nicht eine Million Dollar oder mehr, um gut zu leben. Wenn man aber einen Großteil dieser Summe Wohlfahrtsorganisationen spendet – ausgezeichnet! Denn wenn Sie eine Million Dollar im Jahr verdienen, dann können Sie 800.000 Dollar für karitative Zwecke ausgeben – zum Beispiel für die Entwicklungsländer.

Karma

In seinem Artikel sagt der Meister, dass der Mensch reif geworden ist, auch wenn ihm das selbst noch verborgen bleibt. Könnten Sie das weiter ausführen? In welchem Sinne sind wir reifer geworden?
Jeder Jünger, jeder Eingeweihte ist, was seine geistige Reife betrifft, in den Augen der Meister insgesamt weiter entwickelt, als der Betreffende selbst meint. Es ist für Menschen schwierig, den eigenen Entwicklungsstand genau zu bestimmen. Ein Meister kann das, und dieser Entwicklungsstand kann zwischen zwei Polen hin- und herpendeln. Er kann manchmal große Strahlkraft haben und vielleicht zu einem anderen Zeitpunkt wieder etwas weniger. Dies bestimmt sich nach der Aktivität im Dienst und den verschiedenen karmischen Schwierigkeiten, die zyklisch im Leben jedes Menschen auftauchen. Sobald man Karma bewältigen kann, wird es einem aufgebürdet. Allerdings bekommt niemand mehr Karma, als er verkraften kann.

Was das Karma für die Menschen zu einem so großen Problem macht, ist ihre Unfähigkeit, damit umzugehen, ihr eigene Verantwortung dafür anzuerkennen und diesbezüglich etwas zu unternehmen. Die meisten geben anderen Menschen oder den Umständen die Schuld für ihre Probleme: Es lag an ihrer Erziehung – daran, dass ihre Eltern sie nicht liebten oder sich scheiden ließen oder sie vernachlässigt haben, oder daran, dass ihr Ehemann sie verlassen oder nicht verlassen hat. Alle diese Erfahrungen werden jemand anderem angelastet, aber natürlich hat alles mit Karma zu tun, mit unserer eigenen Verantwortung.

[37] Wir müssen lernen, mit dem Karma gelassen umzugehen und zu sagen: "So ist das Leben; es ist nun mal so. *C'est la vie.*" Leben ist ein anderes Wort für Karma. Was wir "Leben" nennen, ist ein Strom von Karma, gutem oder schlechtem, angenehmem oder unangenehmem – alles ein einziger Lebensstrom. Wenn es unangenehm ist, sagen wir: "Was für ein Leben!" Wenn es angenehm ist: "Ist das Leben nicht großartig?" Es hängt davon ab, wie wir uns fühlen, wie wir auf die karmische Last reagieren, die wir alle zu tragen haben. Was uns in der Evolution zurückhält, ist das Karma, das uns ständig im Nacken sitzt und nicht im Feuer des Dienstes verbrannt wird. Verbrennen Sie das Karma im Feuer des Dienstes, und Sie werden wie eine Rakete in den Himmel schießen!

Wie steht es mit der Menschheit als Ganzes? Wie zeigt sich unsere Reife?
Unsere Reife erweist sich dadurch, dass wir anfangen, in globalem Umfang

Verantwortung für unseren Planeten zu übernehmen, wenngleich auf sehr zögernde, noch kaum wahrnehmbare Weise. Wir beginnen zu erkennen, was wir unserer Umwelt antun – dass wir nach und nach den Planeten zerstören, den lebendigen, atmenden, sich entwickelnden Manifestationskörper eines großen kosmischen Wesens, das der Planet ist. Langsam erkennen wir, dass wir mit der Plünderung des Planeten, der Verschmutzung der Luft, der Flüsse und der Meere so nicht weitermachen können. Immer häufiger haben engagierte Gruppen die Regierungen darauf aufmerksam gemacht. Endlich treffen sich viele Regierungen mehr oder weniger regelmäßig, um die Probleme zu erörtern und zu beratschlagen, was in dieser Hinsicht getan werden kann.

Das ist eine neue Reife, ein wachsendes Bewusstsein in der Menschheit, dass wir alle eins sind – Brüder und Schwestern *einer* Menschheit – und auf diesem Planeten sind, um einen Plan zu erfüllen, eine, wenn auch meist nur vage erahnte Aufgabe zu übernehmen. Dass wir das endlich ernst nehmen, was einzelne Gruppen den Regierungen vorgetragen haben, ist ein Zeichen dafür, dass wir unsere Verletzlichkeit und auch unsere Einheit erkennen. Wir werden allmählich mündig.

[38] Etwa eineinhalb Jahrhunderte lang haben wir es für vollkommen in Ordnung gehalten, den Planeten für kurzfristige Gewinne zu verwüsten und zu plündern – um Geld zu machen, um die Industrie anzukurbeln, all die Kräfte und Ideen, die zur industriellen Revolution geführt haben. Jetzt sind wir mit der postindustriellen Revolution konfrontiert, die ein neues Konzept darstellt. Wir haben die Industrialisierung des 19. Jahrhunderts und deren Verfeinerung im 20. Jahrhundert hinter uns und wissen nicht, was vor uns liegt. Es müssen natürlich Waren hergestellt werden, aber die meisten Menschen wissen nicht, dass es in einer völlig neuen Form geschehen muss, unter Anwendung völlig neuer Methoden, die den Planeten nicht ausplündern. Wir werden uns allmählich der Dringlichkeit dieses planetaren, ökologischen Problems bewusst.

Die überwiegende Mehrheit – nicht überall, aber allgemein gesprochen – begreift allmählich, dass Krieg keine Lösung für unsere Probleme ist. Wenn Amerika einen Weg einschlagen will und die Sowjetunion (wie sie war) einen anderen, müssen sie irgendeinen Kompromiss finden und nicht alles auf ihrem Weg zerstören, um ihren Standpunkt zu beweisen. Zusammenarbeit beginnt sich durchzusetzen. Noch gibt es in der Wirtschaft Wettbewerb, aber in einem tieferen Sinn hebt die Kooperation bereits ihr schönes Haupt. Die Meister sehen das voller Freude und nicken zustimmend. Sie sehen, wie die Menschen überall anfangen, die Grundprinzipien zu erkennen: dass allein Zusammenarbeit zum Erfolg führen kann. Noch teilen wir die Ressourcen der Welt nicht, aber wir sprechen schon darüber.

In den späten achtziger Jahren sagte Maitreya voraus, dass die Industrieländer die Schulden der Entwicklungsländer erlassen werden, weil nur dieser Weg in die Zukunft führt. Die Entwicklungsländer haben keine Möglichkeit, ihre Schulden zurückzuzahlen. Erst kürzlich beschloss die britische Regierung, dass nach dieser Methode verfahren werden soll. Der Finanzminister rief eine weltweite Initiative zur Befürwortung eines Schuldenerlasses ins Leben. Bisher war die britische Regierung in dieser Hinsicht äußerst unnachgiebig. Die USA, Großbritannien und einige andere Länder blieben weit hinter vielen Regierungen zurück, die den Schuldenerlass schon länger als einzigen **[39]** Weg für den Umgang mit den Schulden der Dritten Welt befürworteten. Nun bringen die Briten eine Initiative vor, die, wie ich glaube, mit der Erfüllung der Prophezeiung Maitreyas enden wird.

Maitreya weiß, wovon er redet, weil er bereits sehen kann, wie es stattfindet. Bezüglich der Menschheit könnte man sagen, dass – genauso wie einzelne Menschen reifer sind, als sie denken – der Meister sieht, dass die Seele selbst, also die Seele in Inkarnation, lernt, wächst und reift. Die Meister sehen die neue Reife der Menschheit in einem tieferen, esoterischen Sinn. Erstmals und in weltweitem Umfang zeigt sich ihnen, dass die Vehikel des Menschen in Bezug auf die Seele richtig integriert werden. Das ist ein großer evolutionärer Fortschritt.

Die USA und der Wettbewerb

Wettbewerb scheint in den USA besonders weit verbreitet zu sein. Sehen Sie das auch so?

Die USA sind ein seltsames Land. Dank der außerordentlichen Kraft des Idealismus des 6. Strahls der USA sind im ganzen Land gemeinschaftliche Experimente im Gange, die Kooperation und guten Willen fördern. Verglichen mit den europäischen Ländern, einschließlich Großbritanniens, gibt es in den USA in den Kommunen mehr Gemeinsinn, mehr wirkliches Verlangen nach Zusammenarbeit und praktiziertem gutem Willen, mehr manifestierte Liebe auf der Ebene des guten Willens. Es werden wahrscheinlich in den USA bessere Bücher über den Aufbau kooperativer Gemeinwesen als irgendwo sonst geschrieben. Aber man muss es exportieren. Statt der Idee des Wettbewerbs muss man die Idee der Zusammenarbeit exportieren. Dieser Idealismus ist die Stärke der USA.

Gleichzeitig herrscht ein so unerbittlicher Konkurrenzgeist wie nirgendwo sonst auf der Erde. Das Wettbewerbsdenken ist der eigentliche Kern des politischen und wirtschaftlichen Lebens in den USA und damit natürlich auch äußerst mächtig und ansteckend. **[40]** Die gleiche Wirkung könnte auch der Geist der Zusammenarbeit haben, der überall im Land in Gemeinwesen praktiziert wird. Kooperative Gemeinschaften sind immer das Ergebnis eines Experiments. Sie sind idealistisch, aber auch pragmatisch. Die Leute haben herausgefunden, dass man durch Kooperation bessere Gemeinwesen erhält; sie sorgen gemeinsam für die Einrichtungen, die ihnen von der Regierung vorenthalten werden.

In den USA haben Sie eine dieser Regierungen, die nach dem Motto "Hände weg!" glauben, dass sie nicht intervenieren sollten – das heißt für die öffentlichen Dienstleistungen *finanziell aufkommen*. Ich meine, dass die Regierung für die Dienstleistungen des Gemeinwesens verantwortlich sein sollte. In den USA haben Sie rechts stehende Regierungen, auch dann, wenn die Demokraten im Amt sind. Im Vergleich mit europäischen Staaten sind sie am äußersten "rechten Flügel" angesiedelt. Wir haben in Europa und anderswo vergleichbare Regierungen, aber in den USA spricht sich der rechte Flügel dagegen aus, Geld für öffentliche Dienstleistungen auszugeben – im Glauben, dass das in privater Hand liegen, also Privatwirtschaft sein sollte. Das ist nur eine Theorie – entweder man glaubt an sie oder nicht.

Wir können bis in alle Ewigkeit über die Vor- oder Nachteile dieser unterschiedlichen Theorien diskutieren. Ich persönlich meine, dass die Menschen jeden Landes *durch aktive Partizipation* für ihre eigenen Bedürfnisse sorgen müssen. "Wir, der Staat" – das sind wirklich *wir*, nicht der Staat "da oben", die Regierung, der Premierminister, Kanzler oder Präsident und ihr Gefolge – sollten für die Bedürfnisse der Menschen sorgen. Ich trenne nicht den Staat von den Menschen, die ihn bilden, vorausgesetzt, sie sind wirklich an den Entscheidungen der Regierungen über die Verwendung des Geldes beteiligt.

Der Unternehmergeist, den besonders der rechte Flügel und die republikanischen Politiker stärken, sollte meines Erachtens mehr oder weniger auf die Luxusaspekte der Gesellschaft beschränkt werden. Ich bin der Auffassung, dass das Erziehungs-, Gesundheits- und Transportwesen, Kohle, Gas, Wasser und die Elektrizitätsversorgung (oder welche Energie auch immer wir in der Zukunft benutzen werden) vom Staat verwaltet werden sollten. Es sollten nationale Unternehmen sein, die für das Wohl aller tätig sind, und eines Tages, denke ich, wird es auch so sein. Deren

[41] “Ausschmückungen”, die Kultur- und Dienstleistungsindustrien, sollten in den Händen des freien Unternehmertums liegen. Die schöpferische Tätigkeit von Individuen kann der Verfeinerung solcher Bedürfnisse am besten bedienen.

Nach dem Zweiten Weltkrieg gewährten die USA – durch den berühmten Marshallplan – großzügige Aufbauhilfe für das zerstörte Europa. Vielleicht weniger bekannt ist die bedeutende Geldsumme, die von einzelnen Bürgern in einer tief empfundenen Reaktion auf das Leid der europäischen Bevölkerung gespendet wurde. Private Wohlfahrtsverbände sammelten 500 Millionen Dollar, was einer Spende von drei Dollar von jedem Mann, jeder Frau und jedem Kind in den Vereinigten Staaten ergibt (und etwa dem zwanzigfachen Geldwert von heute entspricht). Ist diese großzügige Reaktion des amerikanischen Volkes mit dem Liebesstrom zu vergleichen, der sich infolge des tragischen Todes von Prinzessin Diana in Großbritannien zeigte?
Ja. In beiden Fällen war es die Strahl-2-Seele (die den Liebesaspekt der Gottheit zum Ausdruck bringt) der USA beziehungsweise Großbritanniens, die sich so eindrucksvoll manifestierte. Der Unterschied besteht darin, dass die Liebesbezeugung der britischen Bevölkerung für Prinzessin Diana von Maitreya verstärkt wurde – eine Art Probe für den Deklarationstag.

Wie viele Eingeweihte, die zum Ausdruck der Seelenenergie des Landes beitragen können, gibt es in den Vereinigten Staaten? (Mai 1998)
Dreitausend, vielleicht ein paar mehr oder weniger. Sie sind Eingeweihte zweiten, dritten und vierten Grades. Das sind nicht viele, aber genug für diese Aufgabe. Einer von ihnen, er ist Eingeweihter vierten Grades, lebt in Washington D.C. und war früher Abraham Lincoln. Er arbeitet dort als kleiner Regierungsbeamter. Er wird – auch wenn er unerkannt bleibt – ins Blickfeld geraten und mit seiner ganzen Kraft, seinen großen Kenntnissen und gesammelten Erfahrungen diese Gruppe fördern.

Liebe

Wird die von Maitreya hereingebrachte Liebesenergie das Wettbewerbsproblem lösen?
Ja, aber nicht allein. Maitreya kann es nicht für uns tun. Wenn er es könnte, würde er es bestimmt tun, da bin ich mir sicher. Aber wir müssen uns selbst

retten und den ganzen Prozess der Selbsterlösung durchlaufen. Niemand auf der Erde, nicht einmal Maitreya, kann uns das abnehmen. Das ist ein Zwiegespräch zwischen uns und unserer Seele. Wir müssen die Seele immer mehr durch uns sprechen lassen und ihre Energie, ihre Einsicht und ihr Bewusstsein aufrufen, indem wir uns mit ihr identifizieren. Wenn wir uns nie mit der Seele identifizieren, wie sollen wir sie erkennen? Wir müssen uns immer mehr als Seele in Inkarnation erfahren und das als die Wirklichkeit erkennen. Sobald es Wirklichkeit *ist*, wird der niedere Mensch, Mann oder Frau, auf den zweiten Platz verwiesen.

Die Persönlichkeit bleibt bestehen, aber sie wird im Verhältnis zur Seele negativ. Die Seele braucht ein Instrument, ein Vehikel, eine starke, ausgesprochene Persönlichkeit, durch die sie sich manifestieren kann. Es handelt sich nicht darum, die Persönlichkeit zu negieren, uns herabzusetzen, jegliche Selbstachtung zu verlieren. Es geht darum, altruistischer, unpersönlicher, objektiver zu werden.

Wie kann die Menschheit die Angst vor der Liebe überwinden? (Dezember 1998)
Die Angst vor der Liebe können wir überwinden, wenn wir die Angst generell überwinden.

Die Menschheit lebt in Angst; doch wo keine Angst ist, ist Liebe. Das sind Gegensätze, denn wo keine Liebe ist, ist Angst und wo keine Angst ist, ist Liebe. Liebe ist ein natürlich gegebener Zustand: Sie entspricht dem göttlichen Wesen unseres Strahl-2-Sonnensystems. Das hat Jesus gemeint, als er als Christus sagte: "Gott ist Liebe." Es gibt andere Sonnensysteme, die eine andere Qualität verkörpern – Licht, Hingabe, Wissen oder Wille und Absicht; die des unseren ist jedoch Liebe. Liebe ist unser natürliches Wesen, und wenn wir zur Seele werden – also dann, wenn die Seele und die Persönlichkeit miteinander **[43]** verschmelzen, was ab einer bestimmten Evolutionsstufe geschieht –, sind wir in der Lage die Liebesnatur unserer Seele zu demonstrieren. Dieses Wesensmerkmal ist immer da, in jeder Seele. Auf welchem Strahl eine Seele auch ist, in unserem Sonnensystem ist Liebe immer Teil ihrer Qualität, weil in diesem System alle Strahlen Unterstrahlen des 2. Strahls der Liebe-Weisheit sind. Die großen Lehrer können von jedem der Strahlen geprägt sein: Jesus ist eine Seele auf dem 6. Strahl, aber er demonstrierte die Liebe Gottes in ihrer Vollendung, als er von Christus, das heißt Maitreya, überschattet wurde, der eine Strahl-2-Seele ist. Der Weg also, die Liebe zum Ausdruck zu bringen, besteht darin, die Angst zu überwinden.

[Siehe dazu auch Benjamin Cremes Artikel “Die Überwindung der Angst” in: *Maitreyas Mission, Band Zwei*, Kapitel 10, Edition Tetraeder, München.]

Die Probleme der Menschheit sind real, aber sie sind lösbar.
Diese Lösung liegt in eurer Hand.

Macht die Bedürfnisse eures Bruders zum Maßstab eures Handelns
und löst so die Probleme der Welt.
Es gibt keinen anderen Weg.

Maitreya, 28. November 1978
(aus: *Botschaften von Maitreya – dem Christus*, Edition Tetraeder, München)

Kooperation und Gruppenarbeit

[45] *Was bedeutet es, wirklich als Gruppe zusammenzuarbeiten?*
Es bedeutet, nicht destruktiv zu sein. Es bedeutet, die Dinge im Bewusstsein eines gemeinsamen Zieles zu tun und sich über die Richtung und Vorgehensweise einig zu sein.

Ist die Energie des Wettbewerbs wirklich ein Problem bei der Gruppenarbeit?
Ich meine, sie ist eines der Hauptprobleme. Die Gruppenmitglieder konkurrieren um "Erfolg". Sie konkurrieren um Prestige und Status. In London hatten wir von Anfang an keine Ämter. Niemand hat einen Titel, es gibt in diesem Sinne also keinen Status, wohl aber im Sinne der Wirksamkeit. Einige Mitglieder arbeiten stärker, beharrlicher und effektiver daran, die Information bekannt zu machen oder die allgemeine Büroarbeit zu erledigen, die notwendig ist, um die Information zu verbreiten. Ob es um den Verkauf von Cornflakes oder um die Bekanntmachung der Wiederkehr geht, man muss das immer in irgendeiner Weise verpacken – und das ist Büroarbeit. Einige sind sehr tüchtig in der Büroarbeit, bekommen dafür aber sehr wenig Anerkennung.

Andere nehmen vielleicht Kontakt mit den Medien auf und glauben, dadurch mehr Anerkennung zu bekommen. Alle wollen mit den Medien sprechen, ausgenommen der Strahl-2-Typ. Sie wollen es zwar, aber sie haben Angst. In fast jeder mir bekannten Gruppe gibt es Mitarbeiter, die sagen: "Ich würde sehr gern mit den Medien sprechen, überlasst es mir." Es sind immer diejenigen, die am wenigsten dafür geeignet sind. Sie haben keine Ahnung, was sie sagen sollen, wenig Vorstellung davon, um was es bei uns wirklich geht, sie wissen nicht, dass jedes Wort von den Medien umgedreht und entstellt wird. Diejenigen, die wirklich mit den Journalisten sprechen können, sind sich dessen meistens nicht bewusst und melden sich nicht.

[46] Die Konkurrenzgefühle in den Gruppen werden vielleicht nicht immer ausgesprochen, aber sie sind vorhanden, und man muss sie erkennen. Jede Gruppe hat ihre Probleme, aber Wettbewerb – ausgesprochen oder nicht, subtil oder offensichtlich – ist in einer Gruppe destruktiv.

Vom Verstand her wissen wir, dass wir nicht konkurrieren sollten, aber auf subtile Weise schleicht sich doch ein Konkurrenzdenken ein. Was können wir tun?

Wer behauptet, es sei subtil? Es stürmt einfach herein! Ich kenne Leute, es gibt sie in jeder Gruppe, die nur aus einem Konkurrenzgeist heraus tätig werden können. Drei Viertel des Jahres tun sie nichts, aber dann haben sie plötzlich eine kleine Inspiration. Sie tun auch ein klein wenig: Sie nehmen Kontakt mit den Medien auf, und jeder muss sich das anhören. Wir müssen alles erfahren, was ein gewisses Gruppenmitglied tut. Wir müssen wissen, wie sehr sie sich abmühen, wie gut sie es machen, wie sehr die Gruppe auf ihren Besuch in einem Buchladen angewiesen ist. Jeder muss erfahren, dass ein gewisser Buchladen *vielleicht* ein paar Bücher nimmt. Welch eine Errungenschaft!

Sie konkurrieren mit den anderen in der Gruppe. Das ist nicht nur todlangweilig, es ist auch sehr destruktiv, weil man sich dann Gleichgesinnte sucht und sich Cliquen bilden. Wie Gleiches Gleiches anzieht, so ziehen sich die Konkurrierenden gegenseitig an. Diejenigen, die zusammenarbeiten, werden von diesem Konkurrenzdenken abgestoßen. Und so verliert die Gruppe ihren Zusammenhalt. Es ist daher absolut notwendig, dass der Konkurrenzgeist abgelöst wird.

Ist das Verständnis einer größeren Gruppenaufgabe für den Prozess der Zusammenarbeit hilfreich?
Wenn Sie idealistisch sind, sicher. Wenn Sie konkurrieren wollen, wenn Sie in der Gruppe keinen tieferen Sinn erkennen, könnten Sie mit der Zeit sehr destruktiv werden. Und vielleicht sollten Sie dann aus der Gruppe ausgeschlossen werden. Das muss die Gruppe entscheiden. Die größere Aufgabe der Gruppe sollte einen eigentlich zum Nachdenken bewegen, ob man sich nicht destruktiv verhält. Sie müsste Ihnen helfen, **[47]** sich selbst besser zu verstehen und eine kooperativere Haltung einzunehmen, auch Mitarbeitern gegenüber, mit denen Sie sonst konkurrieren und die Sie nicht besonders mögen.

Wie viel Geduld muss man mit Leuten haben, die das, was in der Gruppe getan wird, nicht respektieren wollen? Manchmal muss man wohl auch Grenzen setzen.
So viel wie nötig – das müssen Sie jeweils neu entscheiden, weil jedes Problem und jede Situation anders ist. Ich weiß, dass es in jeder Gruppe unmögliche Leute gibt. Man muss entweder mit ihnen leben oder sie ausschließen, sodass die Übrigen an der Gruppenarbeit Freude haben. Die Gruppenarbeit sollte ein Vergnügen sein. Jemand erwähnte die Freude, die aus einer befriedigenden, lebendigen Gruppenaktivität erwachsen kann.

Das ist wahr. Die Gruppenarbeit sollte die erfreulichste Arbeit sein, die es gibt, und viel besser, als allein zu arbeiten, obwohl ich persönlich gern allein arbeite – das heißt, als Maler.

Wie sinnvoll sind Arbeitssitzungen in der Gruppe, um verschiedene Standpunkte zu klären und ein gemeinsames Gruppenziel zu erreichen?
Wenn Sie solche Arbeitssitzungen mögen, spricht nichts dagegen. Sie müssen es ausprobieren und schauen, was sich machen lässt. Manche Leute mögen es, in einer Gruppensituation verschiedene Standpunkte aufzuzeigen, darüber nachzudenken und die verschiedenen Argumente vorzutragen. Manchen Leuten bringt das eine Menge, warum also nicht?

Es ist uns aufgefallen, dass der englische Originaltitel des Meisterartikels "Co" Bindestrich "Operation" lautet, und kamen zu dem Schluss, dass diese Gruppe den "Co"-Teil anscheinend verwirklicht hat, indem sie kooperativ ihre Aufgabe erkannte und sie ohne Konkurrenzgefühle ausführen wollte, aber dass wir im "Operation"-Teil, beim Umsetzen der Theorie in die Praxis eher versagen. Wie könnten die Gruppen auf der ganzen Welt insgesamt besser kooperieren, um ihre Aufgabe zu erfüllen?
[48] Wenn es Ihnen schwer fällt, in Ihrer eigenen Gruppe effektiv zu kooperieren, wie können Sie dann erwarten, dass es Ihnen weltweit mit den anderen Gruppen gelingt?

In Wirklichkeit aber findet diese weltweite Zusammenarbeit bereits statt: Die Herausgabe der Zeitschrift *Share International*, zusammen mit *Eine Welt im Wandel* und den Übersetzungen meiner Bücher, und die Tatsache, dass einige von uns in ständiger Verbindung mit diesen Gruppen stehen, beweist und sorgt dafür, dass die globale Zusammenarbeit in dieser Arbeit tatsächlich stattfindet.

Die Meister versuchen, so etwas wie eine Gruppe zu demonstrieren, also sollten wir uns vor Augen halten, wie schwierig das erst für uns sein muss.
Eigentlich machen sie es ziemlich gut. Sie *können* den Liebesaspekt Gottes demonstrieren; sie wissen wirklich, wie das geht. Sie haben es bereits seit langer Zeit getan. Sogar ein frisch gebackener Meister ist deshalb Meister, weil er das *kann*. Für sie ist es nur natürlich, uneingeschränkte Liebe zu demonstrieren und die Weisheit der Jahrtausende zu besitzen, weil das dem Wesen des erweiterten, erleuchteten Bewusstseins eines Meisters entspricht. Sie sind wirklich gut darin. Für uns ist das zwangsläufig schwierig, weil wir noch halb Tier, halb Mensch sind.

Motivation

Man muss also sehr wachsam sein, was die eigenen Motive und die Neigung, zu vergleichen und zu konkurrieren, angeht?
Unbedingt. Das Vergleichen ist natürlich die Essenz des Wettbewerbs. Man vergleicht sich und seine kleinen Errungenschaften mit anderen, die sehr viel tun. Wenn sie dann noch gut aussehen und energisch sind, sagt man: "Ich hasse diese Person, die sich einbildet, dass sie alles besser kann." In jeder Gruppe gibt es irgendjemanden, der neu dazukommt und so arbeitet, dass sich die alten Hasen unzulänglich vorkommen, weil **[49]** diese Person effektiv und frei von den alten Komplexen ist. Vielleicht sind diese neuen Leute jünger und noch nicht so lange mit dieser Arbeit befasst und deshalb nicht so blasiert. Sie haben noch Schwung und Enthusiasmus, also kommen sich die anderen unzulänglich vor. Dann kommt die Eifersucht und mit ihr der Konkurrenzgeist auf. Es ist wie bei Kindern. Die älteren Brüder und Schwestern konkurrieren mit den jüngeren. Die jüngeren sind eifersüchtig auf die älteren. Das liegt in der Natur der Geschwistersituation, und da eine Gruppe so etwas wie eine Familie ist, kommt es zu den gleichen Situationen.

Wie der Fragesteller sagt, müssen wir auf unsere Motive achten. Sie müssen echt sein in dem, was Sie tun, was nicht einfach ist. Sie müssen auch unverstellt sein in dem Sinne, dass Sie sich wirklich Ihre Motive ansehen, selbst wenn Sie Ihre Handlungsweise nicht ändern können. Wenn Sie sich ständig Ihre Motive ansehen und hinter allem, was Sie sagen und tun, die wahren, zugrunde liegenden Absichten ausmachen, werden Sie allmählich wahrhaftig. Sie handeln spontan auf die richtige Weise. Dann sind Sie frei von Konkurrenzdenken.

Sie müssen lernen, wann es besser ist, überhaupt nichts zu sagen. Ich habe festgestellt, dass es in vielen Gruppen Mitglieder gibt, die die Gruppe schützen. Sie möchten offener, energischer, effizienter sein, aber sie sehen davon ab, weil das bei den anderen immer Eifersucht und Konkurrenzgeist weckt. Sie müssen sich also *sotto voce* geben, sich zurückhalten, nicht zu viel sagen, weil sie sonst als "eingebildetes Großmaul" kritisiert werden. Das ist die Dynamik in jeder Gruppe, mit der man sich abfinden muss, weil es sich bei den Beteiligten um normale Menschen handelt. Sie sind ebenso Jünger eines bestimmten Grades, und daher müssen die Motive immer sorgfältig angeschaut werden.

Niemand ist vollkommen natürlich. In jeder Gruppe treffe ich auf Leute, die nicht aufrichtig sind, wenn sie mit mir sprechen. Sie sagen Dinge, von denen sie annehmen, dass ich sie hören will, oder die sie mich glauben machen wollen. Es ist besser, wenn die Leute einfach sagen, was sie zu sagen haben. Es gibt Augenblicke, wo eine Kritik konstruktiver Natur angebracht ist, aber niemals destruktive Kritik, die **[50]** von Eifersucht, Angst, Hass oder Bösartigkeit herrührt. In all diesen Situationen müssen wir auf unsere Motive achten. Das ist ein grundsätzliches Muss. Solange das, was wir sagen, und das, was wir als Gruppe unternehmen, nicht aus unserem Zentrum, also von Herzen kommt – das heißt ohne jedes Motiv der Rivalität, der Eifersucht, der Angst und des Beleidigtseins –, werden wir nie zu einer korrekten Zusammenarbeit finden. Das zerstört den guten Willen, der die Grundlage der Zusammenarbeit ist.

Es fällt mir schwer, mich selbst zu beobachten. Wie macht man das? (JK Mai 1997)
Die Schwierigkeit, sich selbst zu beobachten, hat mit Verblendung zu tun. Verblendung besteht gerade darin, dass sie das Denken daran hindert, hinreichend objektiv zu sein, um die Aktivität der anderen Vehikel und sich selbst anzuschauen und zu verstehen. Die Schönheit des Evolutionsprozesses besteht darin, dass man die Verblendung allmählich überwindet. Man überwindet diese Illusion, diesen Nebel, in dem 99 Prozent der Menschen leben. Bis zur ersten Einweihung ist man nur von Verblendung umgeben. Die Phase von 1.1 oder 1.2 bis etwa 1.4 oder 1.5 ist von intensiver Verblendung und vom Schmerz gekennzeichnet, den diese Verblendung verursacht. Bis etwa 1.2 oder 1.3 nimmt die Person die Verblendung nicht einmal wahr. Sie ist darin völlig verloren, Verblendung ist für sie die Wirklichkeit. Indem sich die Person entwickelt, wirft die Seele durch den Verstand ein Licht auf die Verblendung. Dann wird sich die Person der Verblendung bewusst, kann aber nicht viel dagegen unternehmen.

Die allmähliche Entwicklung zur mentalen Polarisierung – im Unterschied zur astralen Polarisierung – befreit den Menschen vom Nebel dieser Verblendung. Die Verlagerung von der astralen zur mentalen Polarisierung erfolgt bei etwa 1.5 bis 1.6. Doch damit ist die mentale Polarisierung noch nicht vollständig abgeschlossen. Das ist sie auch bis 2.5 noch nicht, aber von 1.5 bis 1.6 und bis zur zweiten Einweihung entwickelt sich zunehmend die Fähigkeit, ziemlich klar den Unterschied zwischen Verblendung und Wirklichkeit zu erkennen. Das ist auch das Schöne an der Transmissionsmeditation. Sie beschleunigt den Prozess, durch den man sich von der astralen zur mentalen und **[51]** schließlich zur geistigen Polarisierung entwickeln kann. Die schwierigste Periode ist die zwischen 1.3 bis 1.6. Sie ist nicht einfach.

[Weitere Informationen zur Transmissionsmeditation: Benjamin Creme, *Transmission – eine Meditation für das neue Zeitalter*, Edition Tetraeder, München.]

Es ist einfacher, andere zu sehen, anstatt mich selbst zu beobachten. Liegt das an der Verblendung? (JK Mai 1997)
Wir bilden uns ein, andere zu erkennen, sei einfacher. Es ist einfach, zu meinen, dass wir andere sehen, aber oft projizieren wir bloß alles das auf andere, was sie unserer Meinung nach sind. Das ist eine der größten Verblendungen. Wir sehen die anderen eigentlich nicht.

Nach meinem Verständnis können wir andere nur auf dem Niveau begreifen, das wir in unserer persönlichen Selbsterkenntnis erreicht haben. Ist das richtig? (JK Mai 1997)
Ja. Zuvor sagte jemand: "Wir können andere sehen, aber nicht uns selbst." Ich sage, nein, man bildet sich nur ein, andere zu sehen; allerdings kommt einmal ein Stadium der Klarheit, wo man andere tatsächlich objektiv sieht, aber das ist dann schon eine recht fortgeschrittene Stufe. Bis dahin projizieren wir einfach unsere mentalen Vorurteile auf andere, wobei es gewöhnlich unsere größten Schwachpunkte sind, die wir an ihnen nicht leiden können.

Wenn wir eine auf Konkurrenz bedachte Seite in uns entdecken, neigen wir dazu, uns herabzusetzen oder sie zu unterdrücken, aber sie ist trotzdem noch da. Wir konzentrieren uns auf die Arbeit, auf das Ziel, aber unsere Konditionierung ist sehr stark. Wie können wir "das Herz vom Makel des Wettbewerbs befreien"? Indem wir den Fokus vom Astralen auf das Mentale verlagern? Durch Mantrams? Seelenlicht? Transmissionsmeditation?
Am besten alles. Der beste Weg besteht darin, uns von der astralen zur mentalen Polarisierung weiter zu entwickeln, und wenn das erreicht ist, so schnell als möglich von der mentalen zur geistigen Polarisierung, denn je höher man polarisiert ist, desto besser kann die Seele die Persönlichkeit beeinflussen. Die **[52]** Seele ist immer kooperativ. Die Seele weiß nicht, was Wettbewerb ist. Sie kennt nur guten Willen, und Zusammenarbeit kommt durch guten Willen zustande. Wenn der gute Wille nicht vorhanden ist, können Sie über Zusammenarbeit reden, sie – intellektuell – Ihr ganzes Leben lang anstreben, aber sie wird sich nicht einstellen, weil der gute Wille Voraussetzung ist.

Das erste Erfordernis für jeden in der Gruppe ist der gegenseitige gute Wille. Der gute Wille ist der Zement, der die Gruppe zusammenhält. Je mehr

Sie die Menschen unter dem Aspekt der Seele sehen können – statt die nervöse, schwierige, unsympathische Persönlichkeit im Auge zu haben –, umso mehr werden Sie fähig sein, kooperativ, ohne Ressentiments zu handeln.

Ist die Energie des guten Willens sozusagen das Schmiermittel für die Gruppenarbeit?
Die Energie des guten Willens ist nicht nur das "Schmiermittel" für die Gruppenarbeit, sie ist die eigentliche Basis für die Existenz der Gruppe. Aber das verstehen die Leute vielleicht nicht. Es gibt *nur* Gruppen. Wir sprechen von der Gruppeneinweihung, als sei das etwas Außergewöhnliches, aber Einweihung war in Wirklichkeit immer eine Gruppenaktivität, nur haben wir die Gruppen nicht gesehen. Der Unterschied liegt darin, dass sich die Menschen jetzt, unter dem Einfluss der hereinkommenden Wassermann-Energie, zu Gruppen zusammenfinden. So kann die Idee der Gruppeneinweihung im Bewusstsein der Menschen zu einer konkreten Vorstellung werden. Tatsächlich gab es nie etwas anderes als eine Gruppeneinweihung. Doch bisher war es immer ein Mann hier, eine Frau dort, es geschah langsam, individuell. Nun werden sich diese Menschen in einer Gruppenbeziehung der Einweihung unterziehen. Es ist ein anderer Mechanismus, weil die inneren Gruppen auf der äußeren physischen Ebene nachgebildet werden. Sie bleiben auf der inneren Ebene noch immer dieselben Gruppen – also die Gruppen, denen all diese einzelnen Menschen angehören. Der Unterschied liegt darin, dass es zu einer bewussten Gruppenaktivität kommt.

[Weitere Ausführungen zur Gruppeneinweihung: Benjamin Creme, *Maitreyas Mission, Band Zwei*, Kapitel 19, Edition Tetraeder, München.]

Gelegenheit zum Dienst

[53] *Wie schwierig ist es, Zusammenarbeit im Gruppensinne zu erreichen?*
Schwierig ist es sicher aufgrund unser Konditionierung und unseres Evolutionsstandes. Veränderung braucht Zeit, und das müssen wir akzeptieren. Doch wir arbeiten nun einmal in Gruppen und unter Versuchsbedingungen. Dass müssen wir als unsere Ausgangsbasis annehmen und versuchen, das, was wir wissen, in unsere Arbeit einzubringen.

Als Gruppe sind wir in einer glücklichen Lage. Wir arbeiten nicht vage für unseren eigenen Fortschritt oder unsere eigene Entwicklung – wenigstens hoffe ich das. Ich hoffe, dass niemand einfach nur deshalb in diesen

Gruppen ist, um eventuell den eigenen Fortschritt oder die eigene Entwicklung voran zu bringen. Wir sind hier, um dem Evolutionsplan zu dienen, insofern wir mit einem Aspekt dieses Plans vertraut gemacht wurden – nicht nur mit einem, sondern mit einem der *wichtigsten* Aspekte dieses Plans: die Vorbereitung für die Externalisierung der Geistigen Hierarchie auf die äußere Ebene. Das ist von großer Tragweite.

Wir leben in einer bedeutsamen Zeit; ich kann es nicht stark genug betonen. Eine Zeit wie diese hat es noch nie zuvor gegeben. Ich bezweifle, ob diese besondere Gelegenheit zum Dienst je zuvor einer Gruppe angeboten wurde. Maitreya hat in seinen Botschaften viele Male gesagt: *"Dies ist eine Gelegenheit zum Dienst, wie es sie noch nie gab."* Wenn er das sagt, können Sie sicher sein, dass es eine Tatsache ist. Noch nie haben so viele Menschen diese Gelegenheit zum Dienst erhalten, diese Möglichkeit – auf ihrer Stufe – etwas von *höchster* Wichtigkeit zu tun. Deshalb sollte eine Gruppe wie diese die Chance – und das daraus erwachsende Privileg – erkennen und ihr Bestes geben, um dieser einmaligen Gelegenheit gerecht zu werden und sie nicht mit Konkurrenzkampf oder Gier oder mit bloßer Selbsterkenntnis und Selbstbetrachtung zu vertun – was bei jedem immer wieder vorkommen kann, was aber, mit Hingabe an die Arbeit, nur selten geschehen sollte.

Wie setzt man in seinem Engagement für die Gruppenarbeit Prioritäten? Ich habe Schwierigkeiten, ein Gleichgewicht zu halten. (JK Mai 1997)
Es ist wichtig, ein Gleichgewicht zwischen innen und außen zu erreichen. Die Transmissionsmeditation hat nicht nur mit dem Innenleben zu tun. Sie ist ein Akt des Dienens auf der physischen Ebene. Sie ist Dienst an der Welt und zugleich eine innere Erfahrung. Jeder hat – abhängig von seinem Beruf und seiner Freizeit – andere Voraussetzungen, andere Energiekapazitäten, andere Aspirationen und andere Anforderungen an seine Zeit. Man muss gewisse Entscheidungen treffen und deshalb in seinem Leben gewisse Kompromisse schließen. Ein Jünger hat die Wahl zwischen verschiedenen Prioritäten. Es sind lauter Prioritäten, aber man muss eine Auswahl treffen.

Die meisten Menschen müssen ihren Lebensunterhalt verdienen. Das ist die erste Priorität, das heißt, sie haben bis zu einem gewissen Grad nur eine begrenzte Zeit für diesen Dienst. Deshalb besteht die Priorität für den Jünger darin, wie er den Wert dieser Zeit maximieren kann. Es hängt bis zu einem gewissen Grad von seinen Strahlen, seinen Fähigkeiten, seinem Engagement für Transmissionsmeditation und/oder Öffentlichkeitsarbeit ab, welcher dieser Tätigkeiten er die meiste Zeit und Energie widmet. Die Möglichkeiten eines jeden Menschen sind verschieden, also muss jeder diese Entscheidung, diese Ausrichtung der Prioritäten für sich treffen. Ich kann nicht sagen, Sie sollten siebzig Prozent Ihrer Zeit der Transmissionsmeditation und dreißig Prozent anderer Arbeit oder umgekehrt widmen. Das hängt vom Einzelnen, der Art und der Bedeutung seiner Arbeit ab. Alles ist wichtig. Für ernsthafte Jünger und Gruppenmitglieder würde ich dreimal drei Stunden Transmissionsmeditation wöchentlich, also neun Stunden in der Woche befürworten. Wenn Sie eine Aufgabe haben, bedeutet das, dass Sie vier weitere Tage anderen Aspekten Ihres Dienstes widmen können, sei es nun der Herstellung des *Share International*-Magazins, dem Kontakt zu den Menschen oder dem Organisieren von Vorträgen und Messen. Wenn Sie bereit sind, kein Gesellschafts- und Familienleben zu haben, **[55]** und ausschließlich ein Leben im Dienst zu führen, das wäre sicher ein Ideal, aber das bleibt Ihnen überlassen. Die Meister sind keine Tyrannen, aber da sie jede Sekunde arbeiten, vierundzwanzig Stunden am Tag, ohne Schlaf und Nahrung, ohne Unterbrechung, bedeutet es, dass sie für den Dienst einen sehr hohen Standard setzen, an dem wir uns messen können.

Gelassenheit

Wie kann man Gelassenheit nutzen, um mit den Auswirkungen des Konkurrenzdenkens in der Gruppe richtig umgehen zu können?
Werden Sie gelassener. Fragen Sie sich: "Wer hat Konkurrenzgefühle?" Und nicht: "Habe ich Konkurrenzgefühle?" Natürlich haben Sie diesen Ehrgeiz, jeder hat ihn. Finden Sie heraus, *wer* ihn hat. Wenn Sie sich vom Konkurrenzdenken distanzieren und sich nicht mit dem "wer" identifizieren, dann werden Sie gelassener. Je gelassener Sie werden, desto leichter ist es, gelassen zu sein; es wird zur Gewohnheit. Es geht darum, das zu sehen, *was gerade geschieht*, und sich davon zu lösen, indem man sich nicht damit identifiziert.

Fragen Sie sich: "Wer ist ehrgeizig? Wer ist verletzt? Wer bringt die Gruppe durcheinander? Wer ist destruktiv?" Finden Sie heraus, wer es ist, welcher der Dämonen, denn es ist einer Ihrer Dämonen. Wir alle haben viele Dämonen. Aber Sie bewirken nichts, wenn Sie sagen: "Ich darf nicht ehrgeizig sein, ich muss versuchen, es nicht zu sein." Die Dämonen haben viele Köpfe, und jedes Mal, wenn Sie einen Kopf abschlagen, wächst ein anderer an seiner Stelle nach. Je mehr Sie sich anstrengen, nicht ehrgeizig zu sein, desto ehrgeiziger werden Sie. Sie müssen es durch etwas *ersetzen* – durch Zusammenarbeit. Diese kommt aus der Seele, aus der Meditation, durch richtige Identifikation.

Lernen wir Zusammenarbeit, indem wir innere Gelassenheit, Aufrichtigkeit im Gemüt, Ehrlichkeit im Denken, Achtsamkeit, bedingungslose Liebe und so weiter entwickeln, oder erlernen wir diese Fähigkeiten durch Zusammenarbeit – indem wir kooperativ sind?
Sowohl das eine als auch das andere. Wenn Sie gelassen sind, ist es leicht. Aber wie viele Menschen sind gelassen? Sie können Gelassenheit entwickeln, **[56]** und sobald Sie aus dieser Gelassenheit heraus handeln, verhalten Sie sich auch kooperativ und haben die richtige Einstellung Ihren Mitmenschen gegenüber. Sie brauchen das nicht zu lernen. Innere Gelassenheit, Aufrichtigkeit des Herzens, Ehrlichkeit im Denken und Achtsamkeit sind ihrerseits das Ergebnis einer kooperativen Haltung und führen, wenn sie gelebt werden, zur Zusammenarbeit. Sie können diese Dinge nicht trennen: Richtige mitmenschliche Beziehungen ist eine andere Bezeichnung für Zusammenarbeit, die wiederum, wie es der Meister gesagt hat, ein anderes Wort für Einheit ist. Einheit, Zusammenarbeit und richtige Beziehungen sind drei verschiedene Formulierungen, die dasselbe meinen.

Führt Transmissionsmeditation zur Zusammenarbeit in der Gruppe?
Alles, was Sie mit der Seele in Verbindung bringt und die Vehikel der Seele stärkt, strebt in diese Richtung. Ich kann nicht sagen: "Machen Sie Transmissionsmeditation, dann lernen Sie, wie man zusammenarbeitet." So einfach ist es nicht. Kooperation wird mehr und mehr zu einem Teil Ihres Wesens, wenn Sie die Transmissionsmeditation richtig, beharrlich, mit der Aufmerksamkeit im Kopf ausüben. Das bewirkt die nötige Neuorientierung.

Wie man eine kooperative Haltung entwickeln kann

Sie sagten, Kooperation sei eine Geisteshaltung und eine persönliche Erfahrung, was den Sinn des Lebens betrifft. Gibt es irgendeinen praktischen Ansatz, den wir bei unserer Gruppenarbeit berücksichtigen sollten, um diese Haltung in uns zu entwickeln? (JK Mai 1997)
Vor allem kommt es darauf an, den Ideen anderer gegenüber offen zu sein. Sich die Ideen anderer Menschen anzuhören und den Zeitfaktor zu berücksichtigen, damit sich neue Ideen entwickeln können, ist schöpferisches Denken. Das Problem besteht darin, dass es das in der Welt heute nicht gibt.

[57] Wir sagen: "Maitreya-Buddha, der Christus, ist in der Welt." Die Buddhisten würden sagen: "Nicht möglich. Es wird noch 5670 Millionen Jahre dauern, bis er erscheinen kann." Die Medien würden sagen: "Nicht möglich. Hat man jemals von einer so lächerlichen Idee gehört?", und verschließen sich sofort einer solchen Möglichkeit. Wir erheben vielleicht Einspruch und sagen: "Das ist nicht fair. Wie sollen wir denn diese Botschaft unter die Leute bringen?" Aber die meisten von uns verhalten sich genauso in den Gruppen.

Die Leute, die es gewohnt sind, Entscheidungen zu treffen und Vorhaben anzukündigen, glauben meistens, dass sie alles wissen. Dann meldet sich bei einer Gruppensitzung auf einmal eine ruhige Person, die nicht sehr viel spricht, die nicht viele brillante Ideen hat, und schlägt etwas vor. Meistens wird sie von den Besserwissern sofort zum Schweigen gebracht. "Nein, das machen wir nicht. Wir tun dieses. Ich habe mich schon entschieden." Eine kreativere Einstellung wäre, über den Vorschlag in Ruhe nachzudenken. "Nun, hören wir uns das an. Auf den ersten Blick erscheint es nicht sehr viel versprechend, aber beziehen wir es doch in unsere Überlegungen ein." Dabei taucht vielleicht etwas auf, das man zunächst aus der Idee oder der Präsentation der Idee nicht ersehen konnte, das aber zum Vorschein kommt, wenn eine Diskussion stattfindet. Diese Haltung erfordert einen grundsätzlichen Respekt vor jedem Teilnehmer in der Gruppe.

Wir müssen die Geisteshaltung, die wir Kooperation und Flexibilität nennen, nicht studieren, sondern immer wieder praktizieren. Doch Maitreyas Lehren zu studieren fördert deutlich das Verständnis für den Sinn des Lebens, für die eigene Evolution. Wenn Sie Ehrlichkeit im Denken, Aufrichtigkeit im Herzen und innere Gelassenheit als Wege zur Selbsterkenntnis und schließlich Selbstverwirklichung beherzigen, während Sie der Welt die Lehren von Gerechtigkeit, Teilen, Zusammenarbeit, mitmenschlichen Beziehungen und Frieden vortragen, haben Sie mehr Überzeugungskraft. Nichts überzeugt andere mehr als die Umsetzung dieser Haltung in die Tat. Aus dem gleichen Grunde ist nichts weniger überzeugend als Menschen, die die Information über die Wiederkehr, über die Notwendigkeit von Gerechtigkeit, Teilen und Frieden präsentieren und sich in ihrem Privatleben und in der Gruppenarbeit **[58]** anmaßend und manipulativ verhalten und keine der Eigenschaften aufweisen, von denen sie sprechen.

Praktizieren Sie die Eigenschaften, von denen Sie sprechen. Andernfalls sind Sie weder ehrlich im Denken noch reinen Herzens und daher auch nicht gelassen. Pflegen Sie diese drei Qualitäten ebenso wie Zusammenarbeit, die bereits die Gruppen verändert, und nehmen Sie noch Flexibilität hinzu. Dann gibt es nichts, was Sie aufhalten kann.

Fördern wir die Kooperation in unserer Gruppe, wenn wir uns um mentale Polarisierung bemühen?
Sie können sich nicht um mentale Polarisierung bemühen. Sie können allmählich mental polarisiert werden, aber das Streben danach ist nicht der richtige Weg. Ein möglicher Weg besteht darin, der Transmissionsmeditation mehr Zeit zu widmen. Dabei geht es weniger um eine längere Zeit als um eine höhere Konzentration, indem Sie die Aufmerksamkeit für länger als dreieinhalb Minuten in der Stunde, wie es bei Ihnen wahrscheinlich der Fall ist, im Ajna-Zentrum halten.

Fördern wir die Kooperation auch dadurch, dass wir uns und unsere Fähigkeiten nicht unterschätzen?
Dem kann ich nur beipflichten. Sie sollten sich nicht unterschätzen, weil Sie nie wissen, was Sie alles wissen, bevor Sie zu sprechen anfangen, und auch nie wissen, was Sie alles tun können, bis Sie sich tatsächlich an die Arbeit machen und es tun.

Jeder glaubt, er sei so, wie er jetzt ist, aber jeder ist die Gesamtsumme von Hunderttausenden von Inkarnationen – denken Sie daran, wie oft Sie schon unterschiedliche Strahlen hatten, und wie viele Erfahrungen jeder in diesem Raum schon gemacht hat. All das ist bereits vorhanden. Sie müssen sich nur darauf einstimmen, es hervorbringen, es versuchen. Es kommt zurück, und Sie werden entdecken, dass Sie Sachen tun können, von denen Sie keine Ahnung hatten.

Zusammenarbeit und Flexibilität

[59] *Wenn eine bestimmte Arbeit erledigt werden muss, finden sich leicht Leute, die zur Zusammenarbeit bereit sind. Schwierig wird es bei den ständigen, täglichen Aufgaben.* (JK Mai 1997)
Wenn es eine klar umrissene Aufgabe gibt, und Sie bitten die Leute, sie gemeinsam zu erledigen, dann wird eine Gruppe wie diese in neun von zehn Fällen das auch schaffen, vor allem wenn sie die Idee der Kooperation berücksichtigen. Vielen Gruppen hier in Japan ist es inzwischen besser als je zuvor gelungen, in dieser kooperativen Weise zu arbeiten.

Wenn eine Gruppe nicht kooperativ vorgeht, müssen Sie sich die innere Gruppendynamik ansehen. Das kann eine sich verändernde Situation sein, weil neue Gruppenmitglieder hinzukommen oder alte gehen. Aber in dieser Zeit kann die Gruppe entweder zur Zusammenarbeit imstande sein oder von persönlichem Konkurrenzverhalten geprägt sein. Die Gruppen, denen es im letzten Jahr überhaupt nicht gelungen ist, ihre Fähigkeit zur Zusammenarbeit weiter zu entwickeln, sind genau jene, in denen das persönliche Konkurrenzdenken seit jeher vorherrschte. Diese Grundkomponenten der Gruppe setzen eine Wettbewerbsdynamik in Gang – und das widerspricht der Gruppenarbeit, der Gruppenevolution.

Hier überschneiden sich Flexibilität, der andere Aspekt, und Zusammenarbeit. Warum erwähnte ich letztes Jahr um diese Zeit, dass es notwendig sei, Flexibilität in sich zu entwickeln? Weil ich zu den japanischen Gruppen sprach. In Japan ist es wichtig, über die Notwendigkeit der Flexibilität zu sprechen, weil es ein sehr altes, traditionsgebundenes Land ist, in dem es kein nennenswertes Maß an Flexibilität gibt. Der Grund dafür liegt in seinem ehemaligen Persönlichkeitsstrahl (7. Strahl). Er ist verantwortlich für eine sehr statische und rigide Gesellschaft, die erst jetzt aus diesem Muster ausbricht.

Es ist aber auch eine Frage der persönlichen Verblendung. Es gibt Menschen, die glauben, dass sie zusammenarbeiten, während sie in Wirklichkeit nichts dergleichen tun und, entweder bewusst oder unbewusst, **[60]** sich den anderen Gruppenmitgliedern gegenüber völlig unflexibel verhalten und in ihnen nur Konkurrenten sehen. Es gehört zum Wesen der Verblendung, dass sie unbewusst bleibt. Wenn Sie die Verblendung erkennen, besteht die Möglichkeit, dass Sie sich davon befreien. Wenn Sie unbewusst sind, wenn Sie sie nicht einmal wahrnehmen, können Sie die Verblendung nicht als solche erkennen. Ich will unter den Gruppen keinen Wettbewerb in Gang setzen, um zu sehen, wer den größten Fortschritt macht, wer wirklich kooperiert und wer nicht. Allerdings ist es eine Tatsache, dass sich einige Gruppen durch Kooperation schnell – und im Gruppensinne – entwickeln. Sie versuchen, sich mit der fehlenden Flexibilität auseinander zu setzen. Es gibt andere Gruppen und Menschen, die immer noch in der Verblendung des Wettbewerbs befangen sind, ohne sie als solche zu erkennen. Deshalb machen bestimmte Gruppen nicht dieselben Fortschritte wie die anderen. [Weitere Informationen über die Strahlen und die Nationen: Benjamin Creme, *Maitreyas Mission, Band Eins, Zwei, Drei*, Edition Tetraeder, München.]

Wie können wir zwischen flexiblen und manipulativen Arbeitsweisen unterscheiden? (Januar/Februar 2000)
Gelassen und objektiv zu arbeiten und dabei flexibel zu bleiben, fördert die Gruppenarbeit, was dann auch erkennbar wird; es liegt auf der Hand, dass auf diese Weise eine Arbeitsmethode entsteht, mit der die ganze Grup-

pe einverstanden ist. Manipulative Arbeit ist der Versuch Einzelner, anderen eine Methode oder eine Struktur aufzudrängen. Das ist eine Verletzung des freien Willens, und es sollte geklärt werden, ob sich die Gruppe über eine Arbeitsmethode geeinigt hat oder ob diese von einer oder mehreren Personen der ganzen Gruppe aufgedrängt wurde.

Flexibles Arbeiten ist wirklich flexibel; es kann auf die Notwendigkeiten, wie sie sich ergeben, flexibel reagieren. Manipulatives Arbeiten kann flexibel oder rigide sein. Es hat nichts mit Flexibilität zu tun. Damit wird beabsichtigt, andere dazu zu bringen, das zu tun, was man selbst will. Sie können eine Situation so manipulieren, dass Sie statt Flexibilität nur Rigidität in die Gruppenaktivität bringen. Das hat nichts mit flexibel oder unflexibel sein zu tun. Es ist eine Frage der **[61]** Einstellung. Wenn mir jemand die Frage stellte: "Ist eine flexible Arbeitsweise nützlich?", dann würde ich sagen: "Ja, sehr sogar." Auf die Frage: "Ist ein manipulativer Umgang mit Situationen – ob bei der Arbeit oder sonst wo – nützlich?", würde ich antworten: "Nein, niemals."

Wenn man einem Kompromiss zuliebe die eigenen Gedanken und Ideen zu sehr unterdrückt, praktiziert man dann eigentlich noch Ehrlichkeit im Denken? Wo zieht man die Grenze zwischen Ehrlichkeit im Denken und Kompromissfähigkeit? (JK Mai 1997)
Ehrlichkeit im Denken bedeutet nicht, an Ihrer Meinung festzuhalten, selbst wenn sie sich als richtig erwiesen hat. Ehrlichkeit im Denken bedeutet so zu denken und zu handeln, dass eine direkte Verbindung zwischen dem Gedanken und der Tat besteht. Es bedeutet nicht, dass Sie Ihre eigenen Ideen nicht beiseite schieben dürften, um einen Kompromiss mit Menschen zu erreichen, die möglicherweise am anderen Ende des Meinungsspektrums stehen. Wenn das der Fall wäre, wäre ein Kompromiss ausgeschlossen. Dann wäre die ganze Evolution, sogar der Frieden für immer ausgeschlossen.

Wenn der Premierminister von Israel keinen Kompromiss schließen kann, wenn er die Rechte des palästinensischen Volkes nicht erkennen und keinen weisen Kompromiss zwischen den verschiedenen Bestrebungen und Bedürfnissen zustande bringen kann, wird es keinen Frieden im Nahen Osten geben. Wenn es in Nahost keinen Frieden gibt, wird es auch in der Welt nie Frieden geben. Also ist es absolut notwendig, dass sie lernen Kompromisse zu schließen.

Die Strahlen der meisten Gruppen können diese, früher oder später, zum Kompromiss führen. Die meisten Gruppen sind letztlich, wenn auch nicht gleich, imstande, zu einem Kompromiss zu kommen. Es gibt einen Strahl, den 6. Strahl, dem es schwer fällt, Kompromisse zu schließen. Er ist das "Merkmal des Tiers", wie wir sagen. Das Problem Japans und Russlands hinsichtlich der kleinen unbewohnten Inselgruppe im Norden Japans bestand in der Unfähigkeit, einen Kompromiss zu finden. Keines der beiden Länder will die Inseln besitzen, aber sie wollen die Kontrolle darüber haben. Möglicherweise könnte es Öl dort geben. Oder wenn die **[62]** Russen sie behalten, wollen sie dort möglicherweise eine Garnison aufstellen, vielleicht einen Mann auf jeder Insel, um die Japaner zu erschrecken! Die Menschen von Nordirland haben dieselben Strahlen – den 6. Strahl durch und durch, als Haupt- und Unterstrahl. Es hatte Jahre gedauert, sie an den Konferenztisch zu bringen, damit sie gemeinsam über ihre Probleme sprechen.

Wo immer es Menschen gibt, die nicht zusammenarbeiten können, herrschen stets die dominierenden Merkmale des 6. Strahls vor. Damit wird Zusammenarbeit zum Problem, weil sie keine Kompromisse schließen können. Ihr Weg ist der *einzig* mögliche – sie können nichts anderes sehen. Natürlich stimmt das nicht, aber in ihren Augen trifft es zu. Es gibt niemanden in den Gruppen, die ein Monopol auf Weisheit, Intelligenz und Sprachgewandtheit hätte.

Eine Gruppe ist eine Gruppe, weil es aller Eigenschaften, die in einer Gruppe zusammenkommen, bedarf, um die Arbeit korrekt zu erledigen. Die Kunst der Gruppenarbeit besteht darin, diese verschiedenen Gesichtspunkte, Haltungen, Begabungen und Erfahrungen zu einem Instrument zu vereinigen, das aufgrund des Konsenses für die ganze Gruppe gültig ist. Es gibt Leute, die glauben, ihre Argumente seien besser als die aller anderen zusammengenommen. Sie sind sich dessen wahrscheinlich überhaupt nicht bewusst und würden es bestreiten, wenn es ihnen vorgehalten würde. Im Grunde sehen sie in den anderen Gruppenmitgliedern nur Konkurrenten. Es sollte die ständige Absicht bestehen, die Qualitäten der Zusammenarbeit und Flexibilität in Ihre Gruppenbeziehungen in jeder Hinsicht einzubringen.

Sie müssen sich in jedem Augenblick Ihre Motive bewusst machen. Sie müssen sich von diesem ständigen Konkurrenzdenken befreien, da es inzwischen schon jeder Person in der heutigen Welt zur selbstverständlichen Gewohnheit geworden ist. Dann werden Sie kooperativ – spontan, ohne darüber nachzudenken. Dann ist alles, was Sie tun, kooperativ. Wenn Sie sich vom Konkurrenzdenken befreien, können Sie gar nicht anders, als kooperativ zu sein.

Was bedeuten Zusammenarbeit und Demokratie in Bezug auf die Gruppenarbeit? (JK Mai 1997)

[63] Zusammenarbeit bedeutet Kooperation als innere Haltung. Es bedeutet, dass zwischen den Menschen in der Gruppe Zusammenarbeit stattfindet. Andernfalls ist es keine Gruppe. Es bedeutet ebenfalls Kooperation zwischen einer Gruppe und einer anderen. Eine Gruppe ist aus einzelnen Menschen zusammengesetzt, von denen einige dominanter sind als andere. Diese Gruppen können und – wenn es um etwas Positives geht – sollten einander beeinflussen. Darin liegt der Wert der Zusammenarbeit. Ich persönlich würde es begrüßen, wenn es in allen Gruppen ein Maximum an Demokratie gäbe. Ich weiß allerdings, dass die Idee der Demokratie für die Japaner im politischen Bereich – und deshalb auch im Bereich der Zusammenarbeit – noch eine sehr junge Erfahrung ist. Einige Gruppen sind in ihrem Vorgehen und in ihren Gruppenbeziehungen demokratischer als andere. Wenn dieser Ansatz an Einfluss gewinnen könnte, fände ich das sehr gut. Die Gruppen, die autokratischer, individualistischer sind und eher unter der Regie von ein oder zwei Personen stehen, sind meiner Ansicht nach für das japanische Volk auf lange Frist weniger von Wert als jene, die wirklich demokratisch arbeiten.

Hier kommt die Flexibilität ins Spiel. Die autokratischer oder traditioneller eingestellten Gruppen müssen unbedingt flexibler werden und sich auf eine demokratischere Arbeitsweise zubewegen. Die Gruppen, die bereits so vorgehen, können die anderen durch ihr Beispiel positiv beeinflussen. Es hängt auch etwas davon ab, wo die Gruppen leben. Meistens kommen aus städtischen Gebieten, aus den großen Städten eher neuere und frischere Ideen als aus den ländlichen Gegenden. Aber in Japan ist alles nicht so festgelegt, alles bewegt sich gleichzeitig in verschiedene Richtungen. Bis zu einem gewissen Grad geht es eher darum, ob etwas funktioniert, als ein Ideal aufzustellen und sich abzumühen, es zu erfüllen. Machen Sie weiter mit dem, was funktioniert. Auch der Zeitfaktor spielt eine Rolle.

Freier Wille

Wenn es eine Aufgabe gibt, die nach Ansicht der Gruppenmitglieder von irgendjemandem erledigt werden muss, sagen einige, es sei ihr freier Wille abzulehnen. Ich denke, sie sollten kooperieren und die Arbeit ausführen, selbst wenn sie etwas schwieriger erscheint. Können wir diese Leute veranlassen, die Arbeit zu tun, oder sollten wir ihren freien Willen respektieren und sie in Ruhe lassen? (JK Mai 1997)

Wie bringen Sie jemanden dazu, eine Arbeit zu tun, wenn er nicht will? Setzen Sie ihm die Pistole auf die Brust oder streichen Sie seine Bierration?

Wenn es eine Aufgabe gibt, die nach Ansicht der Gruppenmitglieder von irgendjemandem erledigt werden muss, sollte in jeder kooperierenden Gruppe, die etwas auf sich hält, ein Gerangel entstehen, wer die Arbeit als Erster bekommt. Wenn niemand die Arbeit übernehmen will – egal welche –, könnten die "Größeren" auf die Idee kommen, sie den "Kleineren" aufzuzwingen, aber meiner Ansicht nach geht das nicht. Die Verletzung des freien Willens darf niemals zugelassen werden. Unter den engen Mitarbeitern Maitreyas gibt es Leute, die vom Fernsehen eingeladen wurden, um über den Weltlehrer zu sprechen, und sie haben es abgelehnt. Maitreya übt überhaupt keinen Druck aus, er versucht nicht einmal zu überzeugen. Er sagt einfach: "Nun, irgendjemand muss es machen." Das sind Mitarbeiter, die ihn mehr oder weniger jeden Tag sehen. Seine Gegenwart könnte viel schneller bekannt werden, wenigstens in Großbritannien, wenn sie im Fernsehen auftreten und darüber sprechen würden. Also bleibt es mir überlassen zu versuchen, die Aufmerksamkeit der Medien zu erringen. Der freie Wille ist unantastbar. Der Dienst muss freiwillig übernommen werden, andernfalls ist es kein Dienst.

Was den freien Willen betrifft: Ein älteres Gruppenmitglied bittet manchmal einen Neuankömmling: "Kannst du dies oder jenes tun?" Das scheint mir eine Verletzung des freien Willens zu sein, andererseits denke ich, dass dem Neuankömmling damit Gelegenheit gegeben wird, an der Gruppenarbeit mitzuwirken. Was denken Sie darüber? Was bedeutet Leitung in der Gruppenarbeit? Wie kann der Leiter seinen Führungsaufgaben in der Gruppenarbeit besser nachkommen? (JK Mai 1997)

[65] Wo die Betonung auf Führung liegt, ist das Gegenteil von Gruppenarbeit gegeben. Die Vorstellung einer Gruppe, die sich um einen Leiter schart, der sie lenkt und lehrt und weiterführt, ist ein altes Konzept aus dem Fische-Zeitalter. Es verschwindet jetzt zusehends oder sollte es zumindest. In Gruppen, die mit der neuen Wassermann-Erfahrung für die Menschheit zu tun haben, sollte jedes Gruppenmitglied gleichberechtigt sein. Es sollte keine Führer geben, die von Geringeren umgeben sind. Ein Leiter ist in diesem Zusammenhang gewöhnlich jemand, der vermitteln oder besser als andere organisieren kann, oder jemand, der eine deutlichere Vision oder ein besseres Verständnis der Gruppenaufgabe hat. Was Führerschaft *per se* anbetrifft, so ist sie ein altes, aussterbendes Konzept. Wie kann der Leiter seinen Führungsaufgaben in der Gruppenarbeit besser nachkommen? Indem er als Führer verschwindet.

Wettbewerb oder Kooperation

Der Meister sagt, dass man die Menschen auf der Welt in zwei Gruppen einteilen kann: diejenigen, die konkurrieren, und diejenigen, die kooperieren. Ist diese Einteilung nicht zu streng? Haben wir nicht beide Verhaltensweisen in uns? Und ist es nicht auch von der Situation abhängig, in der wir uns gerade befinden?

Natürlich lautet die Antwort darauf Ja. Aber das bedeutet nicht, dass die Einteilung des Meisters zu streng wäre. Es bedeutet, dass wir beide Verhaltensweisen in uns tragen, abhängig von der jeweiligen Situation. Wenn die Situation günstig ist, wetteifern wir, soweit man es uns erlaubt. In einer anderen Situation sind wir dann so kooperativ, wie wir es als notwendig erachten – wenigstens so weit, dass wir damit durchkommen. Um ehrlich zu sein, arbeiten so die meisten Gruppen.

Jeder ist abwechselnd ehrgeizig und ein bisschen kooperativ. Es ist nicht so, dass aus Wetteifer Zusammenarbeit entstehen könnte; das geht nicht. Es sind zwei Gegensätze, und Kooperation kann niemals zum Wettkampf werden. Es ist ganz einfach so, dass Ihre Reaktionsweise auf die jeweilige Situation zum Hebel wird, den Sie ansetzen. Wenn **[66]** Sie müssen, können Sie kooperativ sein. Wenn Sie damit durchkommen, packt Sie wieder der Ehrgeiz, bis jemand sagt: "Nein, das ist zu konkurrenzorientiert. Das lassen wir nicht zu."

Die menschliche Psyche versucht, jede Situation zu beherrschen. Manche Menschen handhaben jede Situation auf eine eher fragwürdige Weise, sie manipulieren heimlich hinter den Kulissen und verschaffen sich immer Verbündete, die sie unterstützen sollen. Das gibt es in allen Gruppen, weil es menschlich ist. So lebt der Großteil der Menschheit – es ist eine Demonstration der Persönlichkeit. Jeder ist eine Persönlichkeit; jeder arbeitet mehr oder weniger von der Persönlichkeit aus.

Die Probleme entstehen durch die Persönlichkeit, wenn sie die manipulative Fähigkeit missbraucht. Diese Eigenschaft ist in den Gruppen allgemein verbreitet. Von Zeit zu Zeit treten die anderen Eigenschaften hervor, je nachdem, mit wem Sie es zu tun haben. Diese Dinge werden und sollten Sie in sich erkennen.

Ich meine damit nicht, dass alle manipulieren, aber jene unter Ihnen, deren Verstand und deren Gehirn vom 3. Strahl regiert werden: Beobachten Sie Ihre Neigung zur Manipulation! Ich sage nicht, dass Sie es ändern oder frustriert darüber sein sollten, aber seien Sie einfach wachsam für das, was

Sie wirklich tun, auf diese Weise können Sie sich davon distanzieren. Sie können sich nur von etwas lösen, wenn Sie es beobachten und erkennen. Wenn Sie es beobachten, ohne den Versuch, es zu ändern, zu rechtfertigen, zu rationalisieren, wenn Sie es einfach nur betrachten, werden Sie entdecken, dass Sie gelassener werden. Das trifft auf jede Verblendung zu.

Wir alle tragen beides in uns, das Konkurrenzdenken und die Möglichkeit der Kooperation, weil wir als Seelen auf instinktive Weise kooperativ sind. Die Seele will von Natur aus kooperieren. Sie hat eine umfassende, großzügige, alles einschließende Lebenseinstellung, die sich nur in Zusammenarbeit manifestieren kann. Wir dürfen nicht vergessen, dass im jetzt beginnenden neuen Zeitalter die Energie der Synthese, die Wassermann-Energie nur in **[67]** Gruppenformation gespürt, verstanden und genutzt werden kann. Sie bezieht sich nicht auf das Individuum, sondern allein auf die Gruppe. Die Gruppe braucht das – starke, bewusste, intelligente, aktive – Individuum, das sich in den Dienst *der Gruppe* stellen kann. Dann können wir im Sinne des neuen Zeitalters, der neuen Wassermann-Energie handeln, dieser verbindenden, verschmelzenden und synthetisierenden Kraft, die sich eines Tages in der *einen* Menschheit beweisen wird. Das sollte unser Ziel sein.

Wie bringen wir unsere Botschaft unter die Leute, ohne mit den fundamentalistischen religiösen Gruppen zu konkurrieren?
Es ist sinnlos, mit fundamentalistischen Gruppen konkurrieren zu wollen. Wenn wir das täten, könnten wir uns gleich geschlagen geben, noch bevor wir überhaupt angefangen haben. Sie haben eine Bibel, das "Wort Gottes", und glauben, dass sie von Gott im Laufe mehrerer Jahrhunderte von Hand geschrieben wurde; sie besitzen den "einzigen" Sohn Gottes; und sie haben uns einen Vorsprung von 2000 Jahren voraus. Außerdem kontrollieren sie die Medien und verfügen über Geld.

Wir haben eine andere Botschaft als diese Gruppen – oder eine ähnliche Botschaft, die in einer anderen Sprache verfasst ist. Wenn Sie ausgezogen sind, um mit Fundamentalisten zu *konkurrieren,* müssen Sie sich nicht wundern, wenn Sie dabei nichts erreichen. Wir konkurrieren nicht, sondern geben eine alternative Information heraus. Eine Zusammenarbeit mit ihnen ist nicht möglich, aber deshalb muss kein Konkurrenzkampf stattfinden. Wir bekehren nicht, sondern informieren lediglich. Versuchen Sie mal, einen Fundamentalisten zu bekehren!

War es beabsichtigt, dass einige Gruppen – besonders die Theosophische Gesellschaft, die Arkanschule und Ihre Gruppen – enger zusammenarbeiten?

Oder hat jede Gruppe ihre eigene spezifische Aufgabe, die am besten mehr oder weniger unabhängig voneinander erledigt werden sollte – in dem Sinne, wie Jünger und Gruppen auch auf anderen Gebieten, beispielsweise in der Wirtschaft oder Politik ihre eigene Aufgabe haben? (April 1998)

[68] Es wäre gut, wenn die Theosophische Gesellschaft, die Arkanschule und unsere Gruppen zusammenarbeiten könnten. Aber dazu müssten sie glauben, was wir sagen, und das tun sie leider nicht.

Die Arkanschule lehnt unsere Botschaft ab. Die Genfer Zweigstelle wünscht eine Zusammenarbeit mit uns, in London und in New York ist das allerdings nicht der Fall. Die Genfer Zweigstelle ist aufgeschlossener, sie erklärte, es wäre schön, auf irgendeine Weise zusammenzuarbeiten. Es ist schwierig, einen Weg zu finden, denn sie wollen nicht verbreiten, was ich sage, obwohl ich ohnehin das sage, was sie sagen. Man kann nur mit denen zusammenarbeiten, die dazu bereit sind. Wenn sie das täten, ginge das Werk schneller voran. Doch auch sie sind esoterische Gruppen und werden daher im Allgemeinen von den Medien und der Öffentlichkeit genauso wenig akzeptiert wie wir. Immer wenn Journalisten Madame Blavatsky erwähnen, tun sie es auf abschätzige Weise. Es gilt als sicher, dass sie eine Betrügerin war, und dass heute niemand ihren Schriften Glauben schenken kann. Das ist unglaublich. Nach hundert Jahren wird sie immer noch nicht als vernünftige, intelligente Person akzeptiert, obwohl sie eine Eingeweihte vierten Grades war, wie Jesus von Nazareth und Leonardo da Vinci.

War beabsichtigt, dass wir zusammenarbeiten? Natürlich war das beabsichtigt, aber man kann nicht mit Menschen zusammenarbeiten, die das nicht wollen.

“Wer nach Zeichen sucht, der wird sie finden.”

Immer öfter ist in internationalen Medien von Wundern die Rede – Wunder, die Menschen aller Glaubensrichtungen (und auch Menschen ohne Konfession) erlebt haben. Laut Benjamin Cremes Meister sind dies alles Zeichen für das unmittelbar bevorstehende Erscheinen Maitreyas, des Weltlehrers, der von allen Religionen jeweils unter verschiedenen Namen erwartet wird.

Am 8. November 1977, in der zehnten Botschaft, die Maitreya durch Benjamin Creme übermittelte, sagte er, dass seine Anwesenheit in der Welt von Zeichen begleitet sein wird: “Wer nach Zeichen sucht, der wird sie finden, aber meine Methode der Offenbarung ist viel einfacher.”

Im Juni 1988 kündigte ein enger Mitarbeiter Maitreyas an, dass die Zeichen der Anwesenheit Maitreyas zunehmen werden: “Er wird die Welt mit Ereignissen überfluten, die der Verstand nie wird begreifen können.”

Die Zeitschrift *Life* fragte im Juli 1991 auf ihrem Titelblatt: “Glauben Sie an Wunder?” *Life* berichtete, dass weltweit Tausende von unerklärlichen Phänomenen geschehen. “Ich habe ein wenig nachgeforscht”, schrieb der Herausgeber Peter Bonventre, “und es zeigte sich, dass es auf der ganzen Welt eine regelrechte Flut von Heiligenerscheinungen gibt … Wir erleben gerade ein weltweites geistiges Erwachen – und das ist eine der großen Geschichten unserer Zeit.”

Im April 1995 widmete das *Time*-Magazin dem Thema Wunder acht Doppelseiten seiner Titelgeschichte und kam zu dem Schluss: “Die Menschen sind hungrig nach Zeichen.”

Die Berichte der Medien handeln von Heiligenfiguren und -bildern, die Tränen und echtes Blut, lieblich duftendes Heilöl und sogar Perlen weinen; von merkwürdigen “Milch trinkenden” hinduistischen Götterstatuen; von Marienvisionen oder -erscheinungen; von heiligen Botschaften in Obst und Gemüse; von Hunderten von “Lichtkreuzen” in Fenstern und “Lichtkreisen” auf Gebäuden; von wundersamen Heilwasser und zahlreichen Rettungen und Begegnungen mit “Engeln”.

Die Zeitschrift *Share International* hat in den vergangenen Jahren über zahllose Wunder auf der ganzen Welt berichtet, die mit dem sich nähernden Erscheinen Maitreyas ständig zunehmen. Als ein herausragendes Wunder gilt der Handabdruck Maitreyas auf einem Spiegel in Spanien im September 2001.

Foto: KenyaTimes

Job Mutungi, Redakteur der *Kenya Times*, war Zeuge der wundersamen Erscheinung Maitreyas in Nairobi. "Die hohe Gestalt des barfüßigen, weiß gekleideten und bärtigen Mannes erschien aus dem Nichts und stand mitten in der Menschenmenge … Ein Raunen ging durch die Menge. Viele Gläubige lagen auf dem Boden und weinten hemmungslos, in Lobgesang und Anbetung versunken, ganz ergriffen von dem, was geschah … In klarem, akzentfreiem Swahili verkündete der sonderbare Mann, dass die Menschen von Kenia gesegnet seien …"

Foto: KenyaTimes

Am Samstag, dem 11. Juni 1988, erschien Maitreya auf mysteriöse Weise "aus heiterem Himmel" vor 6000 Gläubigen auf einer Gebetsversammlung in Nairobi, Kenia. Er sprach 15 Minuten lang in Swahili zu den Menschen und verschwand dann wieder. Dutzende Menschen waren daraufhin auf wunderbare Weise von ihren Krankheiten geheilt. Fotos von diesem Ereignis gingen durch die internationalen Medien.

Maitreyas Versprechen

Ich komme zu euch als einfacher Mann.
Ich komme als Bruder und Freund.
Ich werde euch zu eurem Ursprung zurückführen.
Ich bin unter euch bis zum Ende des Zeitalters.

Meine Liebe umgibt euch immer.
Mein Herz schlägt mit dem euren im gleichen Rhythmus.
Meine Hand wird euch führen und schützen.
Meine Liebe hat keine Grenzen.

Maitreya, 6. Dezember 1979
(aus: *Botschaften von Maitreya, dem Christus*,
Edition Tetraeder, München)

Maitreyas Hand

Abdruck von Maitreyas Hand, den er auf einem Badezimmerspiegel in Barcelona manifestierte. Bei genauem Hinsehen zeigt sich, dass es sich dabei nicht um einen bloßen Handabdruck handelt, sondern um ein dreidimensionales, fotografisch detailgetreues Bild.

Die Hand, die erstmals in *Share International* (Oktober 2001) veröffentlicht wurde, ist ein Instrument, mit dem Maitreyas Energien und sein Beistand angerufen werden können. Wenn Sie Ihre Hand auf das Bild legen oder es einfach nur anschauen und Maitreya um Heilung, Segen oder Hilfe bitten, werden (im Rahmen des karmischen Gesetzes) seine Energien angerufen und freigesetzt. Näher als in dieser Form, so Creme, kann Maitreya uns nicht kommen, bevor er sich am so genannten Deklarationstag der Menschheit offiziell vorstellt.

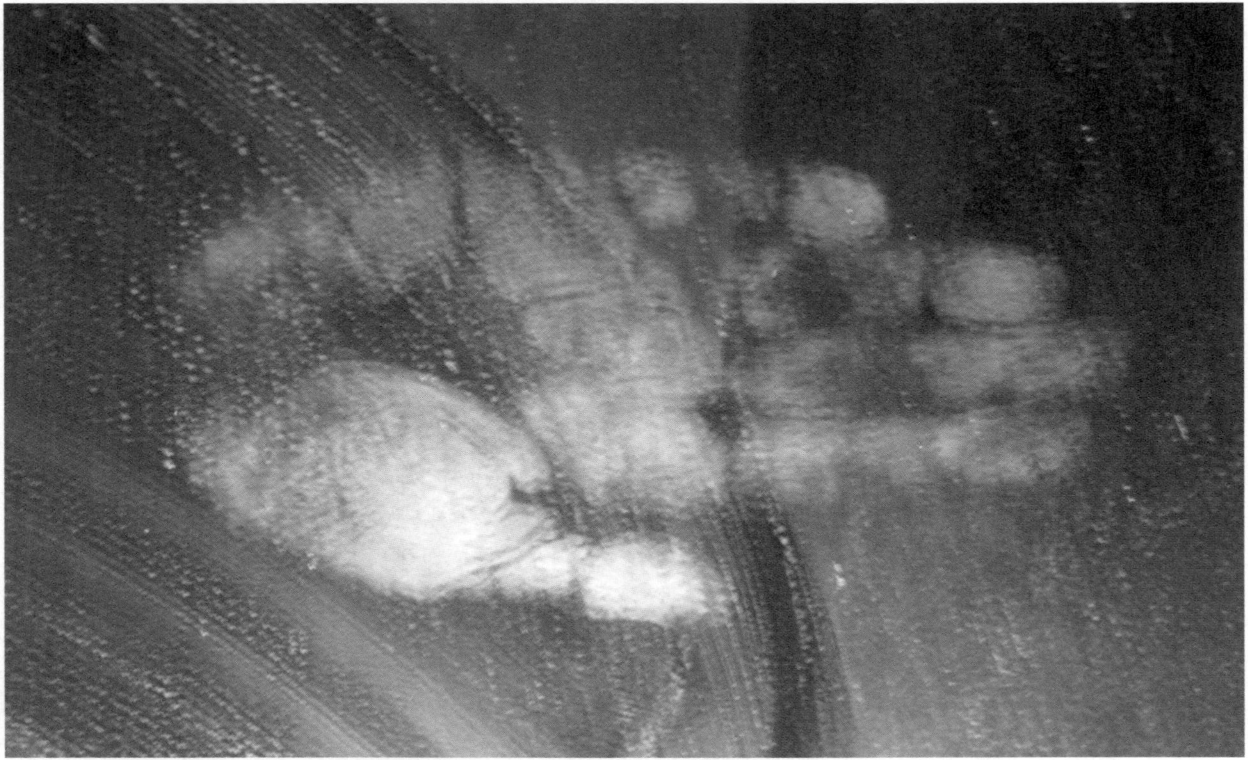

Foto: Horacio Londner

Benjamin Creme wird von Maitreya überschattet

Als besondere geistige Nahrung oder Segnung übermittelt Maitreya am Anfang und Ende eines jeden Vortrags für etwa zwanzig bis vierzig Minuten seine Energien durch Benjamin Creme an die Zuhörer. Viele Menschen, die über ein gewisses Maß an Hellsichtigkeit verfügen, haben dies gesehen und darüber berichtet.

Diese Aufnahme (rechts) entstand am 26. September 2001 während des Vortrags von Benjamin Creme in Amsterdam genau in dem Augenblick, als die so genannte Überschattung, der Segen Maitreyas begann. Das Foto machte Ellen Bernards, die links in der ersten Reihe saß.

Erst nach der Entwicklung der Aufnahmen entdeckte man, dass statt der zwei Personen auf dem Podium – Benjamin Creme und der Übersetzer Gerard Aartsen – drei Gestalten zu sehen waren. Benjamin Creme, mit Sakko und Krawatte, schaut ins Publikum, während die mysteriöse Gestalt in die Kamera blickt – sie trägt keine Krawatte, und die obersten Hemdknöpfe sind geöffnet.

Das bei der Überschattung von Maitreya ausströmende Licht lässt die Personen auf dem Bild verschwommen erscheinen. Immer wieder berichten Menschen, dass sie sehen können, wie Benjamin Creme dabei buchstäblich hinter dem Licht verschwindet.

(*Benjamin Cremes Meister bestätigt, dass die dritte Person Maitreya ist.*)

Foto: Ellen Bernards

Foto: Hoang Van Hao

Aus vielen Ländern wird berichtet, dass Figuren und Bilder von Jesus und der Madonna Tränen, Blut und Öl weinen und sich sogar manchmal bewegen. Die abgebildete Madonnenfigur in Adelaide in Australien fing im Dezember 1992 an, Blut zu weinen.

Vier Tage lang haben im September 1995 weltweit hinduistische Götterstatuen die ihnen geopferte Milch "getrunken". Millionen Menschen konnten dieses außerordentliche globale Phänomen miterleben und zusehen, wie die Milch vor ihren Augen verschwand.

Foto: Michael Flaum

Hunderte von Lichtkreuzen erscheinen weltweit in Fenstern, erstmals 1988 in El Monte, Kalifornien. Mit den Kreuzen werden zahlreiche Heilungen – physische wie auch psychische – in Zusammenhang gebracht.

Foto: Frances Oman

Foto: Ezzard McNair

Spektakuläre Reflexionen in Gestalt von so genannten "Lichtkreisen" erscheinen bei Sonnenschein auf Gebäuden, Gehwegen und sonstigen Oberflächen. *Share International* erhält zunehmend Einsendungen von Fotos mit solchen Lichtkreisen aus aller Welt.

Teil zwei

Das Problem der Verblendung

Verblendung

von Meister —, durch Benjamin Creme

[69] Keines der vielen Probleme, die der Menschheit zu schaffen machen, ist so groß wie das der Verblendung. Sie ist die Ursache all unserer Schwierigkeiten und Gefahren und hält die überwiegende Mehrheit der Menschheit in ihrem Bann. Sie ist der eigentliche Grund für alle Spaltungen und Schranken und die Quelle aller Leiden und Schmerzen. Ihre Wurzeln liegen tief in der Vergangenheit der Menschheit, und mit wenigen Ausnahmen sind wir alle darin befangen.

Verblendung entsteht im Sinnes- und Gefühlsapparat – dem Emotional- oder Astralkörper des Menschen – und dadurch, dass wir uns mit seinen Regungen identifizieren. Durch diese falsche Identifikation mit seinen Gefühlen und Emotionen – seiner Wunschnatur – hat der Mensch sich im dichten Nebel der Illusion und des Unwirklichen verloren. Die meisten Menschen befinden sich ein Leben lang im Zustand der Verblendung. Verblendung ist Illusion auf der Gefühlsebene und stellt das größte Hindernis für die Weiterentwicklung des Einzelnen sowie der gesamten Menschheit dar. Sie verstellt dem Unbesonnenen mit zahllosen falschen Vorstellungen den Weg. Weder der noch so hochgesinnte Idealist (gerade er ist meist besonders anfällig dafür) noch der härteste Zyniker sind frei von ihrem Einfluss.

Um Verblendung bewältigen zu können, muss die Menschheit deren Mechanismus erkennen, der die zentrale Irrlehre – dass wir voneinander getrennte Einzelwesen sind – geschaffen hat und aufrechterhält. Alles, was dahin tendiert, das Gefühl der Abgrenzung zu verstärken, beruht auf Verblendung, und alles, was diese Irrlehre untergraben kann, trägt zu ihrem **[70]** Abbau bei. Der Verblendung wohnt die Vorstellung inne, dass die Wünsche des Menschen wirklich und daher berechtigt, gültig und sinnvoll sind. In Wahrheit sind sie die Ursache allen Unglücks – und nicht wirklicher und nicht weniger vergänglich als eine Fata Morgana in der Wüste.

Der gut meinende Aspirant trübt sein Tun mit dem Wunsch nach Vollendung. Der Idealist meint, sein Ideal sei für vernünftige Menschen das einzig Richtige. Oft sehen wir, wie die Sinnlosigkeit nationalen Stolzes Nationen zu Aktionen treibt, die gegen die Interessen des Volkes gerichtet sind. Diese Mechanismen der Verblendung sind das Produkt von Wünschen nach Macht und Ehrgeizbefriedigung. Das Licht wissenschaftlicher Erkenntnis hat die Welt zwar von gewissen alten Verblendungen befreit, aber stattdessen andere geschaffen: Die Verblendung, viel besitzen zu wollen, hält die halbe Welt in ihrem Bann, während die andere Hälfte hungert und in Armut und Elend umkommt.

Schließlich wird sich die Menschheit durch diese Phase hindurcharbeiten und ein besseres Wahrnehmungsvermögen für die Realität entwickeln. Die unzähligen Verblendungen, die heute die Menschheit noch belasten, werden sich eines Tages im Licht der Seele auflösen, das sich im Laufe des neuen Zeitalters im Menschen manifestieren wird. Doch gegenwärtig befinden wir uns noch in einer Zeit, wo neue Arten von Energien auf das menschliche Leben einwirken und viel Bestürzung und Verwirrung auslösen. Durch die derzeit erhöhte Anspannung wird die Verblendung von Angst und Zerstörung begünstigt und gefördert und schlägt sich in Gewalt jeder Art nieder.

Was kann getan werden, um die Menschheit von dieser alten Knechtschaft zu befreien, die zum Teil der Materie selbst innewohnt? Wie kann sich der Mensch von falscher Identifikation und von der Tyrannei seiner selbst geschaffenen Denkformen befreien? Die Antwort liegt in der Verlagerung des Fokus vom Ich zur Gruppe, in einer lebensgetreueren Identifizierung mit der Seele und ihrer Beziehung zu allen Seelen. Das Licht der Seele, wirksam durch das Denken, ist der große Zerstreuer der Verblendung; schon vor langer Zeit lehrte Buddha die Überwindung der Wunschnatur: den Edlen Mittelweg zwischen den Gegensatzpaaren. Im Licht der
[71] Seele wird die grundsätzliche Einheit erkannt, die astralen Wellen legen sich, und der Aspirant steht vor dem Tor der Einweihung. (*Share International*, April 1984)

Das Problem der Verblendung

[72] *Der folgende Artikel ist die bearbeitete Version eines Vortrags von Benjamin Creme, der auf der Transmissionstagung im Juli 1999 in San Francisco, USA, stattfand.*

Das Problem der Verblendung besteht darin, dass wir sie nicht sehen, wenn wir uns in ihr befinden. Wir sind uns nicht einmal bewusst, wie verblendet wir sind in unserem Tun. Das ist das ewige Dilemma, das den Umgang mit der Verblendung so schwierig macht: Um sie wahrzunehmen, müssen wird außerhalb, darüber stehen. Wenn wir mittendrin stecken, spüren wir einfach nur unsere Emotionalität, erkennen die Verblendung aber nicht als das, was sie ist, und sehen auch nicht, wie zerstörerisch sie im Grunde ist.

Obwohl diese Konferenzen nun schon seit siebzehn Jahren stattfinden und ich seit zwanzig Jahren in die USA reise, ist es immer noch notwendig, über die gewöhnlichsten, offensichtlichsten und einfachsten Verblendungen zu sprechen, wenngleich man eigentlich annehmen sollte, dass die Leute sie selbst erkennen – aber leider geschieht das nicht. Deshalb meine ich, dass es sich lohnt, dieses spannende, und für die menschliche Evolution sehr destruktive Problem erneut zu behandeln.

Einige Gruppen sind empfänglicher für ihre Seelenenergien und daher aus der langfristigen, esoterischen, okkulten Perspektive für die Arbeit der Hierarchie von größerem Wert. Andere arbeiten eher von der Persönlichkeitsebene aus. Auch wenn sie damit vielleicht zufrieden sind und ihre Arbeit nützlich ist, ist das aus der Sicht der Meister nicht das Wichtigste, wofür sich eine Gruppe dieser Art engagieren kann.

Ungeduld – eine große Verblendung

Eine Welle gewaltiger Energien treibt zur Zeit aus jedem das Schlechte heraus. Dadurch werden alle verborgenen Verblendungen aufgespürt und **[73]** ans Tageslicht befördert. Aus diesem Grund sind bei vielen Gruppen, die für die Wiederkehr arbeiten, die Verblendungen erneut ausgebrochen.

Einigen Menschen wird das Warten auf Maitreya zu lange. Sie werden ärgerlich, ungeduldig, sind enttäuscht, entmutigt, entfremden sich der Sache, werden zynisch, frustriert, bitter, unzufrieden – mit einem Wort: Sie haben das Vertrauen verloren, das in ihrem Falle in emotionaler Aspiration und nicht in der Intuition der Seele verankert ist. Sie fühlen sich ausgebrannt und versuchen, jemandem die Schuld zuzuschieben (gewöhnlich mir). Sie sollten eine Pause machen und ihr Nervensystem zur Ruhe kommen lassen.

Es gibt auch Menschen mit einer "idealistischen Persona", das heißt, sie spielen diese Rolle, ihre idealistische Vorstellung von sich selbst, die aber allmählich unbequem wird, weil sie im Grunde nicht stimmt. Das äußert sich dann in Verblendungen wie Wut oder sogar Hass gegen jene, die sie in der Vergangenheit beeinflusst und inspiriert haben. Sie vergessen, warum und weshalb sie diese Arbeit begonnen haben.

Eine andere Verblendung betrifft die Größe von Organisationen. Ich bezeichne Organisation als Verblendung – im Gegensatz zu Organismus. In allen Institutionen und Organisationen gibt es die Tendenz, größer, weitreichender, einflussreicher zu werden. Das ist eine gewaltige Verblendung, die in der kommerziellen Welt, bei großen Unternehmen herrscht; aber sie liegt in der verblendeten Natur eines Großunternehmens, das immer größer, reicher und mächtiger werden will. Das ist weder das Ziel einer esoterischen oder okkulten Gruppe, noch sollte sie diese Richtung einschlagen.

Die wichtigste Aufgabe dieser Gruppen ist die Gruppeneinweihung[1]. Die vier grundlegenden Voraussetzungen der Gruppeninitiation sind in den Gruppen weltweit noch nicht einmal ansatzweise erfüllt worden: nichtsentimentale Gruppenbeziehungen, konstruktives Arbeiten mit den Kräften der Zerstörung, das Funktionieren als Minihierarchie, die Kultivierung der Kraft des okkulten Schweigens[2]. Das sind die erforderlichen Grundvoraussetzungen für eine Gruppeneinweihung, die das eigentliche Ziel beim Aufbau dieser Gruppen ist. Schon lange hegt die Hierarchie die Hoffnung, eine Gruppe zu schaffen, die auf die magnetische Kraft einer großen Idee anspricht und unter **[74]** ihrer Inspiration und Anleitung in einer Weise arbeitet, dass die Meister zum ersten Mal seit achtzehn Millionen Jahren die Voraussetzungen für Gruppeneinweihung schaffen können.

Die Verblendung der Organisation

Was die Gruppeneinweihung verhindert, ist vor allem die Verblendung von Größe. Aber es geht nicht um Größe. Es geht nicht darum, dass das Tara Center oder *Share International* immer größer, immer einflussreicher werden, dass sich ihre Reichweite über die ganze Welt erstreckt, und dass sie die Regierenden belehren. Die meisten Staatschefs sind an der Wiederkehr Christi nicht im Geringsten interessiert. Das kommt noch, doch dann werden sie sich ihre Instruktionen nicht bei *Share International* holen, sondern sich direkt an die Meister wenden, die öffentlich präsent sein werden – und vor allem an Maitreya.

Meister Djwhal Khul hat über die Gefahren geschrieben, die jeder esoterischen oder okkulten Gruppe drohen, wenn sie ihre Bestimmung falsch versteht und auf der physischen Ebene so stark wird, dass dies auf ihre gesamte Aktivität abfärbt. Sie tauscht den *Organismus* einer okkulten Gruppe gegen die *Organisation* der äußeren Gruppen in der Welt ein, die nach politischen Ideen, Finanz- und Wirtschaftstheorien handeln und auf diese Weise wachsen und immer mehr an Einfluss gewinnen. Das hat mit einer okkulten Gruppe wie dieser nichts zu tun.

Eine okkulte Gruppe kommt durch bestimmte starke Impulse zustande: Das sind Impuls und Absicht der Seele, hierarchische Notwendigkeit und karmisches Gesetz. Die Idee, eine *Organisation* zu schaffen, die auf der Welt einflussreich und mächtig sein soll, ist reine Verblendung. Die wirkliche Aufgabe für diese Gruppen auf der ganzen Welt, ob sie nun den Namen Tara Center oder besser keinen haben, ist die Vorbereitung der Externalisierung der Hierarchie. Sobald man einer Gruppe einen Namen gibt, gibt man ihr eine Form, eine Struktur, und diese Struktur oder Organisation, die sich mit dem Namen verbindet, nimmt allmählich überhand und verdrängt die eigentliche Bestimmung der Gruppe.

[75] Eine wirklich esoterische Gruppe hat ihre eigene organische Form. Diese Form, und damit auch die Arbeit der Gruppe, wird verzerrt, wenn zu großes Gewicht auf den formalen oder organisatorischen Aspekt der Arbeit gelegt wird. Überall auf der Welt gibt es in allen Gruppen Personen, die mehr zum Praktischen, Organisatorischen neigen. Und natürlich ist auch ein gewisses Maß an Organisation notwendig; aber sie kann die inneren Ziele der Gruppe völlig überdecken: den Weg zu bereiten für die Ankunft des Christus, die Rückkehr der Meister und die Aufnahme ihrer Arbeit in der äußeren Welt; die Erziehung der Menschheit sowie deren und der Gruppen eigene Schulung für diese Aufgaben und vor allem und an erster Stelle die Gruppeneinweihung.

Die Klippen der Organisation

Meister Djwhal Khul hat über die Gefahren geschrieben, wenn bei der Gruppenarbeit die Organisation zu viel Gewicht bekommt. Als Beispiel nennt er die Theosophische Gesellschaft und einige andere esoterische Gruppen, die, wie er sagt, "an den Klippen der Organisation gestrandet sind". Ich komme heute darauf zu sprechen, weil ich sehe, dass sich bei den Gruppen, die in verschiedenen Teilen der Welt für die Wiederkehr arbeiten, und mit denen ich in Verbindung stehe, die gleichen Gefahren zeigen. Ich persönlich bin betroffen – betroffen und daher auch entschlossen, diese Gruppen nicht an den Klippen der Organisation scheitern zu lassen. Das hängt allerdings nicht allein von mir ab, denn ein Einzelner kann nicht fortwährend eine große Gruppe von Menschen so leiten, dass sie nicht an diesen Klippen Schiffbruch erleidet. Wir müssen Augen und Ohren offen halten und vor allem uns dieser Gefahr bewusst sein – sie möglichst schon als solche erkennen, bevor sie eintritt. Es ist besser, die Klippen gleich ganz zu umschiffen, als später die Gestrandeten retten zu müssen.

Für alle Gruppen ist es sehr wichtig, diese Verblendung der Größe, die Verblendung des Internet, die Verblendung der Expansion, der Organisation zu erkennen. Organisation ist notwendig **[76]** und nützlich, aber Organisation anstelle der *eigentlich zu leistenden Gruppenaktivität* ist nichts als Verblendung. Wir müssen die Prioritäten richtig setzen.

Verblendung und Evolution

Eigentlich geht es um Evolution, wenn wir über Verblendung sprechen. Verblendung ist das größte Hindernis für die Evolution. Evolution ist vor allem die Entwicklung von guten Charaktereigenschaften. Der Jünger muss bestimmte Qualitäten haben, wenn er sich entwickeln und schließlich zum Meister werden will – was allen in diesem Raum bestimmt ist. Die Frage ist nur, wann – früher oder später?

Ein Jünger muss vor allem Mut, Standhaftigkeit und Geduld haben, er darf nicht aufgeben und vor den Schwierigkeiten davonlaufen, die uns in den Weg gelegt werden, damit wir das Beste aus uns herausholen. Wir stoßen auf diese Schwierigkeiten im Leben, weil die Seele es so einrichtet, dass wir mit ihrer Überwindung Fortschritte machen – wir sind dann auf unserer Evolutionsreise einen Schritt weiter gekommen. Zu einem Jünger gehören auch Einfachheit und Bescheidenheit.

Wir müssen vor allem fähig sein, das Geringere für das Höhere aufzugeben. Das ist das Gesetz des Opfers. Daraus entwickelt sich ganz natürlich Gelassenheit – die richtige innere Distanz. Falsche innere Distanz (Isolation) entsteht durch Rationalisierung von Fehlern und Ablehnung von Kritik – selbst wenn sie konstruktiv ist, wie die eines Meisters – und ist eine große und selbstzerstörerische Verblendung. Die Unfähigkeit, konstruktive Kritik anzunehmen, selbst wenn sie von einem Meister stammt, ist eine der großen Verblendungen, die die Reise zahlloser Menschen zur Vollkommenheit aufhält. Der Verstand rationalisiert, und so wird die Verblendung aufrechterhalten. Wenn jemandem gesagt wird, was seine größte Verblendung sei, gefällt ihm das nicht. Niemand mag gern auf eine Verblendung hingewiesen werden, schon gar nicht auf eine große. Sobald die Leute das hören, sagen sie: “Das stimmt nicht”, oder: “Ich bin genau das Gegenteil davon." Gewöhnlich ist unsere Selbsteinschätzung das Gegenteil der Wirklichkeit.

[77] Sehr oft ist das, was wir für unsere größte Leistung halten, unsere größte Verblendung. Der Meister Djwhal Khul sprach sehr bescheiden davon, als er enthüllte, dass seine größte Verblendung, die ihn lange Zeit aufgehalten habe, die Hingabe an seinen Meister war. Hingabe ist eine gute Sache, sollte man meinen, besonders für den Schüler eines Meisters. Er war ein Jünger von Meister Koot Hoomi, aber seine Hingabe hielt ihn buchstäblich auf.

So funktioniert Verblendung. Sie ist ein Nebel, eine Illusion. Man sieht das Gegenteil von dem, was wahr ist – man ist unfähig, im Nebel der eigenen Emotionalität die Wahrheit zu erkennen. Hingabe kann förderlich sein, wenn man im Frühstadium der Jüngerschaft die ersten Schritte auf seinem Weg macht, aber nicht mehr, wenn man wie der Meister Djwhal Khul zu jener Zeit an dem Punkt angelangt ist, wo man bereits bewusst mit seinem Meister zusammenarbeitet. Früher oder später muss die Hingabe dem Wissen weichen.

Sich seiner Verblendungen bewusst werden

Wir müssen uns bewusst machen, was Verblendung ist und was nicht. Verblendung ist alles, was uns von der Wahrheit fernhält. Sehen wir die Realität so, wie sie wirklich ist? Wenn ja, herrscht keine Verblendung. Oder sehen wir die Wirklichkeit durch den Nebel der Illusion? Die meisten Menschen – alle, die sich noch nicht zwischen der ersten und zweiten Einweihung befinden – sehen die Wirklichkeit eher durch den Schleier der Verblendung. Sobald man den Einweihungsgrad von 1.5 bis 1.6 überschritten hat, verschiebt sich die Polarisierung von der astralen Ebene – dem Sitz des Bewusstseins der meisten Menschen heute – auf die mentale. Über neunzig Prozent aller Menschen sind astral polarisiert und unterliegen daher der Verblendung.

Sobald wir uns der ersten Einweihung unterzogen haben, fangen wir an, uns der Verblendungen bewusst zu werden. Wir werden sie zwar auch dann noch haben – und wir werden weiterhin blind wie eh und je unseren Weg durchs Labyrinth suchen müssen. Aber mit der Zeit merken wir, dass es ein Labyrinth ist, und dass seine Türen nirgendwohin führen. Ganz allmählich senkt sich ein Licht herab, wenn wir uns durch Dienst und Meditation, insbesondere durch Transmissionsmeditation weiterentwickeln und in immer engeren Kontakt mit **[78]** unserer Seele kommen.

Das Licht der Seele wirkt durch den Mentalkörper und bringt früher oder später Licht in die Verblendungen. Wir sind immer besser in der Lage eine Situation mental zu betrachten und die Verblendung unserer Reaktion zu erkennen. Zuvor war das nicht möglich, weil wir völlig in ihr gefangen waren. Die Dunkelheit lässt nach, und allmählich sehen wir, dass unsere Lebensweise nicht stimmig ist. Wir tun Dinge, von denen wir zunehmend wissen, dass sie irreal sind. Auf einmal merken wir, dass unsere Überzeugungen nichts taugen. Sie entsprechen nicht der Wirklichkeit. Sie sind ganz einfach Verblendungen, die etwas anderes verdecken. Was ist dieses Andere?

Wir betrachten eine Situation und lenken mit dem Mentalkörper das Licht der Seele darauf. Wenn wir weiterkommen, wenn unsere mentale Polung zunimmt, kommt eine Zeit, wo das Seelenlicht anfängt, die Verblendungen aufzulösen. Wenn das geschieht, wird einem eine neue Welt aufgetan, und diese neue Welt ist man selbst. Wir erkennen, dass wir unmittelbarer, spontaner, wahrhaftiger, ehrlicher handeln können, mit größerer Offenheit und Gelassenheit als je zuvor. Damit bewegen wir uns allmählich von der astralen zur mentalen Polarisierung und weiter auf den Einweihungsgrad 2.5 bis 2.6 zu. Dann erfolgt wiederum eine Umstellung, und plötzlich ist klar und einfach zu erkennen, was zuvor, ohne es zu bemerken, Illusion war. Ein unmittelbares, intuitives, von der Seele kommendes Wissen prägt jede Handlung, jede Situation, mit der wir uns befassen. Das ist das Licht der Seele, das mit der geistigen Polarisierung kommt. Das ist das Ziel jedes Menschen, und jeder muss den gleichen Prozess durchlaufen.

Die Tatsache, dass Menschen verblendet sind, ist weder ein Grund zum Stolz noch ein Verbrechen. So gesehen wäre jeder kriminell. Jeder unterliegt dieser Schwäche, dieser Verblendung, in dem was er tut, in seinem Charakter und in seinem Gefühl für die Wirklichkeit. Verblendung ist der Ursprung aller Sünden und aller Leiden in der Welt, weil **[79]** sie im Wesentlichen auf einer falschen Identifikation beruht. Wir identifizieren uns mit dem, was im wahrsten Sinne des Wortes unwirklich ist.

Kritik – eine destruktive Verblendung

Ein großes Problem für Gruppenleiter ist es, der oft geballten Kritik (selbst wenn sie unausgesprochen bleibt) derer standzuhalten, an deren Spitze sie stehen. Das gilt für jede Ebene – von der kleinen Gruppe bis zu den höchsten Regierungsebenen. Meister Djwhal Khul erklärt dazu:

"Vor allem Menschen in leitender Funktion – ob in Gruppen, Kommunen oder Nationen – sind der Kritik derer ausgesetzt, die sie leiten und denen sie dienen. Hier ist die Rede von wirklichen Führern, deren vornehmliches Ziel es ist, den Interessen derer zu dienen, die sie vertreten und die ihnen anvertraut sind. Diese Menschen sollten ständig mit der Energie einer verständnisvollen Liebe unterstützt werden, stattdessen werden sie sehr oft durch eine Kritik behindert, die vor allem ihre Schwächen betont.

Solche Vorwürfe beeinträchtigen den Leitenden ernstlich in der Ausübung seiner Aufgaben und Pflichten. Häufig gründet diese Kritik auf Eifersucht, enttäuschtem Ehrgeiz oder intellektuellem Hochmut. Es ist sehr leicht, über jemanden in einer leitenden Funktion zu Gericht zu sitzen und sein Handeln oder Nicht-Handeln zu kritisieren, für das der Kritikübende keinerlei Verantwortung trägt; zudem ist er sich in der Regel auch nicht aller relevanten Tatsachen und Konsequenzen wirklich bewusst. Diese destruktive Kritik schadet sowohl dem Kritiker als auch dem Kritisierten.

Leitende Personen sind oftmals einem Strom von giftigen Gedanken, bösartigem Gerede, von Eifersüchteleien und frustriertem Ehrgeiz der Mitglieder ihrer Gruppe ausgesetzt, die sie am liebsten abgelöst sehen möchten. Wie man sich denken kann, muss sich das negativ auf den Leiter niederschlagen und kann sogar physische und psychische Auswirkungen haben. Je weiter entwickelt er ist, desto größer ist seine Sensibilität und damit auch das ihm zugefügte Leid. Unter solchen Umständen bleibt ihm oft nichts anderes übrig, als sich in sich zurückzuziehen, sich vor **[80]** jedem Anflug von Bitterkeit und Selbstmitleid zu hüten und mit Liebe und Verständnis so lange zu warten, bis die Mitglieder wieder zur Vernunft gekommen sind; bis sie wieder klarer sehen und lernen, guten Willens zusammenzuarbeiten.

Die Gruppenmitglieder sollten auch begreifen, dass jede Art von Kritik gestörte Beziehungen in den eigenen Reihen zur Folge hat und dadurch die Effektivität der Gruppe als Ganzes untergräbt, den Fortgang der Arbeit verzögert und ihre Qualität beeinträchtigt." (aus: Aart Jurriaanse: *Philosophie der Synthese*, neue aspekte verlag/München, 2001, Seite 424; Übers. d. Red.)

Massenverblendung

Kaum etwas hat eine organisierte Massenverblendung besser veranschaulicht als der Angriff der Republikanischen Partei auf Präsident Clinton, der zu jener Zeit versuchte, sich mit großen politischen und anderen Problemen der Welt auseinander zu setzen. Er wurde in einem Ausmaß angegriffen, lächerlich gemacht und gedemütigt, wie das, soweit ich mich entsinne, noch nie geschehen ist. Ich habe noch nie und nirgends einen solchen Angriff, ein solches Exposé von Bagatellen erlebt, die, wären sie in Frankreich passiert, in jedem Bistro nur Gelächter ausgelöst hätten. Ganz Frankreich und halb Europa wussten, dass der ehemalige Präsident von Frankreich dreißig oder vierzig Jahre lang eine Liaison hatte. Er zeigte sich öffentlich mit seiner Tochter aus dieser Verbindung, über die die Franzosen Bescheid wussten.
Die amerikanische Öffentlichkeit hingegen – in ihrer Verblendung aus einer Kombination von Sexbesessenheit und panischer Angst vor Sex –

attackierte und demütigte den Präsidenten zu ihrer eigenen Schande. Er ist nicht jeglicher Kritik enthoben, aber man sollte ihn, falls notwendig, dort kritisieren, wo er die Verantwortung trägt: für das Wohl des Volkes, für das politisch-ökonomische System und die Beziehungen seines Landes zu anderen Staaten. Unter diesen Gesichtspunkten sollte man den Präsidenten beurteilen. Diese so bedauernswerten Demütigungen, diese massiven Angriffe auf seine Person müssen ihn in seinen Beziehungen zu anderen Staatschefs, **[81]** mit denen er zur gleichen Zeit Verhandlungen führte, schwer belastet haben – das war hässlich und ausgesprochen unfair.

Das ist Massenverblendung – aus politischen Gründen natürlich. So agieren politische Gruppen, aber die gleiche Verblendung herrscht genauso bei vielen anderen, auch in so genannten spirituellen Gruppen. Die politische Klasse in diesem Land (USA) führt ein Eigenleben, weil das politische System von Grund auf korrupt ist. Korruption ist hier endemisch. Hier darf eine Partei, sobald jemand von der anderen Partei zum Präsidenten gewählt wird, sofort alles, was er tut, durch den Dreck ziehen. Man versucht, ihn zu verleumden und ihm nachzuweisen, dass er genauso korrupt ist wie angeblich jeder Politiker in diesem Land, um ihn für das Präsidentenamt zu disqualifizieren.

Dieses Problem der Massenverblendung sollte man in Amerika wirklich sehr ernst nehmen, meine ich. Jetzt, wo alles vorbei ist, neigt man dazu, die Angelegenheit zu vergessen. Aber es wird immer wieder geschehen. Auch den nächsten Präsidenten wird man innerhalb von sechs Monaten des Betrugs, sexueller und anderweitiger Vergehen beschuldigen, um seine Position zu schwächen und eventuell selbst an die Macht zu kommen. Auf diese Weise wird die Demokratie des Landes ruiniert. Es wird nicht akzeptiert, dass die Wahl eines Präsidenten – gleich welcher Partei – dem Willen des Volkes entspricht. Damit korrumpiert man das System. Kaum ist der neue Präsident im Amt, versucht die andere Partei mit üblen Tricks, ihn loszuwerden – und handelt daher gegen den Willen des Volkes. Wenn Maitreya und die Meister in die Welt kommen, hört das vielleicht auf, wie ich hoffe – aber nur, wenn Sie, die Bürger der Vereinigten Staaten, dazu beitragen. Das ist eine Verblendung von nationaler Tragweite.

Beherrschung des gesprochenen Wortes

Wenn sich in einer Gruppe Cliquen bilden, ist das äußerst schädlich. Denn das zeugt von einer separatistischen Haltung, dem genauen Gegenteil von Gruppenbewusstsein. **[82]** Wenn sich die Leute aber disziplinieren und aufpassen, was sie sagen, dann tragen sie zu besseren Gruppenbeziehungen bei.

Eine der zersetzendsten astralen Verblendungen ist Klatsch. Er schadet einer Gruppe sehr. Für viele Leute ist Klatsch wie ein Lebenselixier (wichtiger als Wasser und Brot!). Manche können ohne Tratsch nicht leben. Das Problem ist, dass sie das nicht merken. Sie rationalisieren ihr Klatschbedürfnis als normalen Informationsaustausch zwischen Menschen und halten es daher für harmlos. Deshalb können sie darin nichts Schädliches erkennen. Aber Klatsch kennt keine Grenzen. Er reicht von der unschuldigen Weitergabe positiver oder negativer Informationen bis zur systematischen Zerstörung des Gruppenvertrauens und folglich der Gruppenbeziehungen – voreilige Schlüsse, vorschnelle Beurteilungen ohne wirkliche Kenntnis der Lage, Verurteilung und damit Polarisierung der Gruppe. Wenn einer in der Gruppe einen kleinen Entwicklungsschritt macht und etwas mehr Seelenqualität offenbart, so ist das nicht nur für ihn ein Fortschritt, sondern für jedes Gruppenmitglied und für die Gruppe als Ganzes.

Diese Fortschritte können sehr subtil sein. Andere, äußere Dinge sind vielleicht offensichtlicher – wie zum Beispiel eine Begegnung mit Maitreya in der einen oder anderen Form. Niemand kennt die tieferen Gründe, warum manche Leute ein Erlebnis mit Maitreya haben. Einige sind ihm nicht begegnet, oder sie erinnern sich nicht daran. Doch sehr viele sind ihm schon begegnet, ohne dass es jemals bekannt geworden ist. Und diese Erlebnisse reißen nicht ab. Fast jeden Tag kommen Briefe über ungewöhnliche Begegnungen, mal lustig, mal traurig, mal ernst und feierlich, mal urkomisch, mal voller Liebe und Mitgefühl und tief berührend – sie zeigen die ganze Skala menschlicher Lebenslagen wie die Figuren eines Theaterstücks. Auf diese Weise geben Maitreya oder die Meister, auch wenn sie nur als Ebenbilder einer vertrauten Person erscheinen, eine Bestätigung, dass sie wirklich da sind, und spenden Trost, lehren und inspirieren, je nachdem, was gerade vonnöten ist. Diese Erlebnisse sollten jedem, **[83]** der für die Wiederkehr Maitreyas arbeitet, ein Quell der Freude sein. (*Share International*, Januar/Februar 2000)

Anmerkungen:

[1] Mehr über Gruppeneinweihung in: Benjamin Creme, *Maitreyas Mission, Band Zwei*, Edition Tetraeder, München, Kapitel 19: "Gruppeneinweihung".

[2] Siehe hierzu "Regel XI" in: Alice A. Bailey, *Die Strahlen und die Einweihungen*, Verlag Lucis Trust, Genf.

Ich bin wieder unter euch, meine lieben Freunde.
Ich komme, euch zu sagen, dass ihr mich sehr bald sehen werdet,
jeder auf seine Weise.

Wer nach mir sucht in Gedanken an meinen geliebten Jünger,
den Meister Jesus, der wird sein Wesen in mir wiederfinden.
Wer einen Lehrer in mir sucht, kommt der Wahrheit näher,
denn dieses bin ich.
Wer nach Zeichen sucht, der wird sie finden,
doch meine Methode der Offenbarung ist viel einfacher.

Nichts trennt euch von mir, und bald werden das viele selbst erfahren.
Ich bin mit euch und in euch.
Ich suche das, was ich bin, durch euch entfalten zu können;
darum komme ich.

Viele werden mir folgen und in mir den sehen, der den Weg weist.
Viele werden mich nicht erkennen.
Mein Ziel ist es, am Leben aller Menschen teilzunehmen und dieses
durch sie selbst zu verändern.
Seid bereit, mich bald zu sehen.
Seid bereit, meine Worte zu hören,
meinen Gedanken zu folgen,
meine Bitte zu achten.

Ich bin der Fremde am Tor.
Ich bin der Eine, der klopft.
Ich bin der Eine, der nicht fortgehen wird.

Ich bin euer Freund.
Ich bin eure Hoffnung.
Ich bin euer Schutz.
Ich bin eure Liebe.
Ich bin alles in allem.

Nehmt mich in euch auf und lasst mich durch euch wirken.
Macht mich zu einem Teil eurer selbst und zeigt mich der Welt.
Erlaubt mir, mich durch euch zu offenbaren, und erkennt Gott.

Maitreya, 8. November 1977
(aus: *Botschaften von Maitreya – dem Christus*, Edition Tetraeder, München)

Das Problem der Verblendung

Fragen und Antworten

[85] *Die Fragen ohne Datum wurden 1999 auf den Tagungen in den USA und Japan gestellt und in* ***Share International*** *in der Januar/Februar-Ausgabe 2000 abgedruckt. Die mit "JK" gekennzeichneten Fragen stammen von der Tagung in Japan im Jahr 2000. Sie sind bisher noch nicht veröffentlicht worden.*

Organismus — Organisation

Wann gerät ein Organismus aus dem Gleichgewicht und wird zur Organisation? Geschieht das dann, wenn die Form im Vordergrund steht?
Es hat sicherlich damit zu tun, dass die Form im Vordergrund steht, weil es viel leichter ist, eine Organisation zu schaffen und aufrechtzuerhalten als einen Organismus. Dies sind zwei verschiedene Dinge.

Wann gerät ein Organismus aus dem Gleichgewicht? Es geht nicht darum, dass er aus dem Gleichgewicht gerät und daher zu einer Organisation wird, sondern es geht um die Folgen einer Änderung der Zielrichtung. Als 1974 in London die erste Gruppe gebildet wurde, sagte mein Meister zu mir: "Bringe diese Leute zusammen und bilde eine Gruppe." (Er hatte mir die Namen von bestimmten Leuten gegeben.) Er sagte: "Benenne das nicht. Gib der Gruppe keinen Namen. Ernenne keine Funktionäre, keinen Vorsitzenden, keinen Sekretär, niemand soll ein Amt haben." Und weiter sagte er: "Errichtet keine Mauern um euch, die euch von anderen Gruppen trennen, aber schließt euch auch keiner anderen Gruppe an." Hinsichtlich unserer Aktivitäten nehmen wir eine spezielle Stellung ein verglichen mit der Arbeit anderer Gruppen, weil eigentlich die ganze Welt in gewisser Weise an der Wiederkehr Christi beteiligt ist – ob sie es weiß oder nicht – , denn die Meister bilden auf allen Ebenen Leute aus. Es gibt die neue Gruppe der Weltdiener, der sich Mitglieder vieler **[86]** Gruppen zugehörig fühlen. Einige gehören tatsächlich dazu, viele nicht.

Wozu nun diese Bedingungen? Zum einen sollte es keine Funktionäre geben, damit keiner eine *leitende Funktion*, das Sagen in der Gruppe hat; keinen Sekretär, weil er automatisch mit den täglichen Angelegenheiten der Gruppe befasst wäre und so zu einer Machtstellung käme; keinen Vorsitzenden (der natürlich ich wäre, weil ich die Gruppe gegründet habe und mit dem Meister in Verbindung stehe), weil dessen Wort die Ideen der anderen dominieren würde; und wir sollten uns nicht abgrenzen und sagen: "Das glauben wir, und ihr nicht."

Damit soll vermieden werden, dass sich in dieser Arbeit für die Ankunft der Hierarchie eine separatistische Haltung entwickelt. Das hat es uns – zumindest in London – ermöglicht, einen Organismus zu schaffen und zu erhalten. Anderswo sind aus unterschiedlichen Gründen Organisationen inklusive Vorstandsfunktionen gegründet worden, doch in London hatte der Organismus von Anfang an keine Ämter. Niemand hat die Leitung. Jeder steht mit allen anderen in der gleichen Beziehung. Aus nahe liegenden Gründen wurde ich der natürliche Leiter der Gruppe – weil ich mit dem Meister in Verbindung stehe, gewisse Erfahrungen habe, die Gruppe ins Leben gerufen und die Transmissionsmeditation eingeführt habe. Was ich sage, wird ernst genommen, und das ist ganz natürlich so. Das beruht auf der Erkenntnis, dass es verschiedene Grade der Erfahrung und des Bewusstseins gibt – und Wissen kraft dieser Erfahrung. Da ich zu jeder Zeit mit dem Meister sprechen und ihn zu jedem Problem in der Gruppe um Rat fragen kann – wenn er sich dazu äußern möchte –, wurde das zur Regel. Die Gruppe funktionierte und funktioniert noch immer als echter Organismus.

Ich habe nie vergessen, was Meister Djwhal Khul über die Theosophische und andere Gesellschaften sagte: "Sie strandeten an den Klippen der Organisation." Mit dem Tod von Madame Blavatsky änderte sich die Form. Leute **[87]** wie William Q. Judge und Sir Henry Steel Olcott übernahmen die Organisation und machten aus ihr ein derart starres Gebilde, dass sie nicht mehr atmen konnte. Schließlich wollten Leute wie Alice Bailey, die mit ihrem Ehemann und einigen Freunden an der Theosophischen Gesellschaft in New York arbeitete, offenere, organischere Strukturen einführen. Sie wurden als zu "gefährlich" befunden und auf die Straße gesetzt.

Die Theosophische Gesellschaft wurde nicht von dem Seelenaspekt Madame Blavatskys geprägt. Es war allein ihre Persönlichkeit, die die Führung übernahm. Denn als Eingeweihte vierten Grades hatte sie eine sehr starke, dynamische Persönlichkeit, die von ihrer Strahl-1-Seele durchdrungen war. Sie war eine sehr kraftvolle, souveräne Person, was man sein muss, um eine solche Organisation gründen zu können, um den Mut und die Stärke zu haben, alle diese neuen Ideen in die Welt zu bringen – gegen den Widerstand und Spott aller wissenschaftlichen, philosophischen, soziologischen, religiösen und psychologischen Kreise jener Zeit.

Die Theosophische Gesellschaft scheiterte an den Aktionen jener, die nach Madame Blavatsky die Leitung übernahmen, weil Blavatskys Seele in dieser Arbeit zu keiner Zeit beteiligt gewesen war. Ihr Persönlichkeitseinfluss reichte nicht weit über ihren Tod hinaus, und die Gesellschaft verlor sich in einem Übermaß an Organisation und stagnierte. Als Alice Bailey versuchte, die Gesellschaft organischer, demokratischer und sinnvoller zu strukturieren, hatten vor allem in den USA viele Leute etwas dagegen, und sie wurde vor die Tür gesetzt. Zwei Jahre lang wurde sie von Annie Besant, der damaligen Präsidentin, unterstützt. Aber selbst Annie Besant konnte sie nicht ewig halten.

Um ein Organismus zu sein, muss eine Gruppe alle mit einbeziehen. Es sollte keine Funktionäre geben, die dirigieren. Es sollte das gemeinsame Engagement interessierter Leute sein, die mit Leib und Seele bei der Sache sind und auf unpersönliche Weise für das Wohl des Ganzen und daher für die Welt arbeiten.

Wenn man davon ausgeht, dass Madame Blavatsky bereits ein älterer Jünger war: Wie kann es dann sein, dass sie manchmal ganz oder weitgehend von der **[88]** *Ebene der Persönlichkeit aus arbeitete? Steht die Persönlichkeit nach der dritten Einweihung nicht automatisch unter dem Einfluss der Seele?*
Sie war eine Eingeweihte vierten Grades. Also war ihre Seele bereits von der Monade resorbiert. Ihre seelenerfüllte Persönlichkeit war folglich ihre Arbeitsebene.

Eine größere Organisation ist doch die natürliche Folge eines erweiterten Einflussbereichs. Wo also liegt das Problem?
Hier spricht ein Mann der Organisation. Eine Erweiterung kann Unterschiedliches bedeuten. Sie kann zugunsten der Organisation erfolgen und diese weiter ausdehnen. Das heißt, wenn Sie etwas herstellen und in der Welt verkaufen wollen, müssen Sie mehr Angestellte haben und mehr Zeit für die organisatorischen, als für die produktiven Aspekte aufwenden. Aber bei einem Organismus wie diesem, einer Anordnung von Gruppen, entsteht bei der Erweiterung das Problem, dass mehr und mehr Zeit und Energie für die größer werdende Organisation eingesetzt werden muss; und ganz natürlich wird das zum A und O der Gruppenarbeit. Diese Gruppe arbeitet anders: Sie bemüht sich um eine große, aber nicht unbedingt um die größtmögliche Verbreitung. Schon vor vielen Jahren hätte ich eine größere Verbreitung erreichen können, wenn ich mit Werbeagenturen zusam-

mengearbeitet hätte. Jeder, der potenziell hätte erreicht werden können, wäre jetzt informiert. Die Verbreitung wäre maximal, aber das hätte auch bedeutet, eine Organisation zu unterhalten und viele Menschen dafür einzusetzen. Das aber würde von der eigentlichen Arbeit – die Menschheit auf die Rückkehr der Hierarchie vorzubereiten – wegführen.

Es geht weniger darum, das eine gegen das andere abzuwägen, als darum, die Grenzen dieser Gruppe zu erkennen, die ja kein Produkt verkauft, sondern versucht, eine Idee zu vermitteln. Ansonsten würde sie merkantilistische Praktiken, die im Zuge der Kommerzialisierung bereits perfekt entwickelt wurden, in einer Situation anwenden, die überhaupt nichts mit Kommerz zu tun hat. Wir versuchen das Bewusstsein zu verändern, und dazu brauchen wir gänzlich andere Vorgehensweisen. Dass wir **[89]** mehr Verbreitung wollen, stimmt – aber eine maximale Verbreitung ist nicht notwendig. Wenn Sie hundert Personen erreichen möchten, reicht es möglicherweise aus, zehn zu erreichen. Denn diese zehn beeinflussen wiederum weitere, sodass Sie am Ende sehr viele zwar nicht direkt, aber über andere erreicht haben.

Als mein Meister mich aufforderte, nach außen zu gehen und diese Nachricht in der Welt zu verbreiten, fragte ich ihn: "Wie soll ich anfangen?" Er sagte: "Schreibe an die Gruppen." Ich fragte: "Welche Gruppen?" Er sagte: "Alle Gruppen." Ich stand mit keiner Gruppe in Verbindung. Er erklärte: "Jede beliebige Gruppe, alle Gruppen – aus allen Kreisen, aus allen möglichen Richtungen, Lehren, Traditionen." Er meinte: "Versuche die Gruppen zu erreichen, schreibe ihnen, biete ihnen Vorträge an, die an Alice Bailey und die Theosophischen Lehren anknüpfen", was ich dann auch tat. Ich bekam ein Blatt mit den Namen von insgesamt etwa fünfzig Gruppen, die ich alle angeschrieben habe.

Der Meister erklärte: "Wenn du die Gedanken der Gruppen erreichst, entsteht eine telepathische Wechselwirkung zwischen ihnen und der gesamten Menschheit. Wenn du dann an die Öffentlichkeit gehst, sind die Menschen schon ein wenig durch die Gedankenformen dieser Gruppen informiert worden, deren Denkvermögen konzentrierter arbeitet als das der Allgemeinheit."

Das tat ich also, erhielt aber nur sechs Antworten. Drei davon mit Formulierungen wie: "Vielen Dank, aber wir haben unsere eigenen Redner." Oder: "Wir sind die nächsten drei Jahre ausgebucht, würden uns aber freuen, Sie auf die Liste der künftigen Redner zu setzen." Oder: "Was sind die Alice-Bailey-Lehren?" Nur drei sagten zu und luden mich ein, meine Ideen mit ihnen zu diskutieren. So begann ich davon zu erzählen. Von fünfzig Gruppen waren es zuletzt nur diese drei, aber es war ein Anfang.

Man fängt klein an, und es wird größer und größer. Es wächst, weil die Menschen erzählen: "Gestern war ich bei einem Vortrag mit dreißig Leuten, wo ich etwas ganz Außergewöhnliches gehört habe. Vielleicht können wir den Redner auch einmal zu uns einladen." Und so begann es, dass ich eingeladen wurde. Eine Person gibt es an zwanzig andere weiter, die wiederum an vierzig weitere, und **[90]** die geben es dann an hundert andere Personen weiter. Sie müssen nicht jeden Einzelnen erreichen. Sie brauchen für eine größtmögliche Verbreitung keine riesige Organisation. Was Sie tun können, ist das, was ich auch versuche – die Medien zu erreichen. Versuchen Sie, wenn möglich, mit einem Interview in eine Radio- oder Fernsehsendung zu kommen. Auf diese Weise können Sie Tausende, ja Hunderttausende und gelegentlich auch Millionen Menschen erreichen. In diesem Land gibt es Menschen, die mich schon 1981 gehört haben. Das ist jetzt gut zwanzig Jahre her, aber sie haben das Gefühl, dass es erst vor ein paar Jahren war. Sie können sich daran erinnern, diese Geschichte vergisst man nicht. Sie ist so beeindruckend, so ungewöhnlich und so ganz anders als alle anderen Aussagen, dass sie den Menschen, wenn sie unvoreingenommen sind, im Gedächtnis bleibt. Das ist alles, was Sie tun müssen. Sie brauchen dazu keine große Organisation. Als ich das erste Mal nach Amerika kam, gab es keine große Organisation. Es gab überhaupt keine Organisation, aber es gab eine Gruppe interessierter Menschen, und so begann die Arbeit in Amerika.

Zu Beginn war es für das Tara Center und die Share International Foundation notwendig, eine Organisation zu gründen, um die Bücher, die Zeitschrift und Ähnliches zu publizieren. Hätten sie sich allein auf die Herausgabe der Bücher und anderen Informationsmaterials beschränkt und sich auf das Organisieren Ihrer Fernsehinterviews konzentriert, wäre man damit der Aufgabe gerecht geworden?

Man muss unterscheiden können, was notwendig ist. Sind Sie – auf die richtige Weise – gut organisiert, wissen Sie das. Das Tara Center verfügt über einen gut eingespielten Zugang zu den Medien, der allerdings zunehmend schwieriger wird, da die Medien eine Art Selbstschutz entwickelt haben. Trotzdem sind in Amerika sehr viel mehr Radiointerviews und gelegentlich auch Fernseh- und Zeitungsinterviews über dieses Thema möglich als anderswo in der Welt. Es gibt hier auch viel mehr Medien. Jede kleinere Stadt hat einen eigenen Radiosender, und sie sind zudem auch besser miteinander vernetzt; wenn Sie einem Sender ein Interview geben, wird es in vielen Bundesstaaten ausgestrahlt. So werden natürlich Millionen Menschen **[91]** in diesem Land informiert. Dazu bedarf es keiner großen Organisation. Sie brauchen einzig eine Verbindung zwischen der Gruppe und den Medien und der Gruppe und mir.

Wäre das in allen Ländern so, dann wäre ich pausenlos unterwegs. Aber diese flächendeckende und konstante Verbreitung der Ideen könnte auch in Europa und anderswo stattfinden. Das einzige europäische Land, in dem uns sehr viel Medieninteresse entgegengebracht wird, ist Spanien. Daher ist Spanien bei der Verbreitung der Information besonders erfolgreich. Die Gruppen dort setzen sehr viel Seelenenergie ein und halten überall und häufig Vorträge. Sie haben einen guten Kontakt zu verschiedenen Medien aufgebaut, eine angenehme persönliche Beziehung zwischen einigen Gruppenmitgliedern und interessierten Journalisten. Wenn ich also in Madrid, Barcelona oder anderswo in Spanien bin, werde ich um Interviews gebeten. Die Geschichte wird dort genau verfolgt. Ich reise einmal im Jahr dorthin, damit die Leute wiederholt informiert werden. Es ist wichtig, die Nachricht immer und immer wieder zu hören. Dazu brauchen Sie keine große Organisation. Sie brauchen nur Leute mit Talent und Nerven, Beharrlichkeit und diplomatischem Geschick, um einen Kontakt zu den Medien herzustellen und aufrechtzuerhalten.

Was mich verwirrt: Die Gruppen, die mit Ihnen zusammenarbeiten, sollen angeblich demokratisch funktionieren, doch offenbar hat jedes Land ein Zentrum. Wäre eine völlige Dezentralisierung ohne jegliches Zentrum nicht besser? Weshalb gibt es Zentren wie London für Großbritannien, das Tara Center in den USA, Amsterdam in den Niederlanden und Christchurch in Neuseeland? (Juli/August 2000)
Die Zentren haben sich entsprechend der Aktivität der Mitarbeiter auf natürliche Weise gebildet. Eine solche Aktivität entwickelt eine magnetische Anziehungskraft und unterstützt die Verbreitung der Informationen – der Botschaft. Wenn sich immer mehr Gruppen bilden, ist ein Zentrum zur Koordinierung ihrer Arbeit notwendig, die dadurch an Kraft und Effektivität gewinnt. Bei *gutem Willen* und *allseitiger Zusammenarbeit* gibt es überhaupt keinen Grund, weshalb der demokratische **[92]** Prozess beeinträchtigt werden sollte. Damit möchte ich nicht behaupten, dass alle Gruppen völlig demokratisch funktionieren – das verhindern häufig die Unzulänglichkeiten in den Persönlichkeiten –, aber es ist ein Ideal, das nach meiner Ansicht mit der Zeit durchaus zu erreichen ist.

Als Meister Djwahl Khul in ***Jüngerschaft im Neuen Zeitalter*, *Band I*** *und* ***II*** *(von Alice Bailey) über Gruppenprobleme und über das "Scheitern" des Experiments mit einer Gruppe von Jüngern sprach, schrieb er, dass die*

"Trägheit des Herzens" einer der Hauptfaktoren für den Misserfolg gewesen sei. Könnten Sie erläutern, was er damit meinte, und wie es bei einer Gruppe von Aspiranten, von denen man annehmen sollte, dass die Kraft ihres Herzens sie motiviert, dazu kommen konnte?
Den Erfolg oder das Scheitern einer esoterischen Gruppe kann man am Grad des Seeleneinflusses messen – also an der "Stärke des Herzens" – und daran, inwieweit der Persönlichkeitseinfluss – und daher die "Trägheit des Herzens" – vorherrscht.

Es geht dabei um die Verblendungen der Persönlichkeit, die verhindern, dass die Weisheit und die Einsicht der Seele zur Geltung kommen. Ein Meister kann mit großer Genauigkeit feststellen, welche der Gruppen, die für die Wiederkehr arbeiten, zu welcher Kategorie gehören. Die Gruppen wurden darüber informiert, wo sie diesbezüglich stehen; sie wissen also, welche Richtung sie einschlagen müssen, wenn sie bei der Erfüllung ihrer Aufgaben als "erfolgreich" gelten wollen.

Konzentration auf die Prioritäten

Was ist Ihrer Meinung nach effektiver: vor ziemlich kleinem – oder gar sehr kleinem – Publikum Vorträge zu halten, oder die Geschichte ins Internet zu setzen, wo ein riesiges Publikum sie lesen kann?
[93] Ohne überhaupt nur zu zögern, kann ich sagen, dass Gespräche wie in einem Live-Interview im Fernsehen bei weitem wirksamer sind als das geschriebene Wort, ob im Internet oder sonst wo. Bei einem Vortrag entsteht eine Kommunikationsenergie, die von selbst überzeugt. Indem wir Zeugnis ablegen, rufen wir diese Energie auf. Wenn Sie das Publikum fragen (wie es viele Gruppen bei meinen Vorträgen tun), welche der vielen Informationsquellen – Ankündigungen über Rundfunk oder Zeitungen, Flugblätter, Mundpropaganda und so weiter – sie hergeführt haben, wird fast zwangsläufig am häufigsten "Mundpropaganda" genannt. Die Empfehlungen ihrer Freunde sind das Ergebnis eines Vortragsbesuchs und regen sie an, sie ihrerseits weiterzugeben. Das Internet ist nützlich, besonders für interessierte Journalisten, aber es ist nicht halb so effektiv oder überzeugend wie das gesprochene Wort mit der ganzen persönlichen Überzeugungskraft, die dahinter steht.

Gibt es eine falsche Form von Dienst?
Ja. In mehreren Gruppen ist gegenwärtig eine große Verblendung im Gange: Der Missbrauch der kurzen Zeit, die uns noch bleibt, um der Wieder-

kunft Christi den Weg zu bereiten. Wir wissen alle, dass die Welt über die Wiederkehr Christi und das Erscheinen der Hierarchie zu unterrichten, Priorität hat. Das ist wirklicher Dienst; das ist schwierig. Sie brauchen Mut dazu. Es gibt viel leichteren "Dienst" – feiner, netter und obendrein noch interessant –, beispielsweise über die Strahlen zu sprechen: die Strahlen des eigenen Landes, der eigenen Stadt, die Beziehungen zu anderen Strahlen und Städten, warum wir Handelsbeziehungen haben und warum nicht. Für solche Nicht-Prioritäten vergeuden die Leute viel Zeit und Energie. Das ist reine Verblendung. Sie schreiben mir, um Antworten auf einen Berg von Fragen zu erhalten, die ihren Zuhörern ein völlig neues Wissen über die Strahlen vermitteln würden. Sie möchten darüber sprechen, kennen aber die Antworten nicht und folglich schreiben sie mir. Ich mache mir gar nicht erst die Mühe, ihnen zu antworten, weil diese Aktivität zur Zeit völlig fehl am Platze ist.

Warum verwenden sie ihre Zeit und Energie in der kurzen Zeit, die uns noch bleibt, nicht darauf, über die Wiederkehr Christi **[94]** und die Externalisierung der Hierarchie zu sprechen, über die Veränderungen, die in der Welt stattfinden werden? Warum bereiten sie die Welt nicht darauf vor? Weil sie nicht den Mut haben, weil sie schwach sind, weil es einfacher ist, über die Strahlen zu sprechen. Strahlen sind interessant und "esoterisch". Das wirkt gut, und man muss ziemlich viel studieren, um ernsthaft darüber reden zu können. Das ist leicht und faszinierend, und deshalb machen die Leute das – und machen sich vor, sie dienten.

Es ist nicht einfach und vielleicht nicht immer faszinierend, über die Wiederkehr Christi zu sprechen, aber es braucht Mut. Man braucht Mut, um hinauszugehen und Leute anzusprechen, die dann sagen: "So ein Blödsinn. Erwarten Sie etwa, dass wir das glauben?" Vielleicht sagen sie es nicht, aber oft genug tun sie es. Es braucht Mut, sich dem zu stellen und einen Vortrag zu halten, bei dem Sie über die Wiederkehr Christi reden. Ein Vortrag über die Strahlen bereitet die Menschheit nicht auf die Wiederkehr Christi vor. Das ist ein interessantes Thema, etwas, das man für sich studieren kann, aber es bereitet die Menschheit nicht auf die Wiederkehr vor.

Wie viele Leute müssen über die Wechselbeziehungen der verschiedenen Strahlen, ihre Tugenden und Untugenden Bescheid wissen, um verstehen zu können, dass der Mann, den sie sehr bald im Fernsehen sehen werden, der Weltlehrer, der Imam Mahdi, der Messias oder der ist, auf den sie warten? Das müssen sie wissen, das ist die Vorbereitung. Vor Gruppen zu sprechen, die vielleicht schon alles über die Strahlen wissen, heißt lediglich, so zu tun, als sei man aktiv, obwohl das keineswegs der Fall ist. Das ist derzeit eine große Verblendung.

Sie haben einmal gesagt, dass Mitarbeiter, die ihre Zeit und Energie der Bekämpfung von Übeln wie Obdachlosigkeit und Hunger widmen wollten, effektiver wären, wenn sie für die Wiederkehr arbeiteten, weil es bereits viele Obdachlosen- und Hungerinitiativen gibt, aber nur eine, die für die Wiederkehr arbeitet. Gilt das noch immer (1999)?
Ganz allgemein gesagt: Ja. Wir sind nicht die einzige Gruppe, die für die Wiederkehr arbeitet, aber wir sind diejenigen, die wissen, **[95]** dass sie das tun. Viele Gruppen in der Politik arbeiten, ohne es zu wissen, für die Wiederkehr. Doch sie arbeiten an der Transformation der Gesellschaft, und darum geht es bei der Wiederkehr – nicht nur um das Erscheinen einer Gruppe von Menschen, seien sie auch von noch so hohem Rang. Da wir die Einzigen sind, die wissen, was sie tun, die buchstäblich über die Wiederkehr Christi und der Meister der Weisheit und die daraus erfolgende Transformation sprechen, glaube ich, dass es effektiver ist, seine Zeit und Energie der Arbeit für die Wiederkehr zu widmen. Wenn Sie sehr viel Zeit und Energie haben, können Sie noch eine Menge anderer Dinge tun. Es gibt keinen Grund, warum Sie nicht Obdachlosen helfen und in Hungerinitiativen tätig sein sollten, während Sie für die Wiederkehr arbeiten. Das hängt davon ab, wie dynamisch Sie sind.

Kritik – eine destruktive Verblendung

Sie sagten etwas über die Notwendigkeit, sich in dem, was man sagt, zu beherrschen, also das richtige Wort am richtigen Ort zur rechten Zeit zu äußern. Darüber habe ich ziemlich viel nachgedacht. Meinen Sie damit die Kontrolle des gesprochenen Wortes oder der Gedanken?
Was ich über die Kontrolle des gesprochenen Wortes sagte, bezog sich auf Verblendung und die Notwendigkeit, in den Gruppen weder zu kritisieren noch zu klatschen – Kontrolle des gesprochenen Wortes in dem Sinne, dass man darauf achtet, nicht zu klatschen. Achten Sie darauf, dass Sie nicht über andere Leute sprechen, vor allem nicht hinter deren Rücken, dass Sie nicht Geschichten über andere erfinden oder sich solche anhören. Mit anderen Worten, Klatsch darf es in der Gruppenaktivität nicht geben.

Wenn die Leute hören, dass sie nicht kritisieren sollen, glauben sie verstanden zu haben. Kritisieren ist harsch, und sie begreifen, dass sie es eigentlich nicht tun sollten – auch wenn sie es gerade tun. Aber Klatschen – selbst wenn es nicht harsch und ohne furchtbar kritische Bemerkungen geschieht – ist sehr gefährlich, weil es heimtückisch ist. Es zerstört das

Vertrauensverhältnis zwischen den Gruppenmitgliedern. In jeder Gruppe gibt es **[96]** Leute, die klatschen – die einen mehr, die anderen weniger. Es gibt immer solche, die die neuesten Informationen überbringen wollen. Gewöhnlich sind es Leute, die in der Gruppe wenig nützlich sind. Sie sind bloß Überbringer der letzten "Neuigkeiten". Das ist sehr gefährlich, weil dadurch das Vertrauen zerstört wird. Das führt dazu, dass kleine Gruppen entstehen, die nicht mit der Gruppe, sondern in Cliquen arbeiten. Das ist eine sehr separatistische Tendenz. Letztlich zerstört sie den engen Zusammenhalt der Gruppe oder verhindert, dass er entstehen kann.

Jede Gruppe muss sich mit Verblendung auseinander setzen. Das ist von solcher Bedeutung, dass Meister Djwhal Khul ein ganzes Buch darüber geschrieben hat: *Verblendung: Ein Weltproblem* (Verlag Lucis Genf). Sie ist das Hauptproblem der Welt und Ursache aller Übel und Leiden. Das Beste, was man für die Welt tun kann, besteht darin, sein Bewusstsein auf die mentale Ebene zu heben, die mentale Polarisation zu erreichen und so den allgemeinen Nebel der Verblendung ein wenig zu lichten.

Gruppenverblendung ist das Resultat individueller Verblendung. Da es hier um Gruppen geht, befassen wir uns besser mit Verblendung in ihrer Auswirkung auf die Gruppe. Glauben Sie nur nicht, dass wir die Probleme der Gruppenverblendung schon heute, morgen oder an diesem Wochenende lösen werden, aber wir können einen Anfang machen.

Einer der wichtigsten Faktoren für die Überwindung der Verblendung ist Ehrlichkeit – in der Lage zu sein, die Mentalebene auf eine ehrliche Weise zu nutzen, um Ehrlichkeit im Denken zu entwickeln. Wenn man eine Verblendung hat, sich aber weigert, sie ehrlich anzuschauen, wird man sie nie los. Doch wenn Sie diese ehrlich von der Mentalebene aus betrachten, verschwindet sie von selbst. Wenn Sie sich einer Verblendung bewusst werden, verschwindet sie.

Verblendung ist das Dunkle, der Mangel an Licht. Sie ist der Ursprung aller Unwissenheit. Wir sollten uns von der Dunkelheit ins Licht bewegen, von der Unwissenheit zur Weisheit. Deshalb ist es für jeden Jünger am Anfang seines Weges von geradezu fundamentaler Bedeutung, seine Verblendungen zu bewältigen – einfach, **[97]** ehrlich, ohne Bewertung oder Selbstverdammung. Sich objektiv zu sehen – darum geht es.

Das Thema Kritik beschäftigt mich sehr. Wenn ich die Arbeit von anderen kritisiere, ist mir klar, dass ich kritisiere. Ist es also besser, meine Kritik zu äußern, statt etwas anderes zu sagen, das aber nicht ehrlich ist? Wie kann ich damit umgehen, wenn ich ehrlich zu mir selbst sein will?

Ehrlichkeit ist eine sehr gute Eigenschaft, aber sie sollte nicht so eingesetzt werden, dass sie vernichtend oder verletzend wirkt. Wenn Sie ehrlich sind, sind Sie das im Rahmen Ihrer eigenen Wahrheit, die sicher zugegebenermaßen relativ begrenzt ist. Wenn Sie meinen, Sie müssten die Vorgehensweise oder die Arbeit eines anderen Menschen kritisieren, sollten Sie das nur tun, wenn es der Aufklärung dient oder eine schöpferische Kritik – und nicht nur destruktiv – ist. Sie müssen sich selbst fragen: "Habe ich in meiner Lage das Recht, diese konstruktive Kritik anzubringen? Wer bin ich, dass es mir zusteht, dieser Person zu sagen, was sie zu tun oder zu lassen hat?"

Ein Beispiel: Nach dem Vortrag kommen die Leute häufig mit Büchern zu mir. Etwa 99,999 Prozent der Inhalte dieser Bücher stammen von den astralen Ebenen, wenn nicht gar aus dem Unterbewusstsein der Autoren. Wenn ich ein solches Buch sehe, weiß ich, von welcher Ebene es stammt. Und niemals kommt es von den Meistern, auch wenn der Betreffende davon überzeugt ist.

Wenn jemand auf mich zukommt und meint: "Das ist ein Buch von den Meistern, darf ich es Ihnen geben?", nehme ich es an und gebe es dann später weg. Wenn ich aber gefragt werde, von welcher Ebene es stammt, nehme ich es in die Hand und kann sagen, ob es von der Astralebene kommt, wobei es sich meist um die fünfte, gelegentlich auch um die sechste Ebene handelt. Es steht ihnen frei, diese Auskunft zu akzeptieren. Wenn aber jemand wissen will: "Was halten Sie von diesem Buch, das XY geschrieben hat?", beantworte ich die Frage nicht, denn das wäre eine Kritik, die **[98]** nicht konstruktiv ist. Hier kommt jetzt die Ehrlichkeit ins Spiel. Wenn ich gefragt werde, von welcher Ebene es kommt, gebe ich eine ehrliche Antwort. Wenn ich nicht gefragt werde, sage ich nichts. Ich halte es nicht hoch und sage: "Also hört mal alle her, dieses Buch stammt von der fünften Astralebene. Legen Sie es weg, es ist völliger Blödsinn." Das wäre nur negative Kritik. Es ist nicht meine Aufgabe, öffentlich solche Urteile abzugeben.

Sie müssen sehen, wo Sie im Verhältnis zu dieser Kritik stehen. Haben Sie das Recht zu kritisieren? Hat man Sie um Ihre Meinung gebeten? Oder erheben Sie sich zum Oberlehrer? Niemand ist vollkommen, sonst wären alle Meister. Ich bin sicher, dass Sie in einer bestimmten Hinsicht perfekter als andere sind und in anderer Hinsicht andere Leute perfekter als Sie sind. Wer hat also das Recht zu kritisieren?

Allerdings, wenn Tizian, Rembrandt oder Leonardo da Vinci meine Bilder kritisierten, wäre ich hoch erfreut darüber. Ich wäre geradezu beglückt über ihre Kritik, weil ich das Niveau ihrer Kritik respektiere. Käme jedoch ein Lehrer des örtlichen Kunstvereins mit einer Kritik an, würde ich sagen: "Was versteht der davon?" Das hat mit gesundem Menschenverstand zu tun. Und bei den meisten Problemen aufgrund von Verblendungen geht es fast immer um den gesunden Menschenverstand.

Die meisten Menschen in den Gruppen sind so idealistisch, dass allein schon die Vorstellung, sie könnten andere kritisieren, ihnen völlig fremd ist: "Ich und kritisch? Ganz im Gegenteil, ich habe eine hohe Meinung von der Gruppe." Jeder hat diese Ideale, setzt sie aber nicht um und merkt das nicht einmal. Jeder sagt: "Ich mag denjenigen oder diejenige nicht, sie ist so kritisch." Und sie merken nicht, dass sie kritisieren. Meist sind die Eigenschaften, die man bei anderen gar nicht mag, die einen ganz besonders ärgern, gerade die Eigenschaften, die bei einem selbst sehr stark ausgeprägt sind. Wenn man meint, dass jeder sich über einen ärgert oder einen nicht mag, ist man selbst derjenige, der sich über alle ärgert und die anderen nicht mag, **[99]** mit anderen nicht zusammenarbeiten und in anderen nicht das Gute sehen kann. Das ist sein Problem.

Man sollte immer daran denken, dass alle in dieser Arbeit sie aus den besten aller erdenklichen Gründen machen, denn ihre Seele hat ihnen gesagt, dass die Geschichte wahr ist und sie sich daran beteiligen sollten. Jeder hat die besten Absichten. Sie meinen es gut. Sie *machen* es vielleicht nicht immer gut, aber sie meinen es gut. Sie müssen also etwas toleranter sein. Wenn Sie tolerant sind, verschwindet die Kritik.

Wie geht man in der Gruppe konstruktiv mit Kritik um? (Januar/Februar 1998)
Es gibt zwei Arten von Kritik – destruktive und konstruktive. Destruktive Kritik ist im Umgan miteinander das Übliche. Konstruktive Kritik ist eher selten, weil man dazu in der Lage sein muss, sowohl zu verstehen, wo der Rhythmus eines Mitmenschen ins Stocken geraten ist und daher Anlass zu Kritik gibt, als auch sozusagen "Heiler" zu sein. Dazu muss man Empfehlungen für Korrektiven geben können. Das ist nicht leicht im Umgang mit anderen. Das ist es ja nicht einmal im Umgang mit sich selbst!

Man muss sich über die eigene Motivation völlig im Klaren sein, um anderen gegenüber konstruktive Kritik anbringen zu können. Jede andere Art von Kritik sollte man lassen und erst gar nicht aussprechen. Sie zerstört sonst die mitmenschlichen Beziehungen und das Vertrauen und ist sowohl für die kritisierte Person, als auch für diejenige, die die Kritik ausspricht, demütigend. Ich weiß, dass alle das machen. Womöglich gibt es bis zu einem Einweihungsgrad von 4.9 niemanden in der Welt , der zu dieser Art von Kritik nicht fähig wäre. Aber wir sollten alle wirklich versuchen, sie zu vermeiden.

Ich denke, bei jeder Gruppentätigkeit gibt es Momente, wo konstruktive Kritik nützlich ist, um eine Neuorientierung zu bewirken oder um jemanden zu einer besseren und beständigeren Arbeitsweise anzuregen. Dabei sollte jeder für konstruktive Kritik offen sein. Aber das ist nicht so. **[100]** Konstruktive Kritik wird von den Personen, denen sie gilt, fast immer als negativ empfunden – außer wenn jemand, was ziemlich ungewöhnlich ist, gelassen ist.

Wenn man gelassen ist, hält man viel Kritik aus – ob gerecht oder ungerecht, destruktiv oder konstruktiv. Aber wie oft trifft man schon auf jemanden, der mit Gleichmut, ja sogar Freundlichkeit Kritik aufnimmt? Jeder erwartet, voller Respekt behandelt zu werden. In der Zusammenarbeit der Gruppen sollte ein ganz selbstverständliches Vertrauen herrschen. Man sollte generell davon ausgehen, dass jeder vor jedem in der Gruppe Respekt hat. Das ist eine der Grundvoraussetzungen: eine elementare, unausgesprochene, aber bewusste und gefühlsmäßige Achtung vor dem, was und wer jemand ist, und das Vertrauen, dass jeder nach bestem Wissen und Gewissen alles tut, was er kann. Das stimmt zwar nicht immer, aber diese Grundstimmung sollte es geben.

Jeder geht die Arbeit, die wir hier machen mit unterschiedlichen Motiven an. Das erste ist meist ein untrügliches Gespür, dass das wahrscheinlich die wichtigste Arbeit ist (ich bin sicher, es *ist* die wichtigste Arbeit), die man in der heutigen Welt tun kann. Natürlich denkt ein großer Chirurg, dass es andere, genauso wichtige Dinge zu tun gibt. Das ist relativ gesehen natürlich richtig. Aber im Sinne der gesamten Welt, das heißt der Auswirkungen auf die Zukunft der Menschheit, ist die Anwesenheit der Hierarchie und alles, was damit zusammenhängt, meiner Meinung nach ganz ohne Zweifel das Wichtigste, wofür man sich engagieren kann.

Es sind nicht viele Menschen an dieser Arbeit beteiligt, weil sie viel von einem verlangt. Wenn es die wichtigste Aufgabe ist, verlangt sie auch den vollen Einsatz, die ganze Hingabe. Wie oft begegnet man schon jemandem, der sich voll und ganz einer Sache widmet, die man nicht sehen kann, die man nur nachlesen oder hören und nur als eine Wahrscheinlichkeit annehmen kann? Deshalb gibt es einige Gurus in der Welt, die viele Anhänger haben und bewundert werden, und andere, eher unbekannte, die missachtet und ignoriert werden.

[101] In jeder Gruppe wird kritisiert, das ist unvermeidlich, denn in jeder Gruppe werden Fehler gemacht. Aber wer kann entscheiden, was ein Fehler oder einfach ein Versuch war? Jede Aktivität lässt auch Raum zum Experimentieren. Andererseits gibt es – wenngleich so etwas wie Zeit eigentlich nicht existiert – bei jeder Tätigkeit einen Zeitfaktor. Es gibt Zeiten, in denen bestimmte Arbeiten getan werden können, und Zeiten, wo es für diese Arbeiten zu spät ist.

Man muss sich darauf konzentrieren, jederzeit *sinnvoll* zu arbeiten. Und hier kommt die Kritik ins Spiel, weil die Leute sich nicht einig sind, was sinnvoll ist, und einen unterschiedlichen Bewertungsmaßstab anlegen. Wenn Meinungsverschiedenheiten bestehen – aufgrund verschiedener Ansichten, unterschiedlicher Strahlen, unterschiedlicher Vorstellungen von der Welt, geringfügiger Unterschiede in der Entwicklungsstufe – wird den Dingen jeweils ein anderer Wert beigemessen. Dann müssen Sie einen Konsens finden, und der entsteht aufgrund von Zusammenarbeit.

Ist Kritik immer schlecht, oder kann konstruktive Kritik zuweilen auch notwendig sein, um Irrtümer in der Gruppenarbeit zu beseitigen? Und wenn, gibt es dafür Richtlinien?

Konstruktive Kritik gibt es, und sie auszusprechen ist sogar oft sehr wichtig. Aber die Voraussetzungen dafür sind ziemlich schwer. Sie müssen einwandfrei wissen, dass Sie hinsichtlich des Problems einen höheren und professionelleren Standpunkt vertreten als die Person, die Sie kritisieren. Wenn Sie aufrichtig und ohne Verblendung sagen können, dass Sie das Problem von einer höheren Ebene aus beurteilen und die Kritik daher positiv ist – also nicht persönliche Kritik, sondern damit die Arbeit und die Gruppe besser funktionieren –, haben Sie sicher das Recht, ja sogar die Pflicht, eine konstruktive Kritik anzubringen. Aber nur, wenn Sie sicher sind, dass Sie alle dafür in Betracht kommenden Faktoren überdacht haben, weil Sie nur dann wirklich konstruktiv kritisieren können. Die Frage ist: Wann ist die Kritik konstruktiv und wann ist sie es nicht? Wann sind Sie dazu berechtigt und wann nicht? Sie haben kein Recht dazu, wenn Ihre **[102]** Kritik auf Voreingenommenheit beruht, auf Mögen oder Nicht-Mögen und auf einer geringen oder ungenauen Kenntnis der Situation. Alle diese Aspekte müssen bedacht werden, um eine so genannte konstruktive Kritik anzubringen. Erfüllen Sie diese Voraussetzungen, dann ist eine konstruktive Kritik angebracht und richtig.

Die großen Verblendungen der USA

Können Sie einige der größeren Verblendungen der Gruppen in den USA aufzeigen?

Die größten Verblendungen der Gruppen in den USA sind gleichzeitig auch die größten Verblendungen aller anderen Gruppen in der Welt. Aber hier sind sie gefärbt von der Strahl-6-Persönlichkeit der Vereinigten Staaten, was die Art zu denken, zu fühlen und den Umgang miteinander natürlich beeinflusst. Die Verblendungen sind nicht sehr viel anders als die in Japan, den Niederlanden, Russland und anderen Ländern.

Die Vereinigten Staaten sind riesig, und sie sind jung, sozusagen noch im Halbstarkenalter. Rund 265 Millionen Menschen leben hier. In einer großen Nation kommt jeweils ein bestimmter Strahl gehäuft vor. Wenn das der 6. Strahl ist, wird man das sicher merken. Glauben Sie nicht? Er hat Amerika sozusagen aufgebaut. Können Sie sich vorstellen, dass Sie damals nach Amerika gekommen wären, ohne einen 6. Strahl zu besitzen, das heißt, von ihm beeinflusst zu sein, wie es die meisten Amerikaner waren und noch immer sind? Dann gäbe es kein Amerika. Es wäre gleich hinter New York zu Ende. Stattdessen zogen oder ritten die ersten Pioniere über die weiten Ebenen und erreichten in der Winterzeit die Rocky Mountains. Das muss beim ersten Mal schrecklich gewesen sein. Sie zogen bergauf und bergab, gelangten auf die andere Seite und kamen nach San Francisco.

Die großen Verblendungen der USA sind die des 6. Strahls: ein übermäßiger Idealismus und eine – in diesem Falle äußerst materialistische – Vision von einem unermesslich reichen Land, in dem der "Überfluss" herrscht. Dieser Reichtum wird den Amerikanern von allen kommerziellen Unternehmen immer noch als der Traum präsentiert, den sich alle **[103]** erfüllen wollen. "Sie möchten Reichtum? Wir haben ihn, und wir verkaufen ihn Ihnen." Und Sie haben die Idee des Reichtums auch "gekauft". Irgendetwas ist falsch am Reichtum, wenn Sie ihn für etwas halten, das Sie haben müssen. Wenn Sie ein *hinreichendes* Auskommen mit Wohlstand gleichsetzen, werden Sie erkennen, das Sie das schon seit langem erreicht haben.

Das ist das Problem der materialistischen Gesellschaft im heutigen Amerika. Sie erkennen nicht, dass wirklicher Reichtum ein hinreichendes Auskommen ist. Die industrielle Revolution hat es möglich gemacht, dass jeder in angemessenen Verhältnissen leben kann. Aber wir haben die traurige Situation, dass die Hälfte der Menschheit in großem Überfluss und der Rest in großer Armut lebt und am Mangel stirbt.

Meister Djwahl Khul sagt, dass die Welt auf die Manifestation der Strahl-2-Seele von Amerika wartet, denn damit würde die Transformation in der Welt beginnen. Dann wird Amerika erkennen, dass ein Auskommen zu haben, Wohlstand bedeutet, und dass Teilen unabdingbar ist. Diese Verblendung des Reichtums, in der fast alle leben, haben Sie bereits mit der Muttermilch eingesogen. Alles, was im Werbefernsehen gezeigt wird, vermittelt dieses falsche Bild vom Reichtum. Auch die so genannten spirituellen Gruppen sind wie vernarrt in das Wort Reichtum. Sie wollen ihn und zwar sofort. Sie haben keine Geduld.

Alles Lohnende und Langfristige erfordert Ausdauer. Einige Leute, die jahrelang für die Wiederkehr gearbeitet haben, verlieren langsam die Geduld. Ungeachtet der täglich zunehmenden Anzeichen, dass Maitreya hier ist, ungeachtet der Begegnungen, die sie mit Maitreya oder dem Meister Jesus hatten, ungeachtet ihrer vielen Erkenntnisse und der Schlüsse, die sie daraus zogen, sind sie nach all den Jahren ungeduldig geworden. Die Leute müssen sich für eine lange Zeit ihre Hoffnungen bewahren. Leider handelt es sich bei vielen, vor allem bei Menschen mit einer Strahl-6-Ausrüstung, um ein emotionales Hoffen und Sehnen und nicht um die intuitive, absolute innere Gewissheit, die sie zu dieser Arbeit treibt. Unsere Arbeit könnte man mit dem steten Tropfen Wasser vergleichen, der den Stein am Ende **[104]** aushöhlt. So sollte es sein. Das erfordert Geduld.

Generell besitzen die Amerikaner aus den unterschiedlichsten historischen Gründen nicht gerade viel Geduld. Sie steht fast im Gegensatz zur Bereitschaft der Amerikaner "aufzustehen und anzupacken", etwas zu tun, ein Haus zu bauen. Nirgendwo habe ich so viele Leute getroffen, die, obwohl sie weder gelernter Bauingenieur noch Zimmermann waren, sich ihr eigenes Haus gebaut haben. In Europa dagegen lässt man, wenn man es sich leisten kann, sein Haus von Fachleuten bauen. Sie würden kein Haus bauen, wenn Sie nicht Bauingenieur sind oder zumindest eine Ausbildung hatten, die eine Grundlage dafür wäre. Ich kenne Leute in Amerika, die ohne jede Erfahrung ein Haus gebaut haben. Sie denken sich einfach nichts dabei und machen es. Oder sie fahren von hier nach Miami, eine Strecke von Tausenden von Kilometern. Das gibt es in Europa selten. Wenn Sie von Paris aus 6000 Kilometer fahren würden, kämen Sie vielleicht in der Mongolei an – und suchten dort dann nach Shamballa und fänden es nicht!

Die Amerikaner haben ein anderes Verhältnis zu Entfernungen und zum Leben im Allgemeinen als der Rest der Welt. Das macht Sie interessant, bringt aber auch einige Probleme mit sich – wie mangelnde Geduld. Das ist eine der größten Verblendungen – etwas sofort haben zu wollen, oder spätestens bis morgen, anstatt darauf hinzuarbeiten, geduldig zu bleiben und es in die Wege zu leiten. Sie müssen die Ankunft Maitreyas gestalten. Sie müssen auch Ihre eigene Evolution und Entwicklung in die Wege leiten. Das geschieht nicht von selbst. Wenn Sie sich nur "dem Strom überlassen", geht gar nichts voran. Ihr Innenleben ist an dem Strom da draußen nicht beteiligt. Ich halte das einfach für eine faule und fatalistische Haltung. Viele meinen, sie müssten nur die richtigen Leute treffen oder günstige Einflüsse abwarten, dann "wären sie mit von der Partie". Das mag schon stimmen, wer aber sind die richtigen Leute? Was sind die richtigen Einflüsse? Sie müssen offen sein, wach und bereit für das, was Ihnen geboten wird.

Wenn Sie zu viele von den falschen Büchern lesen, wie es bei den meisten "New-Age"-Anhängern üblich ist, und dann der richtigen Sache begegnen, erkennen Sie diese nicht. **[105]** Das ist bei vielen Leuten das eigentliche Problem. Sie erkennen nicht, was man ihnen beispielsweise mit der Möglichkeit, für die Wiederkehr Christi und der Meister der Weisheit, für die Annäherung der Hierarchie zu arbeiten, geboten hat. Können Sie sich etwas Wichtigeres für die Menschheit, für das gesamte Leben vorstellen als das? Eine Zeit, in der Christus wieder unter uns lebt, zu Millionen von Menschen im Radio und im Fernsehen spricht, mit den Medien redet und Pressekonferenzen abhält? So wird es sein. Er wird sich nicht verborgen, irgendwo weit weg im Gebirge aufhalten. Er wird von nun an in vorderster Reihe an unserem Leben teilhaben.

Das ist eine geradezu phantastische Möglichkeit zur persönlichen Evolution. Nicht, weil Sie etwas geleistet und sich daher etwas verdient haben. Viele Menschen sehen ihren Einsatz in dieser Arbeit unter diesem Aspekt. Sie üben sie also nicht aus, weil sie wirklich helfen wollen. Es ist eine etwas lästige Sache, die sie da machen, aber sie ist wohl gut fürs Karma. Sie schaufeln etwas von dem großen, schweren "Karmaberg" weg, der auf ihnen lastet, und meinen, dass alles, was sie tun, diese Last erleichtert. Das tut es auch, wenn es wirklicher Dienst ist, aber wenn es nur eine lästige Pflicht, ein Dienst unter Bedingungen ist, bezweifele ich das. Darum gibt es Leute, die sich nach Jahren vermeintlichen Dienstes und Jahren vermeintlicher Meditation nicht verändert haben. Sie scheinen sich kein bisschen zu verändern, und das, weil ihre Einstellung dazu nicht echt ist. Das Problem ist, dass ihre Seele nicht beteiligt ist.

Falsche Identität

Was verstehen Sie unter einer "falschen Persona"?
Wenn Sie beschlossen haben, dass Sie sich niemals "niedermachen" lassen, dass niemand Sie "unterbuttern", Sie benutzen oder manipulieren kann, oder Sie geringer einschätzen darf, als Sie selbst es tun – wenn Sie in jeder Situation diese defensive Haltung einnehmen und sich **[106]** "hart" und aggressiv verhalten, ist das eine "Persona", eine Rolle, die Sie angenommen haben. Das sind nicht Sie.

Die meisten Menschen, die ihre Strahlenstruktur kennen, schreiben ihre Persönlichkeit den Strahleneigenschaften zu. Das hat aber oft gar nichts mit der Strahlenstruktur zu tun. Würde man deren Eltern kennen, könnte man sich erklären, warum sie so sind. Handelt es sich dabei um eine Frau, könnte man sagen: "Ich weiß, wie ihre Mutter war". Oft ist das nur eine Haltung für oder gegen die Mutter. Diese Persona aus Aggression und Abwehrhaltung projizieren sie dann auf jede Situation, lassen nichts an sich heran, geben nichts und erlauben niemanden, "sie niederzumachen", wie sie es sehen.

Das ist eine "falsche Persona". Sie ist nicht so, wie die Person wirklich ist. Es ist nicht die Reaktionsweise, die sie intuitiv als Seele zeigen würde – die Persona steht dabei im Weg. Sie kennen die Leute in der Gruppe, mit denen man vernünftig reden kann, die aufgeschlossen sind, die auch über sich selbst nachdenken und sofort versuchen, sich anders zu verhalten, wenn man sie darauf hinweist, oder wenn es offensichtlich wird, dass man sie für herrisch, aufsässig oder penetrant hält.

Wenn jemand aufmerksam ist, bemüht er sich gewöhnlich auch, sich zu ändern. Solange man das nicht tut, hält man an einer falschen Persona fest, die man sich auch kürzlich erst zugelegt haben kann.

Ich sprach von der "alten" Persona, die wir noch aus unserer Schulzeit mitgebracht und ganz unsinnigerweise beibehalten haben. Viele Menschen bestehen nur aus falschen, manchmal mehreren Persönlichkeiten; sie nehmen je nach Situation eine andere an, um das richtige Gesicht präsentieren zu können – damit man sie ernst nimmt, nett findet, sie für zugänglich, diplomatisch, rücksichtsvoll oder freundlich hält, auch wenn sie das vielleicht gar nicht sind.

Während der Kindheit und Schulzeit wird jeder in seinem Denken und Handeln von Gleichaltrigen beeinflusst. Sie müssen mit ihnen auf einer Stufe stehen, wenn möglich besser sein, und wenn schon nicht besser, dann doch zumindest gleich gut, um akzeptiert zu werden. In den USA ist der Wunsch nach Akzeptanz auf jeder **[107]** Ebene stark ausgeprägt. Es herrscht Konkurrenz, selbst darin, akzeptiert zu werden. Das bedeutet, immer so zu sein, wie alle anderen auch – herausragend, aber nicht anders, stark, aber nicht auf andere Weise als andere –, damit jeder akzeptabel ist.

Die Leute nehmen eine falsche Persona an, um dazuzugehören, um gemocht und ernst genommen zu werden, damit man sie nicht schikanieren kann. Sie konstruieren diese unterschiedlichen Reproduktionen eines möglichen Ichs, um im Leben zu bestehen. Und das bringen sie dann in die Gruppensituation ein. Wenn andere sie in diesem Zustand unterstützen, in dem sie sich zufrieden, akzeptiert und wohl fühlen, tun sie alles, um diese Situation aufrechtzuerhalten.

Wenige denken über ihre Persönlichkeit nach. Wenige überlegen, ob das, was sie anderen erzählen wirklich wahr ist, oder ob sie es von jemand anderem gehört haben, den sie, weil er sie zum Lachen brachte, bewundern. Sie übernehmen es, um selbst bewundert zu werden. Wir imitieren uns gegenseitig. Wir machen Menschen nach, die wir bewundern, und hoffen damit besser dazustehen, auch wenn das überhaupt nicht zu unserer eigenen Persönlichkeit passt.

In einer so genannten spirituellen Gruppe nimmt das ganz bestimmte Formen an. In einer "New Age"-Gruppe muss man zumeist die Augen himmelwärts rollen können, und das möglichst lange, damit andere erkennen, wie spirituell und ganz und gar immateriell man ist. Wenn es Geld gibt, sind sie als erste da, vermitteln aber den Eindruck, dass sie Geld überhaupt nicht interessiert: "Ich leihe mir jederzeit Geld von dir. Geld ist nur Energie, konkrete Strahl-3-Energie – das wissen wir ja alle. Also kann ich mir auch jede Menge Geld leihen, ohne es wieder zurückzahlen zu müssen. Ich persönlich besitze kein Geld, denn eigentlich ist es schmutzig. Es ist einfach eine mit Makeln behaftete Energie. Darum arbeite ich auch nicht, denn sonst müsste ich viele Stunden des Tages damit verbringen, Geld zu verdienen, da stehe ich drüber. Ich stehe in meiner **[108]** Evolution bereits an einem Punkt, wo mir sehr bewusst ist, dass Geld an sich kein Ziel ist. Geld ist nützlich, vor allem das Geld anderer, wenn sie es mir borgen." Ich übertreibe natürlich, um diese Einstellung deutlich zu machen.

Mit diesen Personas stellen sich die Leute dar. Ich habe sie zu Tausenden in dieser Arbeit angetroffen. Sie überreichen mir Bücher mit dem Inhalt, wie nett wir miteinander sein sollten, und alles andere in Ordnung wäre, wenn es bloß Liebe und Licht in der Welt gäbe. Eine der größten Verblendungen in den "New Age"-Gruppen ist: "Wenn die anderen Menschen nur – wie ich – verstehen würden, dass Liebe und Licht die Basis des Lebens sind, würde sich die Welt verändern. Es gäbe keine Konflikte wie im Kosovo, in Bosnien oder Nordirland. Die so genannten "New Age"-Organisationen oder spirituellen Gruppen haben die stärksten Verblendungen, und diese ist eine der größten. Sie sind irreal und haben deshalb auch keine Ahnung, wie eine wirklich funktionierende Beziehung mit anderen Menschen aussieht, denn sie haben nie auf diese Weise gearbeitet.

Mit solchen Vorstellungen kamen die meisten Menschen in die Gruppen hier. Vor diesem Hintergrund scheint es auch nicht verwunderlich, dass sie zu unpersönlichen Gruppenbeziehungen nicht in der Lage sind. Immer mögen sie bestimmte Menschen sehr und finden die, die ihnen ähnlich sind und dieselben Verblendungen haben, schrecklich. Es sind immer unsere eigenen Verblendungen, die wir an anderen Menschen nicht leiden können. Bei uns selbst können wir sie sehr gut aushalten, aber bei anderen finden wir sie hassenswert.

Wenn Leute in einer Firma, für ein Unternehmen arbeiten, verhält es sich genauso. Sie lernen einige Mitarbeiter näher kennen, freunden sich mit manchen an, mit manchen weniger, und mit anderen reden sie nicht einmal. Dieselbe Haltung nehmen sie dann auch in dieser Arbeit ein, wo sie völlig fehl am Platz ist. Es ist ganz natürlich, dass man aufgrund der Strahlen, der Herkunft und der Interessen die Gesellschaft mancher Menschen mehr sucht als die anderer. Das ist unvermeidlich. Aber vom *Bewusstsein* her sollten die **[109]** Gruppenbeziehungen immer unpersönlich sein. Die Teilnahme an einer Gruppe, die der Menschheit dienen will, erfordert unpersönliche Beziehungen zwischen den Mitgliedern. Solange Ihnen das nicht gelingt, haben Sie nicht einmal den ersten Schritt getan, um die Voraussetzungen einer Gruppeneinweihung zu erfüllen.

"Das Tragen einer Maske"

In seinem Buch ***Verblendung: Ein Weltproblem*** *zitiert Meister Djwhal Khul aus den alten Archiven die Regeln des Weges für Jünger. Die Anweisungen sind sehr schön und symbolisch formuliert. Die meisten Regeln sind leicht zu verstehen, wie mir scheint, aber eine ist mir recht unverständlich. Würden Sie sie bitte erklären? "Regel vier": "Dreierlei muss der Pilger vermeiden: Das Tragen einer Maske, eines Schleiers, der sein Gesicht vor anderen verbirgt; das Mitführen eines Wasserkruges, dessen Inhalt nur dem eigenen Bedarf genügt; das Schultern eines Stabes ohne Haltegriff."*

[Übers. d. Red.] Besonders der letzte Teil ist schwer zu deuten. Könnten Sie mir bitte helfen? (Juli/August 2000)

(1) "Das Tragen einer Maske ..." Viele Jünger mit einer Neigung zur Mystik sind so darauf bedacht, "anders" und "etwas Besonderes" zu sein, dass sie völlig außer Acht lassen, dass auch sie ganz normale Mitglieder der Gesellschaft sind. Häufig legen sie sich eine falsche Identität zu, um ihr "wahres" Wesen als Jünger zu verbergen. Oder es fehlt ihnen der Mut, für das, was sie glauben und sind, "einzustehen".

(2) "Das Mitführen eines Wasserkruges ..." Das bezieht sich auf das Gebot zu teilen – nicht nur die materiellen Dinge des Lebens, sondern auch das, was man auf dem Pfad an Wissen und Erkenntnis gesammelt hat.

(3) "Das Schultern eines Stabes ohne Haltegriff." Das bezieht sich darauf, dass es für den Jünger eine Grundbedingung ist, eine stabile Basis zu haben, von der aus er weitergehen kann. Ein Jünger zu sein, heißt, diszipliniert, ernsthaft und beständig zu sein, trotz aller Schwierigkeiten standhaft zu bleiben und sich den "Stab" nicht so leicht aus der Hand schlagen zu lassen.

[110] *Im gleichen Buch –* ***Verblendung: Ein Weltproblem*** *– beschreibt Meister Djwhal Khul eine Verblendung, die er die Autoritätsverblendung nennt. An einer Stelle spricht er über einen Zustand, der einen zum Gefangenen der eigenen Unabhängigkeits- und Freiheitsliebe macht. Später sagt er, die Lösung des Problems sei die Erkenntnis, dass der Jünger seinen Weg nicht allein geht, sondern in Gruppenbeziehungen lebt und arbeitet und sich dem Gruppendasein fügt. (1) Gibt es diese Verblendung und auch die der Gefühle und der materiellen Interessen auch noch in heutigen Gruppen, beispielsweise bei denen, die für die Wiederkehr arbeiten? (2) Sind diese Verblendungen gravierend?* (Juli/August 2000)

(1) Ja, sehr häufig sogar. (2) Ja, natürlich. Das sind sehr ernst zu nehmende Verblendungen, die die Entwicklung richtiger Gruppenbeziehungen so schwierig machen. Für die meisten Aspiranten ist die Idee und die Erfahrung von Gruppenbeziehungen so neu, dass es ihnen schwer fällt, ihre geliebte "Unabhängigkeit" und "Freiheit", die sie als ihr persönliches Ziel betrachten, auch nur im Geringsten aufzugeben. Solange jedoch der Seelenimpuls, sich zu vereinigen und zu verbinden, sich nicht bemerkbar macht und eine korrekte Beziehung zur Gruppe zulässt, können keine wirklichen Fortschritte gemacht werden.

Verblendungen überwinden

Was können wir im Alltag tun, um die Verblendungen zu überwinden?
Betrachten Sie die Verblendungen, bemühen Sie sich um Selbsterkenntnis und Selbstbeobachtung und erkennen Sie ohne Selbstverurteilung die Verblendungen als das, was sie sind. Erkennen Sie, wie unwirklich sie sind. Wenn wir über eine Verblendung nachdenken, ohne sie zu verurteilen oder ändern zu wollen, wird uns ihre wahre Natur deutlicher bewusst. Ich denke, Sie werden in fast allen Fällen sehen, dass sie anders ist, als Sie dachten, denn das ist das Typische an Verblendungen. Verblendungen verhüllen die Wahrheit, die Realität. Deshalb sind sie so anders als die Wirklichkeit. Deshalb hat sich der Meister Djwahl Khul so getäuscht, **[111]** als er seine Hingabe an seinen Meister für seine höchste Eigenschaft hielt, wohingegen ihn genau diese Eigenschaft in seiner Entwicklung gebremst hat. Verblendung ist immer etwas völlig anderes, als man annimmt. Das macht es so schwierig, eine Verblendung zu erkennen.

Wir sollten also keine gefühlsbetonten Beziehungen und dergleichen haben, obwohl wir alle diese Gefühle haben. Sollen wir sie unterdrücken und so handeln "als ob" wir mental polarisiert wären? (Januar/Februar 1999)
Vielleicht kann man es so formulieren: Sollten wir uns so verhalten – nicht handeln –, als ob wir mental polarisiert wären, wenngleich wir mit 1.35 noch mitten in der schmerzlichen astralen Polarisierung stecken? Die Antwort darauf lautet, ja. Wenn Sie sich nicht so verhalten, als wären Sie mental polarisiert, werden Sie das womöglich auch nie erreichen. Aber was heißt das? Das heißt nicht, mit einem ernsten Gesicht herumzulaufen, um weise auszusehen. Es bedeutet, das Licht der Seele durch das Denken auf das zu lenken, was man tut. Das befreit Sie von der Verblendung. Das ist der Gewinn der mentalen Polarisierung, dass sie einen von den schlimmsten Aspekten der Verblendung befreit, weil man durch den Mentalkörper das Licht der Seele auf die Verblendung richten kann.

Eine Verblendung ist wie ein Nebelschleier – das ist das Schwierige daran. Im Nebel, das heißt, in der Verblendung, kann man nichts erkennen. Erst wenn man die Verblendung erkennt, kann man etwas unternehmen, um sie aufzulösen. Ist man mental polarisiert, dann wird es mehr und mehr möglich, die Verblendung zu erkennen und zu beseitigen. Das geht nur, wenn Sie sich so *verhalten* – nicht handeln –, als ob Sie bereits mental polarisiert wären. Wenn man mit den Verblendungen weiter nachsichtig umgeht, selbst bei einer beginnenden mentalen Polarisierung, bleibt man verblendet. So etwas geschieht nicht von einem auf den anderen Tag – gerade noch 1.5, dann gleich 1.6 und mental polarisiert. Das ist erst der *Beginn* der mentalen Polarisierung. Sie müssen weiter den Nebel der Verblendung auflösen – bis 2.5, wo die spirituelle Polarisierung beginnt und das Licht der Seele kontinuierlich in das Leben des Jüngers einströmt.

[112] *Während man der sein möchte, der man ist, entdeckt man, dass man bislang einem großen spirituellen Ehrgeiz erlegen ist. Man erkennt das als Verblendung. Man möchte das nicht mehr, man möchte einfach nur der sein, der man ist; gleichzeitig möchte man aber auch seine Hoffnungen beibehalten.* (Januar/Februar 1999)
Es hat keinen Sinn, sich mit Illusion zufrieden zu geben oder sie zu akzeptieren. Sonst können Sie sich nie von einer Illusion befreien. Ich meine aber nicht, dass Sie sich mit der Peitsche schlagen und dabei sagen sollen: "Ich muss gut werden, ich muss, ich muss, ich muss gut werden." Es gibt Menschen, die das tatsächlich tun; sie haben es jahrhundertelang so gemacht.

Wir müssen erkennen, was Veränderung bedeutet. Niemand wird sich einschneidend und vollständig über Nacht verändern. Man mag sein Verhalten ändern, jedoch nicht sein Wesen. Wenn man erkannt hat, dass man ein unsterbliches Wesen ist, hat man auch Zeit sich zu verändern. Man muss es von einer höheren Warte aus betrachten, mit einem Sinn für Proportionen. Statt des Gefühls, es eilig zu haben, das dem Wunschprinzip entspringt und eine große Verblendung ist, brauchen Sie ein gutes Gespür für Rhythmus und Vorwärtsbewegung. Wenn Sie sich nicht so sehr darum bemühen, machen Sie vermutlich eher Fortschritte, als wenn Sie es "wie verrückt" versuchen und es nicht erwarten können, endlich "höher entwickelt" zu sein. Es kommt ganz darauf an, worauf Sie sich konzentrieren – auf sich selbst oder auf die Welt außerhalb Ihres Ichs?

Man sollte sich in dieser Arbeit bemühen, so unpersönlich und objektiv wie möglich zu sein. In einem gewissen Sinn spielt es dann keine Rolle mehr, in welcher Verfassung Sie sind, denn das wird sich von selbst regeln. Wenn Sie den öffentlichen Auftritt der Hierarchie ganz unpersönlich mit vorbereiten und beispielsweise die Öffentlichkeit über die Gesetze des Lebens oder die Konstitution des Menschen unterrichten, verändern Sie sich ganz allmählich und ganz subtil, ohne dass Sie das beabsichtigt oder bemerkt haben. Ihre Verblendungen verschwinden, wenn Sie sich nicht so viel mit ihnen beschäftigen und sich ständig dafür hassen. Vergessen *Sie sich selbst.* Wir haben Verblendungen, weil wir uns als

Mittelpunkt des Universums sehen. Wenn wir damit aufhören können und stattdessen objektiv und unpersönlich werden – “unpersönlich” meint hier, sich aus dem Bild zu nehmen – fallen die Verblendungen ab. Solange wir an diesem Bild, **[113]** gut oder schlecht zu sein, man selbst oder nicht man selbst zu sein, festhalten, sind wir aufgebläht von der Verblendung des eigenen Ich.

Das Ich, das niedere Selbst, ist die Ursache aller Probleme. Sobald wir unpersönlich handeln können, werden wir unweigerlich wachsen. Dann lächelt und strahlt die Seele, denn wir tun das, was sie ständig versucht: das widerspenstige, rebellische Individuum, das ständig darum kämpft, im Mittelpunkt der Welt zu stehen, ihrem Willen unterzuordnen. Wir sind nicht der Mittelpunkt der Welt – wir können nicht alle der Mittelpunkt der Welt sein. Wir müssen erkennen, dass wir zwar ein Gott sind, aber ein Gott unter vielen, und dass niemand in dieser einen Inkarnation besonders bedeutend ist. Dieses Gefühl der Bedeutung, selbst der Bedeutung von Entwicklung, von Fortschritt, das Gefühl großartigen Dienst zu leisten und alle Verblendungen zu überwinden – selbst das ist Verblendung. All das entsteht aus der Empfindung, dass das Ich etwas Isoliertes sei.

Mein Rat ist, das alles außer Acht zu lassen und einfach die Arbeit zu tun. Lassen Sie alles außer der Arbeit beiseite. Vergessen Sie die internen Streitereien, die es in nahezu jeder Gruppe gibt, und machen Sie – gelassen und ruhig – einfach die Arbeit. Die Vorstellung, sich selbst aus dem Weg zu räumen, scheint mir das Ganze zu vereinfachen. Wenn es um Verblendung geht, heißt das, wenn Sie weniger über sich nachdenken, werden Sie sich auch als weniger verblendet erweisen.

Verblendung entsteht aus dem Gefühl eines völlig isolierten Ichs. Das ist die große Illusion. Wenn das astrale Licht – das Licht der astralen Ebenen – in die Welt strömt, wird diese Illusion mehr und mehr zerstreut. Aber wenn Sie sich gerade, wie wir alle – bewusst oder unbewusst –, mit den Verblendungen plagen, ist die Frage: Wie macht man das? Der erste Schritt scheint mir zu sein, unpersönlich zu werden. Das heißt nicht kalt und “wissenschaftlich”, obwohl es durchaus eine wissenschaftliche Haltung gegenüber dem Leben ist. Es ist der Weg von Buddha und Christus. Es ist der Weg aller großen Lehrer, die etwas erreicht haben. Sie müssen sich selbst aus dem Bild nehmen und einfach dienen. Warum? Weil die Arbeit getan werden muss, denn die Welt ist dazu da, dass wir ihr dienen. Warum besteigen Menschen **[114]** den Mount Everest? Weil er da ist. Warum dienen Menschen der Welt? Weil Kummer und Leid in der Welt herrschen, weil es an Licht und an Wissen mangelt. Erfüllen Sie diese Bedürfnisse und Ihr eigenes Leben wird sehr viel glücklicher verlaufen.

Ich verstehe, dass es Verblendungen sind, die mich vom Handeln abhalten, wenn ich mich mit meinen Gefühlen und Gedanken identifiziere. Indem ich mich statt auf Persönliches auf die Gruppe ausrichte, entsteht Freude. Durch eine mentale Betrachtung der Situation können wir Verblendungen überwinden. Ist das dasselbe? Wenn es einen Unterschied gibt, worin besteht er? (JK Mai 2000)

Die Illusion jeder Ebene, sei es die physische, emotionale oder mentale, lässt sich durch die Wirkung der darüber liegenden Ebene überwinden. So kann die Illusion der physischen Ebenen, die *Maya* genannt wird, durch die Qualität der Aspiration des Emotionalkörpers überwunden werden. Ist die Aspiration hoch genug, erreicht sie die Kontrolle über die physischen Elementarwesen.

Die Illusion der Astralebene, die wir Verblendung nennen, wird überwunden durch das Seelenlicht, das von der mentalen Ebene aus auf sie gerichtet wird.

Die Illusion der Mentalebene wird einfach Illusion genannt. Sie wird durch das Licht der Seele, das wir Intuition nennen, zerstreut. Wird die Intuition richtig eingesetzt, kann damit der illusionäre Aspekt der Mentalebene überwunden werden.

Ein anderer Name für Intuition, welche die Illusion zerstört, ist *buddhi.* Es kommt von der buddhischen Ebene der geistigen Triade der Seele. *Buddhi* hat auf der Mentalebene die Funktion, das Gefühl der Absonderung zu beenden. Jede Illusion, ob die der physischen, astralen oder mentalen Ebenen, beruht auf dem grundlegenden Irrtum in unserem Bewusstsein, dass wir voneinander getrennt sind, wenngleich das nicht stimmt. So entsteht Verblendung. Sobald man das Gefühl entwickelt, isoliert zu sein, beginnt die Verblendung. Man kann an der endemischen Verblendung in der Menschheit ersehen, dass dieses falsche Verständnis der Realität unser Hauptfehler ist. Wir erleben uns als zweigeteilt. Es gibt das Ich, und es gibt das, was **[115]** "außerhalb" davon ist. Wir sind jedoch ein und dasselbe. Da gibt es keine Trennung. Es gibt keine Dualität. Solange wir eine Dualität erleben, erleben wir eine Form der Verblendung auf einer der Ebenen.

Aus unseren persönlichen Erfahrungen entwickeln wir ein eigenes Wesen. Wenn die Seele inkarniert, schafft sie die Persönlichkeit. Die Summe aller persönlichen Erfahrungen über Äonen wird der "Hüter der Schwelle" genannt. Viele Leben hindurch hat man mit der Illusion der physischen Ebene, mit *Maya*, zu tun, dann mit den Verblendungen der Astralebene und dann mit den Illusionen der Mentalebene. Schließlich trifft der Hüter der Schwelle – die Gesamtsumme aller Verblendungen oder des Unwirklichen oder des Gefühls der Dualität – auf die Seele, den "Engel der Gegenwart", wie sie genannt wird, und wird mit seiner wahren Realität konfrontiert. Eines Tages sind alle diese Verblendungen aufgelöst, und der Mensch ist endlich frei von Illusionen.

Kann ich es vermeiden, die Meinung anderer für meine eigene zu halten und mich davon abhängig zu machen, irgendetwas Bestimmtes sein zu wollen? (JK Mai 2000)
Ja, das ist möglich. Alles ist möglich, allerdings mag es für manche Menschen schwieriger sein als für andere. Manche Menschen beugen sich nie der Meinung anderer, weil sie so davon überzeugt sind, dass sie Recht haben, dass es für sie kein Problem ist. Für die Person, die gefragt hat, ist es natürlich schon ein Problem. Es ist ein ganz allgemeines: der Kampf zwischen der Seele und der Persönlichkeit. Manche Menschen mit einer bestimmten Strahlenausrüstung sind sehr unsicher und daher schnell bereit, die Meinung und die Denkweise anderer zu übernehmen und sich an ihnen ein Beispiel zu nehmen. Aufgrund ihrer Aspiration, die grundsätzlich eine Seelenqualität ist und über den Astralkörper ursprünglich von der Seele kommt, sind sie bemüht, ihr Bestes zu geben. Eine Idee motiviert sie, und das ist nicht falsch.

Es ist eine Frage der Ausgewogenheit zwischen dem Ich und dem eigenen Leben, zwischen dem Gespür für Realität, gesundem Menschenverstand und **[116]** der Inspiration, einer Sache zu dienen. Es geht darum, dass man einen Rhythmus aufbaut, den man intelligent und aktiv aufrechterhalten kann.

Welche Haltung ist bei der Arbeit für die Wiederkehr am besten?
Manche Menschen sind kurzzeitig ganz aufgeregt und leisten enorm viel und tun dann monatelang nichts. In allen Gruppen in der Welt gibt es Menschen, die plötzlich zwei oder drei Wochen, bevor ich komme, an Gruppentreffen teilnehmen. Sie können gar nicht genug davon bekommen, mit der Gruppe zu arbeiten. Und diese Leute meinen wirklich, sie bereiten den Weg für Maitreya. Das tun sie nicht. Sie tun etwas, um mit sich selbst zufrieden zu sein und sich wohl zu fühlen. Mit einem kontinuierlichen Rhythmus akzeptiert man die Arbeit, die getan werden muss, und erledigt sie einfach – und das unpersönlich und objektiv –, weil sie getan werden muss. Das ist die beste Vorgehensweise, die sich unbegrenzt aufrechterhalten lässt.

Die Arbeit der Gruppen, deren Aufgabe es ist, die ersten Kontakte zur Öffentlichkeit herzustellen, ist neben der von politischen Gruppen die schwierigste Aufgabe überhaupt, sagt Meister Djwahl Khul (durch Alice Bailey). Für einen kurzen Zeitraum arbeiten viele Leute gerne mit, selbst in Gruppenformation, solange es vergnüglich, interessant und neu ist. Wenn es schwierig wird, wenn sie über lange Zeit arbeiten müssen, Jahre über Jahre, dann wird daraus eine Arbeit, "die Männer von Buben unterscheidet", wie wir im Englischen sagen.

Sie sagen, Toleranz ist ein "Muss". Aber wie kann man tolerant sein, wenn man keine Toleranz hat? Soll ich alles, was ich an anderen sehe, egal, was es ist, auf mich beziehen und als meine Verblendungen betrachten?
Vielleicht sind es gar nicht Ihre Verblendungen. Sie sollten so objektiv wie möglich sein. Wenn Sie keine Toleranz besitzen, müssen Sie sich Toleranz erarbeiten. Wenn Sie kein Geld haben, müssen Sie es sich verdienen oder leihen, irgendwie müssen Sie zu Geld kommen. Handelt es sich um Geld, werden Sie es bekommen. Handelt es sich um **[117]** Toleranz, klappt das – oder auch nicht. Es liegt an Ihnen. Niemand anderer kann Ihnen Toleranz geben. Toleranz ist etwas, was in Ihnen entstehen muss, das ist eine bestimmte Art die Welt zu sehen. Wenn Sie erkennen, dass Ihnen etwas fehlt, müssen Sie versuchen, es in sich aufzubauen. Das versteht man unter Selbstbeobachtung. Ohne sich selbst zu verdammen, sollte man sich über seine Motive klar werden. Sind Sie so makellos, rechtschaffen, tolerant, freigiebig und gerecht, wie Sie es sich von anderen wünschen?

Könnten Sie bitte ausführen, welche Rolle die Vernunft bei der Überwindung der Verblendungen spielt? (JK Mai 2000)
Vernunft ist nicht nur sinnvoll, sondern geradezu unerlässlich, um Verblendungen überwinden zu können. Leider hat das, was wir Vernunft nennen, nicht das Geringste mit Vernunft zu tun. Man könnte beinahe sagen, dass sie die Eigenschaft ist, die Aspiranten und Jüngern am meisten fehlt; sowohl gegenüber dem Leben im Allgemeinen, als auch gegenüber ihren Verblendungen fehlt ihnen fast immer der gesunde Menschenverstand. Das gilt vor allem für bestimmte Strahlen wie den 2. Strahl und insbesondere für den 6. Strahl. Von allen Strahlen scheint es dem 6. Strahl besonders an Vernunft zu mangeln, da er ganz auf die astralen Ebenen konzentriert ist und allem, was ihm widerfährt, mit deren Hoffnungen, Wünschen und Idealen begegnet. Er erlebt sich selbst als das Zentrum des Universums, seine einzige Realität ist das, was er fühlt, hofft, denkt und anstrebt. Er besitzt also keinen gesunden Menschenverstand.

Genau auf diese Eigenschaft bezieht sich auch der Ausdruck "New-Age-Typ": ein Mensch, der meint, dass alles, was er fühlt, hofft und dem er sich widmet, die einzige Realität ist, obwohl das fast immer unwirklich ist. Es ist reine Sehnsucht. Das sind meistens die Leute, die der Gruppe ein Dorn im Auge sind, weil sie immer Recht haben und alle anderen in der Gruppe immer alles falsch machen. Sie besitzen nicht die Vernunft zu überlegen: "Ist es nicht seltsam, dass in Anbetracht der Natur des Lebens, ausgerechnet ich immer Recht haben sollte und die anderen nicht? **[118]** Ist das irgendwie einleuchtend?" Natürlich ist es das nicht. Aber zu dieser Antwort kommen sie nicht, weil sie sich die Frage erst gar nicht stellen.

Was ist gesunder Menschenverstand? Offensichtlich ist er nicht sehr weit verbreitet, sondern etwas sehr Seltenes, vor allem in "New Age"-Gruppen. Er ist die dem Menschen angeborene und durch die Seelenqualität verstärkte und verfeinerte Intelligenz – so weit die Seele Einfluss auf den Manas- oder Intelligenzfaktor hat. Es handelt sich dabei nicht direkt um Intuition, hat aber einige Eigenschaften mit der Intuition gemeinsam, die eine wirkliche Seelenqualität ist. Der gesunde Menschenverstand ist eine Art intelligenter Achtsamkeit, die vor allem den Sinn für Ausgewogenheit ermöglicht. Er ist also nicht nur nützlich, sondern geradezu notwendig, um Verblendungen zu überwinden.

(1) Welche Charaktereigenschaften behindern den Jünger am meisten? (2) Und welche gelten für die Jüngerschaft als besonders positiv? (Juni 2000)
(1) Angst, Trägheit, Ichbezogenheit, Abhängigkeiten und Ehrgeiz. (2) Mut, Gelassenheit, Standhaftigkeit, Sinn für Proportionen, Aspiration.

Wenn ich als Jünger weiß, dass ich bestimmte neurotische Tendenzen habe, die ich schlecht beherrschen kann und die nicht den Richtlinien von Meister Djwhal Khul entsprechen, sollte ich dann mit anderen in der Gruppe über meine Probleme reden? Oder soll ich einfach versuchen, sie zu vergessen? (Juni 2000)
Wenn reden hilft, warum nicht? Betrachten Sie diese Tendenzen als Verblendung und befassen Sie sich mit ihnen in diesem Sinne.

Wird das Ausströmen von Maitreyas Liebe am Tag der Erklärung unsere Verblendungen (Samsaras) und Illusionen sublimieren und damit bewirken, dass wir uns bewusst weiterentwickeln? (Juli/August 1997)
Nicht alle und nicht vollständig; es ist noch ein weiter Weg.

Mut und Gelassenheit

[119] *Bleiben wir auch aus Mangel an Mut verblendet? Ist Mut für die Vitalität der Gruppe wichtig?*
Mut ist für jeden Jünger absolut unerlässlich. Wenn Sie nicht mutig sind, werden Sie nie ein Meister. Wir müssen im Leben lernen, *im Bewusstsein* allein zu sein, um ein Meister zu werden. Jeglicher Anleitung, jeglicher höheren Weisung beraubt zu sein, *im Bewusstsein* absolut allein in der Welt zu sein – dieses Gefühl haben Sie, wenn Sie ein Eingeweihter vierten Grades werden, weil Sie dann Ihrer Seele beraubt sind. Bis dahin war die Seele der höchste Aspekt, dessen Sie sich bewusst sein konnten. Je mehr Sie sich weiterentwickeln, umso mehr werden Sie sich bewusst, dass Sie die Seele sind, aber es kommt einmal der Augenblick – bei der vierten Einweihung –, wo diese Wahrnehmung endet. Das wollte Jesus damit ausdrücken, als er sagte: "Mein Gott, mein Gott, warum hast du mich verlassen?" Aber man wird nicht von Gott verlassen. Die Frage meint vielmehr: "Wohin bist du gegangen? Ich dachte, ich wüsste, wer Gott ist: mein höheres Ich, meine Seele als Gottes Ebenbild. Was ist nur geschehen?" Die Seele ist nicht mehr da, weil sie wieder in dem Selbst aufgegangen ist, das die Allgottheit, das Göttliche selbst ist.

Nach der vierten Einweihung ist man auf eine Weise allein, wie es noch niemand in diesem Raum je war. Das erfordert Mut. Der Meister ist vollkommen allein, auch wenn er zur Bruderschaft gehört. Man muss vollkommen auf sich gestellt sein können, um ein Meister zu sein, und das bedeutet, dass man Mut entwickeln muss. Das geschieht dadurch, dass man in jeder Situation Mut zeigt: Stellen Sie sich der Situation und werden Sie mutiger. Mut wächst mit den kleinen Dingen, und das macht es leichter, Mut auch in großen Dingen zu beweisen – wie etwa allein zu sein im ganzen Kosmos. Das ist ein erschreckender Gedanke, es sei denn, man besitzt Mut. Keinen Mut zu haben, hält einen also in der Verblendung gefangen, das heißt, dass man sich nicht weiterentwickelt.

[120] Verblendung ist die Folge eines Bewusstseins, das sich nicht verändert. Das Prinzip des Lebens ist Wandel – er ist unvermeidlich. Nichts ist wirklicher im ganzen Kosmos als Veränderung. Veränderungen geschehen, und Sie haben keine Kontrolle darüber – höchstens ein klein wenig mithilfe Ihres Verstandes. Die Veränderungen, die sich vollziehen, wenn das Leben zu neuen Formen, neuen Ausdrucksformen findet, liegen außerhalb Ihres Einflussbereichs.

Der erste Fisch, der das Meer verließ, um auf dem Trockenen zu leben, machte Veränderungen durch, über die er nie nachdachte. Es gibt einen Mechanismus, den wir Aspiration nennen, und der trieb den Fisch ganz natürlich vom Meer aufs Land. Er strebte nach anderen Lebensbedingungen. Das Wesen des Verlangens ist Verblendung, doch ist es in jedem Felsen, jedem Stein, in der Materie selbst vorhanden. Es gibt keine tote Materie – alle Materie ist bewusst. Das Bewusstsein des Atoms, das Wunschprinzip, das jedem Atom des Universums innewohnt, trieb den Fisch aus dem Meer aufs trockene Land, um Säugetier und schließlich Mensch zu werden.

Diese Entwicklung ist eine Vision des Logos – nicht nur als eine physische Möglichkeit; sie ist wie alles zunächst eine Vision in energetischer Form. Die Energien setzen diesen Prozess unvermeidlich in Gang. Die Wandlung vom Meeres- zum Landgeschöpf folgt dem Wunschprinzip, der Aspiration, dem eigentlichen Wesen des Lebens. Dazu bedarf es Mut. Nicht alle Fische wagten dies am Anfang. Sie schwammen bis an den Rand und sagten: "Oh nein, ohne mich. Da draußen ist es nicht nass. Wie soll ich denn da überleben?" Aber dann kam ein Fisch vorbei – vermutlich ein Strahl-4-Typ – und sagte: "Da draußen ist es trocken. Nun gut, ich ziehe los. Folgt mir!" – wie der Husar, der mit gezogenem Säbel gegen Kanonen anstürmt und ruft: "Mir nach!" Ist Mut für die Vitalität der Gruppe wichtig? Natürlich. Wahrscheinlich fehlt es den meisten Gruppen an Mut. Sie brauchen Mut, um öffentlich vor Skeptikern über die Wiederkehr zu sprechen, um Ihren Freunden und selbst Ihrer Familie darüber erzählen zu können. Man braucht Mut, um gegen den Strom der öffentlichen Meinung zu schwimmen, um über ein so umstrittenes Thema offen zu sprechen. Deshalb ziehen es so **[121]** viele Leute vor, ihre Zeit im Internet zu verbringen. Das ist leichter – bei weitem.

Deuten Gefühle von Einsamkeit in den Anfangsstadien des Initiationspfades auf spätere Erfahrungen in unserer Entwicklung hin? (Januar/Februar 1999)

Ja, in gewisser Hinsicht. Im Laufe unserer Entwicklung müssen wir irgendwann einmal lernen, allein stehen zu können. Einsamkeit, in dem Sinne, den ich meine, ist Gelassenheit. Wir müssen einen Punkt erreichen, wo es nicht mehr so wichtig ist, was uns alles begegnet; wo es überhaupt nicht mehr wichtig ist, was andere über uns denken, was sie zu uns sagen oder wenn sie uns herabsetzen – darüber kommt man leicht hinweg. Wir müssen in der Lage sein, Kritik auszuhalten und selbst nicht zu kritisieren. Wenn wir das alles in einem Wort zusammenfassen, heißt der Schlüssel für den Evolutionsfortschritt: Gelassenheit.

Gelassenheit ist, sich von dem Ich zu befreien. Wenn man ihm verhaftet ist, sieht man sich als den Nabel der Welt. Gelassenheit lässt uns dieses Zentrum der Welt, das wir als Ich erleben, vergessen. Gelassenheit bedeutet, die Seele mithilfe unserer physischen, emotionalen und mentalen Ausrüstung so weit wie möglich zur Geltung zu bringen. Wie gelingt uns das? Durch Kreativität. Nicht, indem wir sagen: "Ich bin die Seele, ich bin die Seele! Ich muss mein Seelenlicht, meine Intuition, mein Wissen, meine Weisheit verbreiten!" Das ist Verblendung, wir sind noch immer der Mittelpunkt des Universums. Wenn wir dagegen unpersönlich werden, denken wir kaum über uns als Ich nach. Es geht nicht um den Kampf mit uns selbst, ob wir dieses oder jenes tun. Es geht darum, sich anzustrengen, dass die Arbeit getan wird, dass sie nach außen dringt, dass sie bekannt wird, dass sie zum rechten Zeitpunkt fertig ist. Es geht um die Arbeit, um ihre Verbreitung, um die Meditation, um das Studium, um wachsende Erkenntnis, um das Aufziehen der geistigen Uhr, der geistigen Feder.

Das ist nur möglich, wenn wir gelassen unsere Arbeit tun. Maitreya empfiehlt, ehrlich im Denken, reinen Herzens und gelassen zu sein. Das Entscheidende ist die Gelassenheit. Wir können nur **[122]** wirklich ehrlich denken, wenn wir gelassen sind. Wir können auch nur reinen Herzens sein, wenn wir gelassen sind. Und natürlich können wir nur gelassen sein, wenn wir ehrlich denken und reinen Herzens sind. Diese drei wirken zusammen und münden in Gelassenheit; sie befreit von falscher Identifikation, sodass wir uns nicht mit dem Körper gleichsetzen oder unsere Gefühle für wirklich halten. Unsere Emotionen sind niemals wahr. Wir denken zwar, dass sie nicht nur wirklich, sondern auch gerechtfertigt sind, und dass das, was wir gerade fühlen, das Wahrste überhaupt ist, aber kein Gefühl ist real, es ist ein Traum. Diese Fantasien sind niemals wahr.

Gefühl ist eine Fantasie, eine Verblendung der astralen Ebenen, in denen wir schwimmen, wie im Schlaf. Wir halten unsere Gefühle für richtig und wahr und diesen Körper für real. Könnten Sie Ihren Körper aus der Sicht der Seele betrachten, würden Sie ihn transparent sehen, wie ein Bild auf der Kinoleinwand. Das Leben auf der physischen Ebene ist nur ein Kinofilm, und wir alle wissen, wie wirklich Filme sind. Weil wir davon wie gebannt sind, halten wir sie für real. Tatsächlich handelt es sich aber um einen flachen Bildschirm, auf den "Leben" projiziert wird; es ist nicht real. Und am wenigsten sind dies unsere Gefühle, unsere Empfindungen – jene so heiß geliebten Gefühle wie Ärger, Enttäuschung, Selbstmitleid und der ganze Rest.

Was können wir tun, um uns von der Bindung an unsere physischen, astralen und mentalen Körper zu befreien? Bedarf es eines persönlichen Willensakts? Wie kann man sich von der Bindung an das Denken lösen, ohne das Denken selbst zu benutzen?
Es geht nicht darum, sich von der Bindung an diese Körper zu befreien, sondern vielmehr darum, dass man sich davon befreit, sich mit diesen zu *identifizieren* und sie für das Selbst zu halten. Dadurch erkennen wir immer besser, wer wir wirklich sind.

Anforderungen für Gruppeneinweihung

Regel XI

1. Notwendig ist, eine nicht-sentimentale Wechselbeziehung in der Gruppe zu erreichen;
2. zu lernen, wie man die Kräfte der Zerstörung konstruktiv anwendet;
3. die Fähigkeit zu entwickeln, als Minihierarchie zu arbeiten und als Gruppe Einheit in der Vielfalt zu beweisen;
4. die Kraft des okkulten Schweigens zu kultivieren.

(nach: Alice A. Bailey, *Die Strahlen und die Einweihungen*, Verlag Lucis Genf; Übers. d. Red.)

[123] *Seit Jahren sagen Sie uns, dass nun die Möglichkeit einer Gruppeneinweihung besteht, und leiten uns an, darauf hinzuarbeiten. Können Sie uns vielleicht sagen, weshalb wir einer Gruppeneinweihung bisher noch nicht näher gekommen sind?*
Vor allem deshalb, weil sie schwierig ist. Eine Gruppeneinweihung ist für jede Gruppe in der Welt das schwierigste Unterfangen – deshalb wurde sie auch noch nie erreicht. Wenn es leicht wäre, hätten es schon viele Gruppen geschafft. Seit Jahrhunderten schon führen die Meister mit Gruppen Experimente durch in der Hoffnung, dass sich die eine oder andere einer Gruppeninitiation unterziehen oder ihr zumindest näher kommen würde – aber das ist noch nie geschehen. Alle bisherigen Experimente sind gescheitert – aus den verschiedensten Gründen, hauptsächlich aber wegen den Verblendungen, denen alle Jünger unterliegen.

Einer der Hauptgründe für das Scheitern war, dass bislang eine mächtige, magnetische Idee fehlte, die eine Gruppe zusammenhalten konnte, deren Mitglieder leicht unterschiedliche Entwicklungsgrade haben, einander nicht kennen und über **[124]** die ganze Welt verstreut sind, wie diese Gruppe. Damit meine ich die Gruppen in Japan, Amerika, Südafrika, Europa, Australien, Neuseeland und so weiter, die aber in Wirklichkeit alle Mitglieder einer Gruppe sind. Diese Gruppe arbeitet heute mit der gewaltigen, magnetischen Idee der Wiederkehr Christi, der Externalisierung der Geistigen Hierarchie. Wenn das nicht magnetisch und stark genug ist, um diese Gruppe zusammenzuhalten – nichts sonst vermöchte es. Ich kann mir keine andere Idee vorstellen, und auch den Meistern war es offensichtlich nicht möglich, eine solche zu präsentieren, die stark genug wäre, um Gruppen zusammenzuhalten, deren Herkunft und Kultur so unterschiedlich ist, die über die ganze Welt verstreut sind, und von denen manche die Lehren der zeitlosen Weisheit schon studiert haben und manche nicht.

Warum sind wir einer Gruppeneinweihung noch nicht näher gekommen? Die Ursache, weshalb wir bisher noch nicht in der Lage waren, den Prozess, der für eine Gruppeninitiation nötig wäre, auch nur in Gang zu setzen, ist Verblendung.

Kürzlich wurde ich gefragt, ob wir uns nun mit einem weiteren Aspekt der Lehren zur Gruppeninitiation beschäftigen könnten – vielleicht mit Regel XII anstelle von Regel XI –, weil man dachte, Regel XI sei inzwischen ordentlich und richtig studiert, verarbeitet und wahrscheinlich auch umgesetzt worden. Der Meister sagte: "Keine Gruppe hat *auch nur* damit begonnen, die in Regel XI beschriebenen Anforderungen umzusetzen." Solange sie nicht erfüllt werden, kann in Bezug auf Gruppeneinweihung kein Fortschritt stattfinden.

Wie es scheint, ist die schwierigste aller Regeln diejenige, die die Leute genau in ihren Verblendungen trifft: die Bedingung unpersönlicher Gruppenbeziehungen. Das scheint für jede Gruppe aufgrund der Verblendungen von persönlicher Zu- und Abneigung ein hartes Stück Arbeit zu sein. Die Voraussetzung für unpersönliche Gruppenbeziehungen ist, dass diese sich nicht auf Zu- oder Abneigung gründen sollten. Das sind Gegensätze, und wir müssen über diese Gegensatzpaare hinauskommen – wie auch immer sie sich darstellen. Sind uns einige Leute sympathisch, dann können wir mit ihnen zusammenarbeiten, mit anderen, die uns unsympathisch sind, **[125]** können wir nicht zusammenarbeiten. Das sind persönliche Reaktionen, die in einer okkulten Gruppe nichts zu suchen haben.

Bei okkulten Gruppen geht es nicht um die Persönlichkeit. Sie sind Gruppierungen von Seelen auf der physischen Ebene, die durch karmisches Gesetz, ashramische Notwendigkeit und Seelenabsicht zusammengebracht wurden. Auf diese Weise entsteht eine okkulte Gruppe, die sich der Gruppeninitiation unterziehen kann. Wir sprechen hier nicht von einer Gruppe von Leuten, die eine Fußballmannschaft bilden, oder einer Gruppe von Geschäftsleuten, die eine Firma gründen. Das ist etwas völlig anderes. Hier inkarniert sich eine Gruppe von Seelen aufgrund ashramischer Notwendigkeit zur gleichen Zeit, um bewusst auf der Seelenebene zu arbeiten. Die Meister wissen, wann welche Jünger mit einer bestimmten Strahlenstruktur und einem bestimmten Evolutionsgrad zu einer Verbindung stimuliert werden können, die eine Gruppeneinweihung möglich macht – was so viel heißt wie unpersönliche Gruppenbeziehungen.

Die meisten Menschen können nicht unpersönlich sein. Das ist der Haken an der Sache. Wenn man wirklich unpersönlich sein kann, kann man fast alles tun. Objektivität und Unpersönlichkeit sind die Kennzeichen eines Jüngers, der bereit ist für die Einweihung. Selbst wenn Menschen sich bereits der ersten Einweihung unterzogen haben, wie fast alle von Ihnen, zeigt sich, dass Unpersönlichkeit für die meisten eine harte Nuss zu sein scheint.

Was soll man tun, wenn man für die Wiederkehr Maitreyas und der Meister arbeiten möchte, aber die anderen Mitarbeiter oder die Art, wie sie arbeiten und Dinge angehen, nicht mag? (Juni 2000)
Versuchen Sie, über das Mögen und Nichtmögen hinauszukommen und Ihre Kollegen als inkarnierte Seelen – wie Sie selbst – zu sehen, die ihr Bestes für die gleiche Sache geben. Mit anderen Worten, versuchen Sie toleranter, gelassener und unpersönlicher in Ihren Gruppenbeziehungen zu sein. Betrachten Sie sich selbst, und fragen Sie sich, warum Sie andere Mitarbeiter oder die Art, wie sie arbeiten, nicht mögen.

[126] *Sie sagten, dass wir in den beiden letzten Jahren bei dem Versuch, mehr Seelenqualität in unsere Gruppenarbeit einzubringen, wenig oder keine Fortschritte gemacht hätten. Und im Hinblick auf eine Gruppeninitiation hätten wir die Regel XI überhaupt nicht ernst genommen oder noch nicht einmal verstanden. Liegt das daran, dass wir, wie der Meister in seinem Artikel "Einheit" schreibt, die Individualität und die persönlichen Unterschiede zu stark betonen?* (Januar/Februar 2002)

Ja, natürlich, was sonst? Genau das ist es. Nicht die persönlichen Besonderheiten anderer, sondern die eigenen, Sie legen zu großen Nachdruck auf Ihr eigenes Ich, Ihre eigene Persönlichkeit, Ihre eigene Meinung – und weniger auf die der anderen. Alle tun das, sodass kein echter Konsens entstehen kann. Aber es ist auch deshalb so, weil Sie im Grunde die anderen Gruppenmitglieder nicht richtig wahrnehmen.

Was die Gruppenarbeit als Ganzes motivieren sollte – und unerlässlich ist für die Gruppeneinheit –, ist eine unausgesprochene Liebe unter allen Gruppenmitgliedern. Aber damit ist nicht gemeint, dass man jeden Tag "ich hab dich lieb, Schätzchen" sagt. Das sind keine richtigen Gruppenbeziehungen. Es ist eine unausgesprochene, selbstverständliche Liebe, die alle eint. Der wirklich einigende Faktor ist die Arbeit, zu der jeder von sich aus, von der Seelenebene, kommt. Die Arbeit ist die Hauptsache. Alle setzen als Mitarbeiter ihre ganze Kraft für die Arbeit ein. Die Arbeit bildet den eigentlichen Kern aller Gruppenaktivitäten. Das hat nichts mit netten Beziehungen zu anderen Gruppenmitgliedern zu tun – dass man mit anderen gut auskommt, nicht zu laut redet, nicht zu oft eigene Ideen äußert. Es geht um die Arbeit – die Arbeit zu tun und sich selbst zu vergessen. Wenn sich die Menschen vergessen könnten, dann hätten sie richtige menschliche Beziehungen. Ganz einfach, weil sie dann als Seelen arbeiten, und da die Seele nur richtige menschliche Beziehungen kennt, geschieht das instinktiv.

Wenn Sie den anderen Mitarbeitern gegenüber als Seelen handeln, entwickeln Sie automatisch die richtigen Beziehungen untereinander, die **[127]** auf die Umsetzung der Regel XI hinauslaufen. Die Leute verstehen das nicht. Sie glauben, dass sie keine persönlichen Beziehungen haben dürfen. Die Arbeit darf nur nicht darauf aufgebaut sein. Das bedeutet nicht, dass Sie keine persönlichen Beziehungen haben dürfen, sondern dass das, was Sie tun, auf der Arbeit und nicht auf persönlichen Beziehungen beruhen muss. Die Leute begreifen das nicht und machen wie gewohnt weiter: "Mag ich diese Person?", oder: "Ich kann mit dieser Person nicht arbeiten."

Es gibt sicher Gruppenmitglieder, mit denen Sie aufgrund ihrer Persönlichkeit nicht arbeiten wollen. Sie können sie nicht leiden. Vielleicht mögen Sie den "Strahl" nicht, oder es ist ihre Herkunft, die Ihnen nicht gefällt – aber Sie mögen diesen Menschen nicht. Es gibt viele Gründe, weshalb man jemanden leiden kann oder nicht, das ist nicht die Ebene auf der Sie arbeiten sollten. Sie arbeiten mit den anderen, weil es um die Arbeit für die Wiederkehr des Christus geht. Das allein bestimmt die Qualität dessen, was Sie tun. Deshalb müssen Sie mit Leuten arbeiten, mit denen Sie normalerweise nie arbeiten würden.

Das hat nichts mit der Persönlichkeit oder mit persönlichen Bedürfnissen oder Gewohnheiten zu tun, sondern mit der Wahrnehmung der Seelenreaktion einer anderen Person auf diese gewaltige Idee. Es gibt auf der ganzen Welt keine größere Idee. Ich kann es gar nicht genug betonen. Was jetzt geschieht, ist das wichtigste Ereignis seit 98.000 Jahren. Es ist außerordentlich. Der Christus ist in der Welt, nicht bloß als eine Gestalt in einem Buch. Der Christus – zusammen mit Jesus und den anderen Meistern – kehrt in die Welt zurück. Zum ersten Mal seit 98.000 Jahren sind sie als Gruppe in die irdische Welt zurückgekehrt.

Kann man sich auch ohne Gruppeneinheit auf die Gruppeninitiation zubewegen? (Januar/Februar 2002)
Nein, das ist absolut unmöglich. Ohne Gruppeneinheit verfügen Sie in der Gruppe nicht über die Voraussetzungen, die Sie für eine Gruppeninitiation benötigen. Sie müssen die Regel XI studieren. In der Regel XI stehen vier Grundbedingungen, die jedes Gruppenmitglied innerhalb der Gruppenformation erfüllen muss. Solange Sie das nicht können, besteht keine Gruppeneinheit, und damit liegt eine Gruppeneinweihung noch in weiter Ferne.

[128] *Unter den Regeln für die Gruppeninitiation findet sich auch jene zur konstruktiven Anwendung der Kräfte der Zerstörung. Ich habe das überhaupt nicht verstanden.* (Januar/Februar 2002)
Die Kräfte der Zerstörung konstruktiv anwenden, heißt, mit ihrer Hilfe die Verblendungen zu zerstören, die verhindern, dass man richtige Beziehungen untereinander pflegt. Darüber, wie destruktiv das Herumkritisieren auf die Einheit einer Gruppe wirkt, haben wir schon gesprochen. Wenn die Mitglieder einer Gruppe einander andauernd kritisieren, wie es in manchen Gruppen von Zeit zu Zeit der Fall ist, kann es keine richtigen Beziehungen geben. Es gibt Gruppen, die anscheinend gar keine Einheit wollen, denen der Wunsch danach zu fehlen scheint.

Sie können keine Einheit erreichen, wenn Sie nicht den Wunsch danach haben. Deshalb sagt der Meister ganz deutlich, dass wir zuallererst die Einheit wollen müssen. Sie müssen sie als eine Kostbarkeit betrachten, die dem Gruppenleben eine unendliche Fülle beschert, da sie zum Fundament unseres Lebens und allen Lebens gehört, weil wir Teil des einen großen Lebens sind. Einige Leute sind aus Gründen, die in ihrer Strahlenstruktur, in ihrem Einweihungsgrad, in ihrer Erziehung, oder in einer Kombination von Gründen liegen, ständig am Kritisieren und brechen damit immer wieder die Gruppeneinheit auf. Sie müssen unbedingt anders sein und sind daher zerstörerisch.

Die anderen hingegen wollen einfach nur weitermachen und die Post eintüten und oder Plakate entwerfen. Die Destruktiven sind immer diejenigen, die überhaupt nichts tun. Sie nutzen den Konflikt, den sie in ihrem Wesen tragen, um jene Einheit zu stören, die sich spontan einstellt, wenn eine Gruppe von Leuten, die alle ihre Hoffnung in die gleiche Sache setzen, zufrieden damit beschäftigt ist, diese zu unterstützen, und das gemeinsam und unkompliziert.

Das müssen die Menschen lernen, und es fällt ihnen sehr schwer. Aus diesem Grund wurden diese Regeln übermittelt. Solange Ihnen diese Regeln nicht zur Gewohnheit werden, solange sie in der Gruppe nicht instinktiv wirksam sind, wird die Gruppe nie zu einer Gruppeninitiation kommen. Das ist leider die Wahrheit. Es ist sehr schwierig. Die Menschen scheinen die Regeln nicht zu begreifen. Sie begreifen sie vielleicht den Worten nach, aber nicht deren praktische Bedeutung.

[129] *Wie lässt sich das Vorhandensein eines Gruppenleiters – wie in einer Minihierarchie – mit der vollen Beteiligung aller Gruppenmitglieder ins Gleichgewicht bringen?*
Das ist keine Frage des Gleichgewichts. Es sind zwei verschiedene Dinge. Sie sollten das nicht so sehen, dass die Fähigkeit, als Minihierarchie zu handeln, hierarchische Unterschiede in der Gruppe erfordert. Meister Djwhal Khul will damit sagen, dass es in jeder Gruppe automatisch Leute mit verschiedenen Entwicklungsgraden gibt. Da gibt es vielleicht jemanden mit dem Entwicklungsgrad 0.95 und andere, die sich gerade der ersten Einweihung unterzogen haben, zum Beispiel 1.0 bis 1.2; und jene, die etwas weiter sind – 1.3 bis 1.5; vielleicht auch jemanden mit 1.5 bis 1.7. Selten ist jemand weiter als 1.7.

Was der Meister Djwhal Khul meint, ist, dass es in jeder Gruppe jemanden geben sollte, der *bewusst* mit der Hierarchie in Verbindung steht – das ist das Ideal. In dieser Gruppe habe ich diese Aufgabe – wobei ich mit Gruppe alle diese Gruppen in der Welt meine. Ich halte die Verbindung zur Hierarchie. Aber es muss auch Leute auf einer Stufe geben, auf der sie die Anforderungen der Hierarchie, wie sie von mir interpretiert werden, annehmen und so weit als möglich in der Welt umsetzen können: Bücher, Zeitschriften und diverse Schriften veröffentlichen, Treffen veranstalten, Medienkontakte herstellen – als Bindeglied zwischen mir und der Welt agieren.

Ich tue dies gewissermaßen zusätzlich zu meiner eigenen Aufgabe – dem Kontakt mit den Meistern und der eigentlichen, praktischen Verbreitung der Informationen. Dann gibt es noch diejenigen, die bloß Transmissionsmeditation machen. Sie sind nicht allzu sehr an der täglichen Arbeit beteiligt, hängen aber oft Plakate auf und erledigen ähnliche Arbeiten. Der Einsatz von Zeit und Energie ist Dienst. Die Gruppe landet automatisch in einer solchen minihierarchischen Situation, aber das sollte bewusst geschehen.

Es geht also gar nicht um ein Gleichgewicht zwischen einer Minihierarchie mit einem Gruppenleiter und der vollen Beteiligung der Gruppenmitglieder. Letzteres sollte *immer* der Fall sein. Ich arbeite in London jeden Tag, und ich glaube nicht, dass die Mitarbeiter dort das Gefühl haben, nicht beteiligt zu sein.

[130] *Ist es immer Verblendung, das heißt Angst, die dazu führt, dass ich in der Gruppenarbeit meine Meinung für mich behalte, wenn jemand anderer Ansicht ist? Ich stelle mir dann vor, dass ich in einer Minihierarchie arbeite, was bedeutet, dass andere Personen vielleicht weiter sind als ich und ich daher meine Gedanken zurückhalten sollte, um auf sie zu hören.* (JK Mai 2000)

Ja, das ist sicher Verblendung. Insbesondere, denke ich, die des 2. Strahls, da die angeborene Schüchternheit und Furcht der Strahl-2-Persönlichkeit (nicht Seele) hier die Angst rationalisiert und den Gedanken der Minihierarchie als Entschuldigung dafür benutzt, sich den Ideen anderer zu beugen.

Die Meister bilden eine Hierarchie entsprechend ihres unterschiedlichen Einweihungsgrades. So würde ein Meister fünften Grades die Empfehlungen, Erkenntnisse und Entscheidungen von Christus, von Maitreya, ganz selbstverständlich anerkennen, da dieser Eingeweihter siebten Grades ist und Dinge weiß, die ein Eingeweihter fünften Grades, auch wenn er ein Meister ist, vielleicht noch nicht weiß. Aber die Meister arbeiten auch demokratisch. Jeder Meister kann sich zu jedem beliebigen Thema äußern, doch er tut das natürlich nur, wenn er meint, dass sein Beitrag wichtig ist. Das ist nicht einfach ein Meinungsaustausch. In unseren Gruppen steht keiner so viel höher, als dass andere sich ihm unterordnen sollten, in der Annahme, er stünde höher. Der evolutionäre Unterschied in den Gruppen ist minimal.

Als Minihierarchie zu arbeiten, heißt nicht, den Ideen anderer unangemessene Hochachtung entgegenzubringen. Es bedeutet, auf der eigenen Entwicklungsstufe zu arbeiten. Wenn Sie 1.3 oder 1.5 erreicht haben, arbeiten Sie auf diesem Niveau. Sie sollten nicht so tun, als seien Sie bereits bei 3.5 angelangt und könnten sich nun zurücklehnen, um die Arbeit der anderen zu beobachten und zu dirigieren. Ich kenne Gruppen, in denen Leute, die noch nicht einmal die zweite Einweihung haben, sich benehmen, als seien sie Eingeweihte sechsten Grades.

[131] *Kann es sein, dass man sich so verhält, als habe man eine Bewusstseinsstufe von 1.0, obwohl man bereits bei 1.2 ist?* (JK Mai 2000)
Man kann nicht höher oder niedriger sein als die Entwicklungsstufe, auf der man sich befindet. Sie bestimmt sich durch die Bewusstseinsebene, die Polarisation. Bis zur Stufe 1.5 oder 1.6 ist der Bezugspunkt die astrale Ebene. Das bedeutet, dass es auf diesem Niveau gar nicht anders möglich ist, als astral polarisiert zu sein. Die Weiterentwicklung geht jedoch bei fast allen in unregelmäßigen Schüben vor sich, nicht alle Aspekte entwickeln sich gleichmäßig. Jemand kann also eine bestimmte Seite seines Wesens stark ausgebildet haben, eine andere dagegen weniger. Der Eingeweihte dritten Grades hat beispielsweise die Kontrolle über seinen physischen, astralen und mentalen Körper. Die Schwingungsfrequenz ist also in allen drei Körpern synchron, sie schwingt in gleicher Höhe. Wenn Sie jedoch die Lebensgeschichte eines Eingeweihten dritten Grades betrachten, werden Sie Ungleichgewichte feststellen. Das kann an der Kombination der Strahlen liegen wie auch an der Fähigkeit, sie auf den verschiedenen Ebenen in Einklang zu bringen. Die Person ist zwar eine lebendige Seele, kann aber aus normaler Sicht ein Verhalten an den Tag legen, das Sie bei diesem Evolutionsstand nicht erwartet hätten.

Adolf Hitler zum Beispiel war keine angenehme Person. Er war sogar grauenvoll, und dennoch war er bereits Eingeweihter zweiten Grades. Vom Standpunkt der Seele aus betrachtet, war er vollkommen. Als Mensch war er – wenngleich Eingeweihter zweiten Grades – vermutlich eine der gefährlichsten Persönlichkeiten, die wir als Menschheit bisher hervorgebracht haben.

Jeder Mensch ist ein Leuchtturm und verbreitet Licht für seinen Bruder.
Lasst eure Lampen brennen und leuchtet, um den Weg zu weisen.

Alle werden gebraucht, jeder Einzelne.
Keiner ist zu gering oder zu jung, um am großen Plan der Befreiung und Wiederherstellung unserer Welt teilzunehmen.

Entschließt euch dazu und seid meiner Hilfe gewiss.

Maitreya, 19. Januar 1978
(aus: *Botschaften von Maitreya – dem Christus*, Edition Tetraeder, München)

Die Anforderungen für Gruppeneinweihung umsetzen

[133] *Wie stark sollten sich die Gruppen auf das Studium der Voraussetzungen für die Gruppeneinweihung konzentrieren – oder ergibt sich die Entwicklung zur Gruppeneinweihung ganz natürlich, wenn wir gemeinsam für die Wiederkehr arbeiten?*
Bis zu einem gewissen Grad, ja – vorausgesetzt die Gruppe hat die richtige Einstellung. Allerdings kann es auch sein, dass wir uns einbilden, gemeinsam für die Wiederkehr zu arbeiten, aber nicht die geringsten Fortschritte zur Gruppeneinweihung machen. Es geht weniger darum, die Voraussetzungen zu studieren, als sie umzusetzen. Genau das hat der Meister gesagt. Keine Gruppe hat auch nur angefangen, diese Anforderungen zu erfüllen. Die Leute sind nicht in der Lage, unpersönlich zu sein.

Wenn Sie wirklich kooperativ arbeiten, dann haben Sie wahrscheinlich auch richtige Beziehungen untereinander, aber das geschieht nicht automatisch. Nichts kommt von selbst. Es ist so, wie Maitreya sagte: "Der Mensch muss handeln und seinen Willen in die Tat umsetzen." Wenn Sie möchten, dass sich etwas bewegt, dann müssen Sie es umsetzen – Sie selbst müssen handeln, um es herbeizuführen.

Das ist für viele Leute, die sehr stark unter dem Einfluss des 6. Strahls stehen, ein Problem. Sie neigen zu der Einbildung, dass etwas schon dann vorhanden ist, wenn sie es sich nur vorstellen und ihm einen Namen geben können. Aber das ist nicht real. Es ist ein Traum, nur eine astrale Vision. Es ist eine Möglichkeit, aber solange sie es nicht umsetzen und auf der physischen Ebene Wirklichkeit werden lassen, bleibt es ein Traum. Die Amerikaner bezeichnen ihr Leben als Traum. "Lebe deine Träume." Diese Floskel, "seinen Traum leben", wird den Amerikanern überall präsentiert. Aber was ist mit "Traum" gemeint? Für jeden bedeutet das etwas anderes – ein behagliches Leben, eine erfolgreiche Ehe mit vielen Kindern, eine gute Schulausbildung für die Kinder, damit sie, wenn sie erwachsen sind, einen guten Job bekommen. Das alles sind Klischees.

[134] Ich spreche hier von Leuten, die stark vom 6. Strahl beeinflusst werden, und ihrer Fähigkeit, ein Ideal zu visualisieren. Dieses Ideal mag für andere schrecklich sein, aber für sie ist es das höchste. Sie stellen sich das beste aller möglichen Leben vor – Frieden, Wohlstand und Überfluss für alle, ob schwarz oder weiß. Das präsentieren Sie als ihre Vorstellung vom Leben, doch bevor Sie es nicht umzusetzen, existiert es nicht. Es ist nur ein astraler Traum, eine Einbildung, eine idealistische Idee. Das ist das

Problem, und das finde ich sowohl in den Gruppen als auch in der ganzen Nation vor. Natürlich gibt es das nicht nur in den Vereinigten Staaten. Ich sehe es überall dort, wo dieser Strahl in Gruppen stark am Werke ist – die Vorstellung, dass man eine Sache benennen, sich vorstellen, idealisieren kann, gibt einem das Gefühl, es sei schon geschehen, ohne dass man es auf der physischen Ebene in eine Form gebracht oder strukturiert hätte. Aber nichts ist geschehen. Es ist wie mit einem Traum: Man wacht auf, und er ist weg. Wenn die Amerikaner aufwachen, werden sie feststellen, dass in Amerika Freiheit und Gerechtigkeit nicht existieren, zumindest nicht für alle. Für die Weißen existieren sie im Großen und Ganzen, aber nicht für die Schwarzen und viele andere und ganz sicher nicht für die Welt. Es ist nur ein Traum, eine Idee.

Wenn Sie zusammenarbeiten, tun Sie wahrscheinlich viel Richtiges für die Wiederkehr – das ist aber nicht dasselbe, wie in einer Gruppe auf unpersönliche Weise jenseits aller Zuneigung und Abneigung zu arbeiten. Unpersönlichkeit ist eine Haltung, die weder Zuneigung noch Abneigung kennt. Deshalb kommt sie so selten vor. Es gibt noch andere Faktoren, aber dieser ist der wichtigste, und, wie es scheint, der schwierigste, um richtige menschliche Beziehungen schaffen zu können.

Welcher Zusammenhang besteht zwischen Gruppeneinweihung und der Arbeit für die Wiederkehr? Was ist wichtiger? Genügt es, **[135]** *sich auf die Arbeit für die Wiederkehr zu konzentrieren und die Gruppeneinweihung als Nebenprodukt zu betrachten?*

Es gibt kein "Entweder-Oder". Wenn Sie die Arbeit für die Wiederkehr *als Gruppe* korrekt ausführen, setzen Sie sich damit auch mit den Bedingungen für die Gruppeneinweihung auseinander. Die Frage ist, wie Sie vorgehen. Gehen Sie tatsächlich so vor, wie es in den vier Grundsätzen der Regel XI niedergelegt ist? Sind Ihre Gruppenbeziehungen wirklich unpersönlich? Funktioniert die Gruppe wirklich als Minihierarchie? Beachten Sie wirklich das Gesetz okkulten Schweigens? Benutzen Sie wirklich die Zerstörungskräfte auf konstruktive Weise? Wenn die Antwort auf eine dieser Fragen Nein ist, dann müssen Sie genau da ansetzen. Andernfalls spielen Sie nur mit der Idee der Gruppeneinweihung.

Sie müssen die Arbeit für die Wiederkehr tun, als handelten Sie als Minihierarchie – indem Sie unpersönliche Gruppenbeziehungen einhalten, auf okkultes Schweigen achten und die Kräfte der Zerstörung konstruktiv nutzen. Nur so geht es. Es gibt kein Entweder-Oder. Während das eine ausgeführt wird, sollte das andere mit inbegriffen sein.

(1) Wenn der Fortschritt eines Gruppenmitglieds auch allen anderen zugute kommt, gilt dann ebenso das Gegenteil? (2) Können also die Mängel und Schwächen eines oder mehrerer Gruppenmitglieder die restliche Gruppe bremsen? (3) Mit anderen Worten, stimmt es, dass die Gruppe so stark ist wie ihr schwächstes Glied? (Juni 2000)
(1) Ja. (2) Ja. (3) Das muss nicht unbedingt so sein.

(1) Wenn einige Gruppen aus hierarchischer Sicht erfolgreicher sind, bedeutet das, dass sich jedes ihrer Mitglieder in allen Dingen mit mehr Seeleneinsatz engagiert? (2) Kann es auch sein, dass der geringere Entwicklungsstand einiger durch andere ausgeglichen wird, die in die Gruppenarbeit mehr Seelenenergie oder Intuition einbringen? (Juni 2000)
[136] (1) Ja. (2) Ja genau.

Hat sich eigentlich seit Ihrem Vortrag 1999 über Verblendung das Verhältnis zwischen Seele und Persönlichkeit in den Gruppen verbessert? Viele Gruppen haben ihre Aktivität ziemlich verstärkt, und viele engagieren sich mehr und machen viel mehr Öffentlichkeitsarbeit als je zuvor. Hat das bis jetzt etwas verändert? (Juni 2000)
Nein. Es geht eigentlich nicht darum, wie fleißig oder tüchtig eine Gruppe ist oder zu sein versucht, sondern um die Relation zwischen dem Seeleneinsatz der Gruppe und dem, was von der separatistischen Persönlichkeit kommt. Wo der Seeleneinfluss stark ist, ist die Arbeit von hoher Qualität – und umgekehrt.

Was wäre die richtige Einstellung zum Dienst? Einige von uns scheinen aus Gewohnheit und Routine zu arbeiten – und manchmal offenbar auch ohne Freude –, einige aus Idealismus, der uns mitunter zu nicht gründlich durchdachten Unternehmungen mitreißt, manche arbeiten mit Unterbrechungen, wie es ihnen gerade passt, und manche scheinen in der Arbeit eine Art persönliche Erfüllung zu finden. (Juni 2000)
Bei den meisten Gruppen in diesem (frühen) Stadium der Gruppenaktivität sind einige oder auch alle dieser Einstellungen zu finden. Die ideale Einstellung ist eine kontinuierliche, unpersönliche und mit Freude – und am besten mit Humor und Toleranz – gepaarte Hinwendung zur Gruppensache.

[Mehr über Gruppeneinweihung in: Benjamin Creme, *Maitreyas Mission, Band Zwei*, Edition Tetraeder, München, Kapitel 19: “Gruppeneinweihung”.]

Meine lieben Freunde, ich bin sehr glücklich, erneut in dieser Weise unter euch zu sein und euch einige Richtlinien für die Zukunft zu unterbreiten.

Meine Aufgabe wird es sein, euch zu zeigen, wie man friedlich als Brüder zusammenlebt. Das ist einfacher, als ihr es euch vorstellt, meine Freunde, denn es erfordert nur die Bereitschaft zu teilen.
Teilen ist in der Tat göttlich.
Es ist die Basis für jeden Fortschritt des Menschen.
Auf diese Weise, meine Brüder und Schwestern, könnt ihr die richtige Verbindung zu Gott herstellen, und diese ist die Basis eures Lebens, meine Freunde.
Wenn ihr teilt, erkennt ihr Gott in eurem Bruder.
Dies ist eine sehr einfache Wahrheit, doch bisher für den Menschen noch schwer zu begreifen.
Die Zeit ist gekommen, diese Wahrheit zu bezeugen.

Durch meine Gegenwart wird das Gesetz des Teilens offenkundig.
Durch meine Gegenwart wird der Mensch heranwachsen und sich Gott annähern.
Durch meine Gegenwart und die meiner Brüder wird man das neue Land der Liebe kennen lernen.
Nehmt euch dieses einfache Gesetz zu Herzen, meine Freunde.
Bekundet Liebe durch Teilen, und ändert die Welt.
Schafft in eurem Umkreis eine Atmosphäre von Frieden und Freude und macht mit mir alle Dinge neu.

Mein Kommen bedeutet Wandel, aber auch Kummer über den Verlust der alten Strukturen.
Jedoch, meine Freunde, die alten Flaschen müssen zerbrochen werden – der neue Wein verdient bessere.

Meine Freunde, meine Brüder, ich bin euch jetzt nahe.
Ich erkenne über und um euch eure Sehnsucht nach Liebe und Freude.
Sie ist, ich weiß es, weit verbreitet in der Menschheit; sie macht meine Rückkehr möglich.

Lasst mich euch euer göttliches Erbe enthüllen.
Lasst mich euch die Wunder Gottes zeigen, die euch noch erwarten.
Erlaubt mir, euch einfach bei der Hand zu nehmen und euch in den Wald der Liebe zu führen, zur Lichtung des Friedens, zum Fluss der Wahrheit.

Nehmt meine Hand, meine Freunde, und wisset, dies ist jetzt euer.

Maitreya, 18. September 1979
(aus: *Botschaften von Maitreya – dem Christus*, Edition Tetraeder, München)

Ausbruch von Verblendungen

[138] *Der folgende Abschnitt ist eine bearbeitete Version eines Vortrags von Benjamin Creme, der im Mai 1999 auf der Transmissionstagung in Shiga, Japan, stattfand.*

Man kann sich gar nicht oft und konsequent genug mit Verblendungen auseinander setzen. Während Maitreyas Stunde immer näher rückt, ist es, wie ich festgestellt habe, in den Gruppen plötzlich zu einem wahren Ausbruch von Verblendungen gekommen – nicht nur hier in Japan, sondern überall auf der Welt.

Verblendungen, die seit Jahren gebändigt, beherrscht und überwunden schienen, blühen auf einmal wieder auf. Je stärker die Energien Maitreyas auf der Welt werden – die Energie des Gleichgewichts, die Wassermann-Energien –, desto mehr scheinen sie in den Gruppen Verblendungen zu stimulieren und zu aktivieren. Das ist auch in der äußeren Welt zu beobachten: plötzliche Ausbrüche von Kriegen überall, gewaltige psychische Entladungen, sogar unter Kindern – die im Schulhof ihre Mitschüler erschießen –, plötzliche Eruptionen fundamentaler menschlicher Verblendungen. Das ist die Reaktion der Astralebene auf die einströmenden großen geistigen Energien Maitreyas. Eigentlich war zu hoffen, dass spirituelle Gruppen – vor allem jene, die sich mit der Ankunft der Hierarchie befassen – dieser Situation gewachsen, über diese Verblendung hinaus wären, aber das scheint nicht der Fall zu sein.

Maitreya steht heute mehr denn je zur Verfügung. Er ist in unterschiedlicher Gestalt vielen Gruppenmitgliedern auf der ganzen Welt erschienen, und das hat bei ihnen astrale Reaktionen ausgelöst. Das hat zweierlei Auswirkungen: übermäßige Aufregung bei denen, die gerade eine Begegnung hatten – was vielleicht zu erwarten ist und im Grunde nicht allzu viel Schaden anrichtet –, **[139]** und, sehr viel schlimmer, die Reaktionen von anderen Gruppenmitgliedern auf diejenigen, die Kontakt mit Maitreya hatten. Statt sich mit denen, die das Glück hatten, Maitreya zu begegnen, zu freuen, reagieren sie oft mit heftigem Neid, was für die Betroffenen und für die ganze Gruppe sehr schlecht ist.

Allgemein lässt sich eine heftige emotionale Reaktion feststellen, die mit dem Gefühl zu tun hat, dass die Zeit für Maitreyas Kommen nun allmählich reif ist. Auf der ganzen Welt sind starke Überreaktionen festzustellen. Maitreya kommt eigentlich nicht, um uns in Aufregung zu versetzen. Er kommt, um uns die Kunst zu leben zu lehren. Auch wenn die Aufregung zu erwarten ist, muss man sie beherrschen und in nützliche Bahnen lenken. Das verlangt – und das ist sehr wichtig –, dass wir uns selbst und der Gruppe gegenüber hinsichtlich der Art unserer Reaktionen ehrlich sind. Wenn wir erkennen, dass wir auf etwas verblendet reagiert haben, dann sollten wir das nicht beiseite schieben und sagen: "Ach, das habe ich gar nicht so empfunden." Wir können uns nur verändern und wachsen, wenn wir uns und anderen offen eingestehen, dass wir tatsächlich verblendet – boshaft, eifersüchtig oder gehässig – reagiert haben. Wir können uns oder der Gruppe nichts vormachen, weil es im Innern immer weiterarbeitet, bis wir die Wahrheit sagen. Erst dann sind korrekte Gruppenbeziehungen möglich. Das ist natürlich das Ideal, und das wird selten erreicht und bestimmt auch nicht gleich, aber die Gruppe sollte diese Art von Ehrlichkeit *anstreben*.

Spirituelle Gruppen haben anders zu funktionieren als "normale" Menschen oder Gruppen. Spirituell oder geistig orientierte Menschen – und daher auch Gruppen – glauben an eine geistige Dimension, daran, eine Seele in Inkarnation zu sein. Deshalb müssen die Gruppenbeziehungen anders geartet sein als gewöhnliche, alltägliche menschliche Beziehungen, wie sie heute sind.

Die Beziehungen des Durchschnittsmenschen zu anderen gründen zu hundert Prozent auf der Persönlichkeit und somit auf Verblendung. **[140]** Das ist unvermeidlich, weil der Großteil der Menschheit astral polarisiert ist. Aber ein Aspirant oder Jünger versucht, seine Polarisierung immer weiter nach oben zu verschieben. Da er sich seiner Seele, seiner geistigen Identität bewusst wurde, sollte er danach trachten, sich geistig zu polarisieren, und tut es üblicherweise auch. Der durchschnittliche Mensch, der kein Jünger ist, verbringt einen großen Teil seines Lebens mit Konkurrenzkampf, mit gehässigen Beziehungen, anhaltenden Hassgefühlen und Ressentiments, mit Eifersuchtsreaktionen auf die Erfolge anderer. Statt sich an den Erfolgen ihrer Freunde und Nachbarn mit zu freuen, bestreiten sie oft boshaft und missgünstig die Leistungen anderer. Das ist die Realität der äußeren Welt, der jeder angehört.

Eine esoterische Gruppe bildet sich aufgrund von hierarchischer Notwendigkeit, Seelenimpuls und karmischen Beziehungen. Ein Aspirant oder Jünger ist jemand, der mit einem Fuß in der äußeren und mit dem anderen in der geistigen Welt steht. Statt sich mit der Norm, dem Durchschnitt in der äußeren Welt zu identifizieren und sich den verschiedenen Spielarten negativen Handelns hinzugeben, muss er lernen, über diese rein astralen

Reaktionen die Kontrolle zu gewinnen. Diese kann nur von oben kommen – von der mentalen Ebene. Die Aspiranten und Jünger müssen lernen, ihre empfindlichen, emotionalen Reaktionen aus Gehässigkeit, Stolz, Ehrgeiz, Eifersucht, Furcht und Groll mental zu überwinden.

Durch den Mentalkörper kann die Seele ihr Licht auf jede Situation richten. Das kann man mit sehr einfachen Überlegungen erreichen: Ist meine Reaktion wirklich geistiger Natur? Fördert sie den Zusammenhalt und das Wohl der Gruppe? Oder ist sie persönlich, gehässig und negativ, voller Kritik an anderen? Mit gesundem Menschenverstand und Ehrlichkeit erhalten wir die richtigen Antworten auf diese Fragen. Das Denken liefert uns den gesunden Menschenverstand, aber solange es nicht ehrlich ist, können wir nicht erkennen, dass unsere Reaktionen Verblendung sind – und solange wird sie nicht verschwinden.

Ich denke, es ist notwendig, dass sich jede Gruppe auf bestimmte Abmachungen einigt. Als erstes sollte der Umgang zwischen den **[141]** Gruppenmitgliedern von gutem Willen getragen sein. Missgunst und Hass müssen zum Fenster hinausgeworfen werden. Eifersüchteleien und lang andauernde Ressentiments sind sehr schädlich für eine Gruppe – sie kommen in jeder Gruppe vor. Auch Kritik sollte als destruktiv gelten. Sie schadet dem, der kritisiert wird; sie schadet der Person, die kritisiert, und der Gruppe als Ganzes.

Begegnungen mit den Meistern

Die meisten Mitglieder der Gruppen hatten in der einen oder anderen Form Begegnungen mit Maitreya, aber nur sehr wenige haben sie schriftlich mitgeteilt und von meinem Meister bestätigen lassen – oder erinnern sich daran oder haben sie als solche erkannt. Diejenigen, die eine Begegnung mit Maitreya oder einem Meister bestätigen ließen, reagieren darauf gewöhnlich in zwei Varianten. Entweder sind sie so verblendet, zu glauben, sie hätten Kontakt mit dem Weltlehrer Maitreya gehabt, weil sie "etwas Besonderes" sind – und bei mehreren solcher Begegnungen schon "etwas ganz Besonderes" –, oder sie gehen anders damit um und meinen: "Das kann nicht sein. Ich kann nicht glauben, dass das Maitreya war, weil ich einer solchen Begegnung nicht würdig bin."

Beide Reaktionen beruhen auf Verblendung. Das eine ist die Selbstverunglimpfung, bei der man sich kleiner macht, als man ist. Maitreya lässt den Gruppen Erfahrungen zuteil werden – warum also nicht? Die Verblendung künstlicher Bescheidenheit und die Verblendung, "etwas Besonderes" zu sein, sind sich gleich. Die Verblendung der Selbstherabsetzung ist vielleicht annehmbarer als die der Selbsterhöhung, ist aber dennoch eine Verblendung.

Viele haben wiederholt Begegnungen mit Maitreya. Wenn es ihnen das Gefühl gibt, irgendwie besonders, wichtig oder gar fortgeschritten zu sein, dann ist das wohl die übelste Verblendung. Sehr oft lässt Maitreya jemandem eine Erfahrung zuteil werden, **[142]** um auf eine Verblendung dieser Person hinzuweisen – nicht etwa, weil sie so besonders ist, sondern weil sie mehrere Erlebnisse braucht, bis sie die Botschaft kapiert.

Neulich gab es, was das angeht, ein besonders deutliches Beispiel für verblendete Reaktionen aufgrund eines Missverständnisses darüber, wie Maitreya bei den Gruppen vorgeht, was er dabei tatsächlich tut. Das ursprüngliche, authentische Erlebnis wurde in *Share International* veröffentlicht. [Siehe "Leserbriefe" im Anhang dieses Kapitels auf Seite 169: "Der verlorene Ring ", "Der verlorene Ring – wiedergefunden", "Das Ganze noch einmal") Eine Frau aus einer Gruppe entdeckte einen Stand, wo ein Mann selbstgemachten Schmuck verkaufte. Sie suchte etwas aus, und er schenkte ihr dazu einen Ring. Später verlor sie den Ring, und inzwischen wurde bestätigt, dass der Mann Maitreya war. Sie versuchte sehnlichst, den Mann wiederzufinden, um Ersatz für den verlorenen Ring zu finden, aber der Mann und der Stand waren nicht mehr zu finden. Ein Jahr später traf sie denselben Mann wieder und konnte den gleichen Ring kaufen. Am selben Tag entdeckte ein anderes Gruppenmitglied ebenfalls den Stand und erhielt von dem Mann auch einen Ring zum Geschenk. Diese Begebenheit wurde von meinem Meister als Kontakt mit Maitreya bestätigt. Der Mann, der auf dem Stand den Schmuck verkaufte, war Maitreya.

Schnell sprach sich herum, dass Maitreya einen Stand hatte, wo er hübschen, handgefertigten Schmuck aus Meeresmuscheln für fast nichts, für ein paar Euros verkaufte. Als die Leute herausfanden, dass der Mann einen regulären Stand hatte, gingen sie hin, um möglichst viel Schmuck zu kaufen. Und seit es dort ein Schild gab, auf dem "Schmuckreparaturen" stand, brachten sie sogar ihren alten, kaputten Schmuck hin, um ihn von dem Mann reparieren zu lassen – in dem Glauben, er sei Maitreya, der Weltlehrer! Eine Frau wollte sogar ihren reparierten Schmuck nicht zu dem von ihm vorgeschlagenen Termin abholen, sondern an einem Tag, der ihr besser passte! Aber nur die ersten beiden Begegnungen fanden mit Maitreya statt. Der Rest war reine Verblendung seitens der Gruppe.

Die vielen Erscheinungsformen Maitreyas

[143] Manchmal tritt er in einer Gestalt auf, die seinem wirklichen Aussehen recht nahe kommt – wie in Nairobi, Kenia, als er fotografiert wurde. Er ist vielleicht anders gekleidet, aber sein Gesicht ist mehr oder weniger dasselbe.

Oder er erscheint als jemand, den Sie kennen – wie mich. So tauchte er bei meinem letzten Vortrag in New York auf. Eine Frau sah mich dort in die Hotelhalle kommen. Ich nahm den Fahrstuhl zur obersten Etage, wo der Vortrag stattfinden sollte. Eine Minute später sah sie, wie ich wieder herunterkam, an ihr vorbeiging und das Hotel verließ. Aber das war gar nicht ich. Ich war oben im Saal und hielt den Vortrag. Sie war absolut überzeugt, dass ich heruntergekommen und hinausgegangen sei, dass ich es war – *aber es war Maitreya.* Um einem "vertraut" zu sein, bedient er sich oft einer bekannten Person. Die Frau sagte: "Ich hatte einen Schock. Mir sträubten sich die Haare. Ich bekam eine Gänsehaut. Als ich Sie herunterkommen sah, dachte ich: 'Warum kommt er denn schon wieder herunter?'" Aber es war Maitreya, der mir in jeder Hinsicht glich.

Dasselbe machte er bei einem belgischen Paar, das ich kenne. Er stieg einmal hinter ihnen in den Bus ein und setzte sich ihnen gegenüber. Ganz erstaunt schauten sie mich an, wie ich da vor ihnen saß – nur dass ich schwarz war! Oder manchmal sieht er aus wie ich, nur viel größer, damit man jemanden vor sich hat, den man wiedererkennen kann. Auf diese Weise gibt er einen Fingerzeig, dass man ihn erkennt.

Am häufigsten erscheint er in jeglicher Gestalt – als alter, als junger Mann, als alte, als junge Frau, sogar als Kind –, sodass es der Intuition bedarf, um ihn zu erkennen. In vielen dieser Fälle, obwohl er immer anders erscheint – als Mann, Frau, als ganz gewöhnlicher Mensch –, tut er etwas Merkwürdiges oder Ausgefallenes. So kommt er vielleicht zu einem Vortrag von mir und verhält sich, um sicherzugehen, dass er auch erkannt wird, ziemlich sonderbar – wie kürzlich in Osaka, Japan, wo er sang: "Ich bin ein einfacher Mann vom Land. Ich bin hier völlig fehl am Platze." Oder er gibt vor, so betrunken zu sein, dass er kaum noch stehen kann, und lässt seine ganzen Sachen **[144]** aus der Tasche fallen, hebt sie wieder auf und lässt sie wieder fallen. Und dann bewegt er sich wie der Blitz von einem Ort zum anderen. Das sind Hinweise, dass dieser Mann nicht das ist, was er zu sein scheint.

Diese vermeintlich realen Personen – Ebenbilder – sind Gedankenformen, die Maitreya als Mann, Frau oder Kind oder vielleicht als merkwürdige oder komische Personen bewusst mit seiner Vorstellungskraft erschafft. Wenn die Gedankenform nicht da ist, ist auch er nicht da. Manchmal erzeugt er eine Gedankenform, die dem genauen Ebenbild einer wirklichen Person entspricht. Wenn beide vor Ihnen stünden, sähen sie zwar völlig gleich aus, aber gefühlsmäßig gäbe es einen Unterschied. Die eine Person hätte etwas Besonderes an sich, die andere wäre ein gewöhnlicher Mensch. Ich kenne mehrere solcher Fälle. Eigentlich sollte fast jeder in dieser Gruppe in der Lage sein, den Unterschied zu erkennen, denn wenngleich die Gedankenform und die wirkliche Person gleich aussehen, unterscheiden sie sich darin, dass die Gedankenform von Maitreyas Bewusstsein erfüllt ist und die wirkliche Person nicht.

In diesem Punkt hatte die Gruppe bei der Geschichte mit dem Schmuckhändler einen Fehler gemacht. Als Maitreya zum ersten Mal gesehen wurde, waren der Mann, der Stand, seine Begleiterin, der Schmuck allesamt von Maitreya visualisiert. Alle weiteren Kontakte fanden mit dem Schmuckhändler selbst und nicht mit Maitreya statt. Und hier setzte die Verblendung der Gruppe ein.

Maitreya hat gesagt: "Lauft mir nicht nach. Erhebt keinen Anspruch auf mich. Versucht nicht, mich zu vereinnahmen. Wenn Ihr das tut, verliert Ihr mich." Aber die Leute in der Gruppe hatten das vergessen und dachten: "Das hast du von Maitreya bekommen? Das will ich auch haben. Davon will ich auch was. Das ist von Maitreya mit seiner ganzen Energie aufgeladen." Also liefen alle los, um Schmuck zu kaufen. Der Goldschmied machte gute Geschäfte, und der Schmuck wurde immer teurer!

Die Verblendung besteht darin, den Unterschied zwischen Maitreya und dem Mann, der ihm als Modell für seine Gedankenform diente, nicht zu erkennen. Dieser Irrtum der Gruppe ist nicht allzu tragisch – folgenschwerer sind die verblendeten Reaktionen der anderen Gruppenmitglieder. Persönliche Ressentiments, Eifersüchteleien und Vorwürfe ohne jeden Grund kamen hoch – **[145]** Leute, die mit der ganzen Geschichte nichts zu tun hatten, wurden beschuldigt oder fielen der allgemeinen Hysterie zum Opfer.

Warum, glauben Sie, hat Maitreya diesen Stand, die Illusion des Schmuckhändlers geschaffen? Dafür muss es einen Grund geben. Er kannte die Reaktionen im Voraus. Glauben Sie, dass er der Gruppe nur einen Streich spielen und alle Frauen massenhaft Schmuck kaufen lassen wollte? Nein, er hat den Gruppen eine Lektion darüber erteilt, wie die Konsumgesellschaft ist. In jedem Land gibt es Leute, die nur zu gern kaufen, kaufen, kaufen. Ich weiß nicht, ob es stimmt, aber die Japaner haben im Ausland den Ruf, dass sie schrecklich gern kaufen, kaufen, kaufen. Das hat sicher auch mit dem gesellschaftlichen Brauch, Geschenke zu machen, zu tun – man kauft also ständig irgendwelche Geschenke. In den letzten zwanzig Jahren kam es in Japan aufgrund dieses Konsumdenkens zu einem enormen wirtschaftlichen Aufschwung. Das gehört zur Konsumgesellschaft, in der wir leben und in der viele Japaner gefangen sind. Darauf wollte Maitreya aufmerksam machen.

Wenn Leute gegen das Trinken sehr voreingenommen sind, treffen sie vielleicht Maitreya, wie er Bier trinkt oder ziemlich betrunken ist. Wenn sie erfahren, dass es Maitreya war, oder sie ihn erkennen, denken sie nach: "Warum zeigt er sich mir betrunken oder trinkend? Vielleicht sollte ich dem Trinken gegenüber etwas toleranter sein." Oder Leute haben große Vorurteile gegen das Rauchen und müssen mit jemandem im Taxi sitzen, der sich pausenlos eine Zigarette nach der anderen ansteckt. Sie denken sich: "Warum nur muss ich neben jemandem sitzen, der so stark nach Tabak riecht? Ich hasse das." Dann merken sie, dass diese Person überhaupt nicht nach Tabak riecht, obwohl sie zehn Zigaretten geraucht hat – wiederum ein Hinweis, toleranter zu sein. Oder wie in der Schmuckgeschichte: Wenn man so hübschen, selbst gemachten Schmuck für wenige Euros kriegen kann, muss man nicht gleich alles aufkaufen. Das sind Tests.

Die Notwendigkeit geistiger Intuition

In einem anderen Fall tauchte Meister Jesus bei einer Frau aus einer [japanischen] Gruppe auf und blieb einen ganzen **[146]** Monat lang. Er stellte sich nicht als Meister Jesus, sondern mit einem anderen Namen vor und bat sie schließlich um Erlaubnis, in ihrer Wohnung, in der auch Transmissionsmeditationen stattfanden, bleiben zu dürfen. Er hat einigen in der Gruppe sehr wichtige Erkenntnisse vermittelt. [Siehe den Leserbrief "Hausgast" im Anhang dieses Kapitels.]

Was die Verblendung betrifft – nun, hier liegen zwei Dinge vor. Natürlich öffnet man nicht jedem die Tür. Wir laden jemanden, den wir zum ersten Mal sehen, nicht ohne guten Grund, ohne dass er einen ehrlichen und guten Eindruck auf uns macht, ein, hereinzukommen und bei uns zu wohnen, das Büro oder was immer mit uns zu teilen. Natürlich gibt es Schwindler, die fast jeden hereinlegen können. Sie sind so gerissen, so erfahren, dass sogar der wachsamste Mensch der Welt darauf hereinfallen kann. Doch in diesem Fall muss Meister Jesus etwas an sich gehabt haben, was über das Gewöhnliche hinausging. Die Frau hatte die Intuition, eine

Fähigkeit, das zu erkennen. Die Frage stellt sich: Warum haben nicht auch die anderen das wahre Wesen dieses Mannes erkannt? Denken sie, wie allgemein üblich, dass solche Leute immer Schwindler sind? Mit anderen Worten, gehen auch sie nur nach dem Äußeren, folgen äußeren Vorstellungen, was in neun von zehn Fällen vielleicht auch vernünftig ist? Wenn es aber, wie sich herausstellte, Meister Jesus war, muss es noch eine andere Qualität gegeben haben. Es muss etwas gewesen sein, das der Frau das Vertrauen gab, ihn zum Bleiben einzuladen. Er blieb einen Monat und hinterließ ihr einen Brief.

Das sollte jeder in sich ausbilden: die geistige Intuition oder Erkenntnis. Dann weiß man, wann man vertrauen kann, und erkennt sofort, wenn etwas nicht vertrauenswürdig ist. Der Schlüssel ist das Herz – ihm können wir vertrauen. Unser Verstand gibt uns alle möglichen Vorstellungen ein, die davon geprägt sind, woher wir kommen, wie wir erzogen wurden – aber das Herz wird uns immer sagen, was wahr ist und was falsch. Die Verblendung der anderen Leute in der Gruppe ist offensichtlich. Sie haben sehr stark versucht, Einfluss auf die Frau zu nehmen, und es schließlich auch geschafft. Sie folgte ihrem Herzen und tat so das Richtige. **[147]** Sie tat das Falsche, als sie den Brief, den Meister Jesus ihr gegeben hatte, wegwarf, nachdem sie sich die Meinungen der anderen hat aufzwingen lassen – aber sie hatte ihn zwei Jahre lang behalten.

Das Problem der Verblendung ist, wie Meister Djwhal Khul schrieb, ein Weltproblem – das größte und schwierigste Problem der Menschheit. Verblendung ist der Grund all unserer Schmerzen, Leiden und Missetaten, und je früher die Menschheit insgesamt die Nebel der Verblendung lichten kann, desto eher wird sie in ihrer Evolution weiterkommen. (*Share International*, Januar/Februar 2000)

In euren Händen liegt der Schlüssel zu meiner Rückkehr, meine Freunde.
Macht die Tatsache meiner Gegenwart unter euch bekannt und beschleunigt meine Ankunft.
Macht diese Wahrheit überall bekannt und bringt eure Brüder und Schwestern zu mir.

Wenn ihr mich seht und hört, werdet ihr feststellen, dass ihr die Wahrheiten, die ich verkünde, seit langem kennt.
In euren Herzen ruht die Wahrheit Gottes.
Diese einfachen Wahrheiten, meine Freunde, liegen allem Sein zugrunde.

Teilen und Gerechtigkeit, Brüderlichkeit und Freiheit sind keine neuen Konzepte.
Seit Anbeginn der Zeit hat die Menschheit ihre große Hoffnung auf diese verheißungsvollen Sterne gesetzt.
Jetzt, meine Freunde, werden wir sie vom Himmel holen und in der Welt verankern.

Maitreya, 5. Juni 1980
(aus: *Botschaften von Maitreya – dem Christus*, Edition Tetraeder, München)

Ausbruch von Verblendungen

Fragen und Antworten

Die Fragen ohne Datum wurden 1999 auf den Tagungen in den USA und Japan gestellt und in der Januar/Februar-Ausgabe 2000 in ***Share International*** *abgedruckt. Die mit "JK" gekennzeichneten Fragen stammen von der Tagung in Japan im Jahr 2000. Sie sind bisher noch nicht veröffentlicht worden.*

Herzens- oder Verstandesreaktion

[149] *Sie sagten, dass der Verstand die Dinge immer rationalisiert und das Herz die Wahrheit sagt, dass die Herzensreaktion immer richtig ist, und dass man sich auf das Herz verlassen kann. Wie können wir unterscheiden, was vom Herzen und was vom Verstand kommt?*
Der Verstand arbeitet durch das Gehirn, und Sie können unterscheiden, ob Ihre Reaktion vom Herzen oder vom Gehirn kommt, weil das Gehirn rationalisiert, während das Herz intuitiv erfasst. Wenn Sie wissen möchten, was Ihr Herz sagt, wenden Sie Ihre Aufmerksamkeit *dem Herzen auf der rechten Körperseite* – nicht dem physischen Herzen – zu, dem Sitz der Seele im Körper. Wenn Sie dort eine Reaktion wahrnehmen, kennen Sie die Antwort: ja oder nein, richtig oder falsch.

Wenn Ihre Reaktion aus dem Solarplexus kommt, ist das nicht vertrauenswürdiger als aus dem Gehirn. Wenn Sie den Unterschied zwischen der astral-emotionalen Reaktion des Solarplexus und der des Herzens einmal erkannt haben, können Sie das immer unterscheiden. Es sind zwei unterschiedliche Empfindungen. Wenn das Gefühl im Solarplexus sitzt, registrieren Sie es und vergessen Sie es dann. Wenn Sie durch eine Schlussfolgerung Ihres Gehirns zu einer Antwort gelangen, indem Sie das Einerseits und Andererseits miteinander vergleichen, können Sie vielleicht zu einer richtigen Antwort kommen, aber nicht unbedingt. Wenn Sie wahrnehmen, was im Herzen geschieht, können Sie sich immer darauf verlassen. Es gibt Ihnen die Intuition, dass dieses zu tun richtig und jenes falsch ist.

[150] Sie werden stets feststellen, dass die Reaktion aus dem Herzen – was Ihre Persönlichkeit angeht – völlig unpersönlich und objektiv ist. Sie kennt keine Vorlieben und Abneigungen. Sie ist altruistisch, nicht-kritisch. Wenn Kritik, persönliche Differenzen, Vorlieben und Abneigungen im Spiel sind, dann wissen Sie, dass die Reaktion nicht aus dem Herzen kommt. Wenn sie aus dem Herzen kommt, bekommen Sie eine klare und deutliche Intuition, die aber vielleicht Schwierigkeiten mit sich bringt. Wenn die Reaktion, die Antwort im Widerspruch zu Ihren natürlichen, persönlichen Neigungen steht, wenn sie schwierig ist und ein eindeutiger Impuls zum richtigen Handeln, dann können Sie sich darauf verlassen. Wenn die Reaktion beispielsweise zum Wohl der Welt, der Gesellschaft, der Gruppe ist, auch wenn es für Sie als Persönlichkeit unangenehm sein mag, dann kommt sie wahrscheinlich eher vom Herzen als vom Verstand.

Die Seele, die durch das Herz wirkt, versucht nicht, die Persönlichkeit zum Masochisten zu machen; aber oft genug stehen die Absichten und Impulse der Seele im Widerstreit mit den Vorlieben und Abneigungen der Persönlichkeit. Sie werden die Stimme des Herzens immer als unpersönlich, als objektiv erleben – jenseits Ihrer Vorlieben und Abneigungen.

(1) Gibt es einen Unterschied zwischen "Emotion" und "Gefühl"? (2) Ich würde sagen, dass die Emotionen astral sind und die Gefühle vom Herzen kommen. (Mai 1997)
(1) Ja. (2) Damit wäre ich einverstanden – falls Sie die beiden auseinander halten und unterscheiden können.

Wie ich verstanden habe, liegt Verblendung wie ein Nebel auf der astralen Ebene. Welche Verbindung besteht zwischen Verblendung und Verstand? Es wird auch über Ehrlichkeit im Denken gesprochen. Können Sie einen Zusammenhang herstellen?
Das Problem der meisten Menschen ist, dass wir in unserem Denken nicht ehrlich sind. Wir denken das eine, sagen das andere und handeln nochmals anders. Wie also könnte man dem Denken trauen? Sie können ihm nur trauen, wenn im Denken Ehrlichkeit herrscht. Im Herzen herrscht immer Ehrlichkeit, ob man das wahrnimmt oder nicht. Die Leute versuchen, **[151]** ihre Probleme gedanklich zu lösen. Aber der Verstand arbeitet durch das Gehirn und daher sind die Leute ganz konfus, was sie wirklich tun, denken oder glauben wollen, denn es fehlt die Ehrlichkeit im Denken. Es hat sie nie gegeben. Daher kann man dem Denken nicht konstant vertrauen.

Ein ehrliches Denken kann das Licht der Seele reflektieren. Die Seele benutzt den Mentalkörper, den Verstand, um die Realität zu zeigen, die wir durch den Nebel der Verblendung nicht erkennen können. Das bringt die Probleme der Verblendung allmählich ans Licht und führt schließlich zur mentalen Polarisation. Es entsteht eine Verlagerung von der astralen Polarisation zur mentalen und zu gegebener Zeit zur spirituellen Polarisation.

Sind Ehrlichkeit im Denken und Achtsamkeit des Herzens dasselbe?
Nein. Das sind zwei verschiedene Wege, sich der Wirklichkeit zu nähern. Zum Denken gehört natürlich Achtsamkeit. Durch das Denken kann die Seele die Aktivität des Astralkörpers erkennen und ihr Licht auf die Verblendungen der Astralebene werfen. Aber wenn Sie im Denken nicht ehrlich sind, können Sie die astralen Vorgänge nicht objektiv anschauen. Sie betrachten sie voreingenommen, um sich gut zu fühlen. Das ist Selbstbetrug.

Kann die Achtsamkeit des Herzens die Verblendungen allmählich auflösen?
Ehrlichkeit im Denken und Achtsamkeit im Herzen führen zur Auflösung von Verblendungen. Alles, was Sie gelassener macht – was diese beiden Funktionen tun –, löst Verblendungen auf. Verblendung und innere Gelassenheit sind Gegensätze.

Wie kann man zwischen Intuition und instinktiver, emotionaler Reaktion unterscheiden?
Die meisten Leute gehen alles mit ihrer konditionierten, gewohnten Denkweise an, die von Vorurteilen geprägt ist, die **[152]** ihre Intuition verhindern. Intuition ist eine Funktion der Seele, durch die das Seelenlicht auf den Mentalkörper gerichtet wird und dieser erkennen kann, was alles der Aufmerksamkeit bedarf. Irgendetwas taucht auf, man bemerkt es und muss auf die eine oder andere Weise darauf reagieren. Das normale, durchschnittliche Verhalten wäre es, genauso zu reagieren wie gestern oder vor einem Jahr – also wie immer geprägt von Vorurteilen, von Vorstellungen, was das Leben ist. Man trifft eine schnelle Entscheidung, fasst einen schnellen Gedanken, und fast immer ist das eine astral-emotionale Reaktion, und keineswegs Intuition.

Wenn eine Entscheidung getroffen werden muss, bringen Sie das ein, was Sie zu diesem Zeitpunkt sind. Obwohl Sie immer mehr sind, als Sie wissen, begegnen Sie jeder Situation meist nur mit Ihren gewohnten Denkprozessen. Und diese sind, solange man noch nicht mental polarisiert ist, erheblich von der astralen Einbildung, den üblichen astral-emotionalen Reaktionen auf jeden Eindruck und jedes Erlebnis geprägt. Die Intuition hat in diesem Moment keine Möglichkeit sich zu entfalten.

Maitreya nachlaufen

Vielleicht sollte ich mich mehr darauf besinnen, was ich tun kann, um die Geschichte zu verbreiten, anstatt andauernd nach einem Erlebnis mit Maitreya Ausschau zu halten. Wenn ich mich nicht mehr darauf konzentriere, mich selbst vergesse und etwas tue, dann merke ich, dass ich für diese Arbeit von Nutzen bin.

Natürlich hätte jeder, der mit dieser Arbeit verbunden ist, gerne eine Begegnung mit Maitreya. So sehr, dass Leute, die ich kenne, ständig darauf warten. Jedes Mal, wenn sie an einem Obdachlosen vorbeigehen, denken sie: "Vielleicht ist es Maitreya?" Sie konzentrieren sich nur noch darauf. Und meistens haben sie natürlich keine Begegnung.

[153] Andererseits gibt es Leute, die ein derartiges Erlebnis brauchen könnten, weil sie verzweifelt, sehr krank oder unglücklich sind. Dann erscheint ihnen vielleicht Maitreya oder der Meister Jesus, um ihnen Hoffnung und neuen Lebensmut zu geben und sie aufzurichten. Ich kenne viele Leute, die solche Erlebnisse hatten, sogar schon vor zehn oder fünfzehn Jahren, bevor sie überhaupt von Maitreya gehört hatten. Die Meister wissen schon lange im Voraus, wer sich in dieser Arbeit engagieren wird, noch bevor er dann wirklich einsteigt. Jahre später erinnern sich die Leute dann auf einmal an ein Erlebnis, wenn, wie man sagt, "der Groschen fällt". Sie werden sich plötzlich einer Person oder einer Erfahrung bewusst, die anders war als alles, was sie bisher erlebt hatten – sehr oft in Zeiten großer Belastungen, Schwierigkeiten, tiefer Depression und Traurigkeit.

Ich stimme völlig damit überein, dass es besser ist, einfach mit der Arbeit fortzufahren – und wenn Sie eine Begegnung haben, umso besser. Wenn nicht, so ist das auch in Ordnung, kein Problem. Aber sich unaufhörlich nach einer Begegnung mit Maitreya zu sehnen, ist nur Zeit- und Energieverschwendung. Das lenkt Sie vom Eigentlichen ab: Die Öffentlichkeit vorzubereiten, dass sie Maitreya erkennen kann. Dies ist nur eine andere Art, ihm hinterherzulaufen.

Ich kenne einen Mann, der in London lebte und ganz außergewöhnliche Begegnungen mit Maitreya hatte. Manche Leute würden einen Arm dafür hergeben, nur einmal so etwas zu erleben. Aber ungeachtet dessen und seines sehr engen Kontakts zu Maitreya und den Swamis, Maitreyas Mitarbeitern, lief er ihm noch immer hinterher. Er versuchte, ihn zu fotografieren, bestach Leute, die sich um die Tempel kümmern, damit sie ihm sagen, wann Maitreya dort sein würde, und er bestellte seine Freunde dorthin, damit sie

Maitreya fotografieren. Dabei hatte er das gar nicht nötig – er sah Maitreya ständig. Aber er wollte seinen Freunden helfen. Er schaffte es nie, auch nur ein Foto zu schießen. Jedes Mal, wenn er es versuchte, klemmte die Kamera. Ich warnte ihn; ich sagte, wenn du ihm auf diese Weise nachjagst, wirst du dich immer weiter von ihm entfernen. Und genau das passierte dann auch.

Je mehr Sie ihm nachjagen, desto mehr wird er sich von Ihnen entfernen. Auch Maitreya gegenüber muss man gelassen sein. Ich gehe nie **[154]** in seine Nähe, selbst wenn ich weiß, wo er ist. Wenn ich höre, dass er bei einer Veranstaltung sein wird, würde ich nie hingehen. Es ist nicht nötig, jemandem die Hand zu schütteln, der real ist. Entweder ist er im Herzen für Sie wirklich oder gar nicht. Wenn Sie ihn im Herzen tragen, brauchen Sie ihn nicht zu treffen oder seine Hand zu schütteln.

Strahlen und Verblendungen

Müssen wir nicht unsere Strahlenstrukturen und die entsprechenden Verblendungen kennen, um diese objektiv erkennen zu können?

Alle Strahlen haben ihre typischen Verblendungen – manche mehr als andere, aber alle sind gleich schädlich. Die Strahlen mit den hartnäckigsten Verblendungen sind der 6., 2. und 1. Strahl.

Die großen Verblendungen des 1. Strahls sind Gefühle der Überlegenheit, des Eigensinns, ein übersteigertes Empfinden der eigenen Wichtigkeit und als Folge dieser Verblendungen die Eigenschaft, sich abzusondern. Der Vertreter des 1. Strahls ist oft ziemlich arrogant. Seine Hauptverblendung ist deshalb der Stolz.

Die Verblendungen des 2. Strahls sind gewöhnlich jene der Selbsterniedrigung – sich selbst zu demütigen. Weil die Vertreter des 2. Strahls oft Schwierigkeiten haben, mit den Situationen der äußeren Welt zurechtzukommen, sind sie anderen gegenüber eher schüchtern. In extremer Form werden sie zum Fußabstreifer ihrer Mitmenschen. Eine ihrer Verblendungen ist ihre Unentschlossenheit. Sie haben sehr viel Einfühlungsvermögen und können ein Thema von allen Seiten betrachten. Aufgrund ihres Einfühlungsvermögens neigen sie dazu, keine eigene Ansicht zu haben, weil sie immer auch den Standpunkt des anderen sehen. Einfühlungsvermögen ist eine wunderbare Sache, aber wenn es so weit führt, dass man keinen eigenen Standpunkt mehr hat, ist man in einer Gruppensituation ziemlich unbrauchbar, weil man dauernd seine Meinung ändert. Ängstlichkeit und Reserviertheit sind die typischen Schwachstellen dieses Strahls.

Der 6. Strahl hat die meisten Verblendungen. Seine Vertreter haben die Verblendungen aller anderen Strahlen zusammengenommen. Sie haben die Arroganz und den Stolz des 1. Strahls – **[155]** was sie ihrer Willenskraft zuschreiben –, Ehrgeiz und Machtstreben, und sie verwechseln diese Eigenschaften mit Willen. Tatsächlich aber ist es Begierde, groß geschrieben. Weil sie so groß ist, glauben sie, es sei der Wille. Fast ohne Ausnahme glauben alle Personen mit Doppel-6-Persönlichkeit – 6 auf dem Haupt- und Unterstrahl –, die mir ihre Strahlen zur Überprüfung gegeben haben, dass sie eine Strahl-1-Persönlichkeit haben. Sie halten den 6. immer für den 1. Strahl, weil sie in sich das Wunschprinzip so stark wahrnehmen – nur nennen sie es Wille.

Die Vertreter des 1. Strahls handeln energisch und souverän, ohne sich dessen überhaupt bewusst zu sein. Sie denken gar nicht an Macht. Sie tun es einfach. Der Wille handelt, und diese Handlungsweise ist eine völlig andere als die nach dem Wunschprinzip des 6. Strahls. Daher kann der 1. Strahl – außer bei relativ entwickelten Personen – gefährlich, weil sehr zerstörerisch sein. Der Strahl-1-Typ besitzt häufig auch noch auf hohem Niveau Stolz, aber auch Weitblick und die Fähigkeit, das größere Bild zu sehen, was andere Strahlentypen nicht haben.

Der Vertreter des 6. Strahls kann wegen seiner gewaltigen Wunschkraft fast alles tun, wenn er nur stark genug danach verlangt. Diese Menschen konnten einen Weg von New York nach San Francisco über die Rocky Mountains finden, als es noch keine Wege gab und fortwährend wilde Krieger mit Pfeil und Bogen auf sie schossen. Sie sind die großen Eiferer.

Der 1. Strahl ist furchtlos. Der Strahl-1-Typ handelt ohne Furcht, weil sie ihm überhaupt nicht in den Sinn kommt. Der 6. Strahl handelt tatkräftig, energisch und furchtlos, weil sein Verlangen so stark ist, dass er die Angst überwindet. Die meisten Mitglieder in fast allen Gruppen dieser Art haben viel vom 6. Strahl – sonst wären sie nicht in der Gruppe. Sie haben einen ausgeprägten Idealismus und reagieren auf die Idee einer guten Sache. Sie widmen sich einer Sache voll und ganz. Diese Art von Idealismus ist notwendig, um den Weg für Maitreya zu bereiten. Man muss zuerst auf eine Idee reagieren, bevor man sich so begeistern kann, dass man etwas unternimmt.

[156] Auch wenn er sehr energisch und idealistisch ist, immer bereit zu einer mutigen Tat, kann der Strahl-6-Typ gewöhnlich nicht mit einer Gruppe zusammenarbeiten. Es ist ein äußerst separatistisches Verhalten – so sehr, dass daraus die meisten Probleme in den Gruppen entstehen. Er kann alles mögliche *für* die Gruppe tun, aber er kann nicht *mit* der Gruppe als ganz normales Mitglied auf gleicher Ebene wie alle anderen zusammenarbeiten. Er ist äußerst individualistisch, kann diesen Individualismus aber nicht in den Dienst der Gruppe stellen.

Die Vertreter dieses Strahls denken stets, dass alle anderen in der Gruppe außer ihnen unrecht haben und dass sie es besser wissen als alle anderen. Häufig resultiert daraus ein ständiger Kampf zwischen den Leuten dieses Strahls und der Gruppe als Ganzes. Das ist auf der ganzen Welt dasselbe. Solche Menschen sollten in Gruppen keine Machtpositionen erhalten, weil sie diese immer missbrauchen. Nur selten – außer zu ihren eigenen Bedingungen – verstehen sie die Bedürfnisse, das Wohl der Gruppe, und die Arbeit, die es dafür zu tun gilt. Die typische Untugend dieses Strahls ist Selbsttäuschung.

Der Vertreter des 3. Strahls hat viele Verblendungen, allen voran eine übersteigerte Fähigkeit zur Rationalisierung. Der 3. Strahl, besonders wenn er auf der Mentalebene liegt, rationalisiert alles. Jede Handlung, jede Reaktion wird rationalisiert, bis sich die Person wohl fühlt. Dadurch besteht beim Vertreter des 3. Strahls eine ausgeprägte Unehrlichkeit. Er neigt dazu, die "Spinne im Mittelpunkt des Netzes" zu sein. Solche Menschen wollen überall die Finger im Spiel haben. Sie manipulieren. Sie bilden kleine Freundescliquen, die sie beeinflussen können. Sie haben keinen wirklichen Sinn für Gruppenbewusstsein. Sie können gut Geld machen und die äußere, physische Ebene ziemlich geschickt manipulieren, aber was geistiges Bewusstsein angeht, sind sie sehr begrenzt. Sie haben die Neigung, um der Aktivität willen aktiv zu sein, sie können nicht stillsitzen.

Der 2. Strahl ist das Gegenteil davon. Der Strahl-2-Typ hat sehr schnell und leicht Kontakt mit der Seele, ohne jede Mühe, und wird dadurch sehr introvertiert. Das bedeutet, dass er möglicherweise auf der äußeren, physischen Ebene benachteiligt ist. Sie fällt ihnen nicht leicht. Die **[157]** Vertreter des 3. Strahls tun sich leicht, die äußere, physische Ebene zu kontrollieren, aber der Seelenkontakt fällt ihnen wirklich schwer.

Die Vertreter des 5. Strahls – besonders jene mit dem 5. Strahl auf der mentalen und auf der Ebene des physischen Gehirns – haben sich so sehr auf die Mentalebene zurückgezogen, dass sie sehr kritisch sind gegenüber jenen, die nicht dieselbe Ansicht haben. Sie können gut hinschauen, aber immer nur Ausschnittweise, in einem sehr begrenzten Rahmen. Sie sind wegen ihrer Klarsicht ziemlich arrogant und vergessen die Welt, die außerhalb ihres beschränkten Gesichtskreises existiert, und von der sie überhaupt nichts mitbekommen. Viele Wissenschaftler stehen stark unter dem Einfluss des 5. Strahls. Die moderne Technologie ist ein Phänomen des 5.

Strahls. Solche Menschen haben einen sehr scharfen, klaren Einblick in sehr kleine Probleme, aber keinerlei Wahrnehmung für die größere Welt und ihre verschiedenen Bewusstseinsebenen. Die meisten Wissenschaftler wehren sich gegen jegliche esoterische Betrachtungsweise. Es kommt ihnen gar nicht in den Sinn, dass es mehr auf der Welt gibt, als sie unter dem Mikroskop sehen und messen können.

Beim 4. Strahl gibt es der Verblendungen und Untugenden viele. Meister Djwhal Khul hat sie – durch Alice Bailey – zusammengefasst als Egozentrik (zu der ich noch Exhibitionismus hinzurechnen würde, ein "übersteigertes" Mitteilungsbedürfnis; viele bekannte Entertainer und Popkünstler haben den 4. Strahl als Haupt- und Unterstrahl in der Persönlichkeit), übermäßige Besorgtheit, Ungenauigkeit, mangelnde moralische Courage, starke Leidenschaften, Gleichgültigkeit, Extravaganz. Dem hinzuzufügen wäre noch Unentschlossenheit sowie der Hang zur Selbstdramatisierung.

Als die Verblendungen des 7. Strahls nennt Meister Djwhal Khul Formalismus, Bigotterie, Stolz, Engstirnigkeit, oberflächliches Urteilen, gehätschelter Eigensinn. Dazu kommen meiner Ansicht nach noch ausgeprägte Inflexibilität und Unnahbarkeit.

Alle diese Strahlentypen haben natürlich auch Tugenden. Aber ich spreche hier nur von den Verblendungen. Über die Tugenden brauchen wir nicht weiter zu reden, weil sie immer positiv sind. Die Verblendungen, die Untugenden, das sind die destruktiven Tendenzen.

[158] *Mir ist eine Bemerkung von Meister Djwhal Khul im Gedächtnis geblieben, nach der ein Strahl-6-Typus immer nach Macht und Autorität strebt. Daher habe ich aufgrund meiner Strahlenstruktur ganz bewusst versucht, immer unpersönlich aus dem Hintergrund mit der Gruppe zusammenzuarbeiten, anstatt die Führung zu übernehmen. Ich nehme an, das hat mit einem starken 6. Strahl in meiner Ausrüstung zu tun.*
Die Selbsttäuschung ist eine ausgeprägte Verblendung des Strahl-6-Typus. Er ist ausgesprochen idealistisch. Aber er verwechselt Ideal und Durchführung. Ich glaube es einfach nicht, wenn ein Strahl-6-Typ sagt: "Ich kenne meine Fehler. Ich weiß, ich möchte dominieren und in der Gruppe bestimmen, also nehme ich mich zurück. Ich arbeite im Hintergrund und trete nicht so sehr in Erscheinung." Da ich die betreffende Person nicht kenne, weiß ich nicht, ob das stimmt oder ob ich da falsch liege. Das ist sicher ihre Absicht, aber ich wette mein letztes Hemd, dass das nicht den Tatsachen entspricht. Es ist die Selbsttäuschung des 6. Strahls.

Nehmen wir ein sachliches Beispiel, unabhängig von Gruppen oder Personen. Nehmen wir die Vereinigten Staaten von Amerika mit einer Strahl-2-Seele und einer Strahl-6-Persönlichkeit. Die USA haben die Vorstellung, zu wissen, was Brüderlichkeit ist. Sie sehen sich als Verteidiger des Friedens, der Gerechtigkeit und Freiheit überall in der Welt. Sie haben wirklich dieses Ideal. Jeder "weiß", dass ein Amerikaner mehr als alle anderen Menschen "frei" ist und "befreit" ist. Fragen Sie irgendeinen Amerikaner und Sie werden diese Meinung hören. "Ja, wir vertrauen auf die Gerechtigkeit. Wir glauben an die Freiheit für alle." Schwarze und Weiße? "Ja, für Schwarze und Weiße." Fragen Sie einen schwarzen Amerikaner, vor allem aus dem Süden, ob er sich frei fühlt. Hat er das Gefühl, dass ihm Gerechtigkeit widerfährt? Sie werden eine ganz andere Antwort erhalten. Es gibt eben solche und solche Amerikaner.

Seit dem Zweiten Weltkrieg ist Amerika in mehr Länder einmarschiert als jede andere Nation, das fing damals mit Südkorea und Vietnam an. Wenn sie nicht in ein Land einmarschiert sind, haben sie es durch eingeschleuste Rebellen unterwandert und bestimmte **[159]** Kreise, die für sie arbeiteten, mit Waffen und Geld unterstützt. Dazu ist der CIA da – um andere Nationen zu unterwandern.

So sieht die Realität aus, aber das *Ideal* ist Gerechtigkeit und Freiheit für alle im US-amerikanischen Stil. Es leben etwa 265 Millionen Menschen in Amerika und davon leben offiziell 33 Millionen unter der Armutsgrenze. Das ist ein krasser Fall von Selbsttäuschung und ein Ergebnis der Tendenz des 6. Strahls.

Ähnlich denkt wohl auch, wie ich meine, die Person, die diese Frage stellte: "Ich habe mehrmals den 6. Strahl. Ich weiß, dass Meister Djwahl Khul sagte, man solle solchen Leute keine Macht und Autorität geben, weil sie sie immer missbrauchen, darum halte ich mich zurück. Das ist wohl das Beste und Ehrlichste, was ich tun kann." Weil sie die Vorstellung haben, denken sie, sie tun es bereits. Selten setzen sie das Ideal in die Wirklichkeit um. Allerdings muss man auch sehr entwickelt sein, um einem Ideal gemäß zu leben.

Warum stattet eine Strahl-6-Seele ihr Vehikel manchmal mit einer Strahl-6-Persönlichkeit, einem Strahl-6-Astralkörper und möglicherweise auch noch mit einem Strahl-6-Verstand aus?

Das kommt häufig vor – manchmal sogar dreimal mit doppeltem 6. Strahl. Ich kenne Menschen mit dieser Strahlenausrüstung. Das geschieht, um die Sache auf die Spitze zu treiben, damit diese Leute in einer Inkarnation –

etwa zwischen 1 und 1.5 – in der Lage sind, Verblendungen, weil sie sozusagen in Großbuchstaben daherkommen, zu erkennen. Die Seele wählt eine derartige Strahlenstruktur mit dieser starken Betonung, um die Verblendungen so offensichtlich werden zu lassen, dass selbst dieser Strahlentypus zu guter Letzt nach all den Inkarnationen, die er im Nebel zugebracht hat, die Verblendungen erkennen kann. Sie können nun ihre Verblendungen allmählich sehen, weil sie so deutlich, so markant sind.

Warum sucht die Seele eine Strahl-6-Persönlichkeit als Fokus aus, wenn doch der 6. Strahl solche Verblendungen aufweist?

[160] Meine Erfahrung ist, dass die Seele ihren Fokus ganz häufig im Mentalkörper hat, damit eine Person in diesem oder dem nächsten Leben die mentale Polarisation erreicht. Wenn der Seelenfokus auf der Strahl-6-Persönlichkeit liegt, mag das, wie ich vorher schon ausführte, die Verblendungen so offensichtlich machen, dass man sie erkennen kann – und damit die Seele sich hoffentlich einmal vollkommen in der Strahl-6-Persönlichkeit reflektieren kann. Die außerordentliche Tugend des 6. Strahls, die eine Seele natürlich besitzt, ist die Selbstaufopferung, was aber nicht heißt, dass die Strahl-6-Persönlichkeit eine starke Opferbereitschaft hat. Ist jemand sehr entwickelt, hat er sie möglicherweise, aber das ist nicht immer der Fall. Nimmt man die besseren Eigenschaften, die Tugenden des 6. Strahls – Selbstaufopferung, Weitsicht, die Fähigkeit, ein Ideal ins Auge zu fassen, Hingabe, Zielgerichtetheit, Loyalität – und kehrt diese in ihr Gegenteil um, bekommt man die Schwächen des 6. Strahls. Anstelle der Loyalität erscheint der Judas, die Untreue. Anstelle der Vision erhält man Selbstbetrug. Anstelle von Hingabe zeigt sich zeitweise blinde Hingabe und dann mitunter auch das extreme Gegenteil. Die größte Schwäche des 6. Strahls ist Absonderung.

Jeder kennt diesen Typus. In jeder Gruppe findet man ihn: eine Person voller Idealvorstellungen für und von der Gruppe, die aber nicht mit der Gruppe, sondern nur für sie arbeiten kann. Sie können nicht mit anderen zusammenarbeiten, können sich nicht auf gleichem Niveau mit ihnen sehen und daher nicht auf eine gemeinsame Arbeit einlassen. Immer wissen Sie alles besser, sodass sie mit niemanden zusammenarbeiten können. Ich übertreibe natürlich, aber es zeigt die Tendenz.

Solange man die Verblendung nicht als etwas Unwirkliches erkennt, kann man auch nichts dagegen tun. Man steckt mitten drin, und das ist alles. Also wird die Seele die möglichen Verblendungen hervorheben – entweder durch die Persönlichkeit, den Astralkörper, oder manchmal auch durch den Mentalkörper, um die Verblendungen zum Vorschein zu bringen, sie so stark und offensichtlich zu machen, damit man sie schließlich als solche erkennt.

Welche Rolle spielt eigentlich der 1. Strahl, wenn es um Zusammenarbeit geht, insbesondere in führenden Positionen? (Mai 1998)
[160] In dieser Frage offenbart sich meiner Ansicht nach die falsche Vorstellung, die Leute mit dem 2. und 6. Strahl meist vom 1. Strahl haben. Man nimmt immer an, eine Person mit dem 1. Strahl sei immer eine Führungspersönlichkeit, und natürlich haben auch viele von ihnen große Führungsqualitäten. Diese Eigenschaft ist jedoch nicht nur dem 1. Strahl vorbehalten. Wenn dem so wäre, gäbe es relativ wenig Führungskräfte auf der Welt, weil es vergleichsweise wenig Strahl-1-Seelen gibt. Da wir uns in einem Sonnensystem befinden, das vom 2. Strahl regiert wird, ist der 1. Strahl hier immer der erste Unterstrahl des 2. Strahls. Es gibt keinen reinen 1. Strahl in diesem Sonnensystem.

Von Menschen auf dem 1. Strahl erwartet man stets enormen Tatendrang und völlige Furchtlosigkeit, man hält sie für gute Führer, die andere inspirieren. Das kann so sein und ist häufig auch der Fall. Hitler war solch ein Mensch, doch war das gut für die Welt? Er hat den Menschen in Deutschland nichts Gutes gebracht und Millionen von Menschen großes Leid angetan. Allein in Russland starben 25 Millionen Menschen im Kampf gegen Hitlers Armee. Sechs Millionen Juden und etwa eine Million Ungarn, Zigeuner, Polen und andere Volksgruppen starben unter Hitler in den Konzentrationslagern.

Der 1. Strahl kann wie jeder andere auch destruktiv oder konstruktiv sein, aber er ist nicht der einzige Strahl, der Führungsqualitäten verleiht. In den Gruppen, die ich persönlich kenne, ist er relativ rar, und ich kenne die Strahlenstruktur von vielen hundert Menschen auf der ganzen Welt. Der 1. Strahl ist so selten, dass es auch in diesen Gruppen nur sehr wenige Strahl-1-Seelen gibt. Gelegentlich ist das Denkvermögen vom 1. Strahl geprägt, und eine Strahl-1-Persönlichkeit ist glücklicherweise selten, da das schwer zu handhaben ist. Einige wenige haben einen Strahl-1-Astralkörper. Der 5. Strahl ist der einzige, dem ich bei einem Emotionalkörper bis jetzt noch nie begegnet bin. Ebenfalls ganz selten kommt hier der 7. Strahl vor, ich kennen nur einen Menschen; auch der 3. Strahl auf dem Astralkörper ist selten.

Ein vom 1. Strahl geprägtes Denkvermögen äußert sich in einem scharfen Verstand, das ist dann ein Mensch mit großem Weitblick, der Ideen entwickeln und umsetzen kann und daher sehr einflussreich ist. Wenn man die **[161]** Strahlenstrukturen in den Büchern *Maitreyas Mission, Band Eins, Zwei* und *Band Drei,* betrachtet, wird man feststellen, dass bei außerordentlich vielen Eingeweihten das Denken vom 1. Strahl regiert wurde, und bei hohen Generälen oder Königen mitunter auch die Persönlichkeit und sehr oft auch der Körper. Ein Strahl-1-Denkvermögenen finden Sie häufig bei Menschen, die in ihrem Leben sehr einflussreich wurden, wo immer ihr Aufgabenfeld lag. Das heißt nicht, dass sie in führenden Positionen waren, sondern dass sie führend im Denken waren. Sie betätigten sich also nicht unbedingt als politische Führer, obgleich das natürlich auf viele, wie Hitler, Tito, Mao Tse-tung und Winston Churchill, durchaus zutraf. Sie alle ließen diese Verstandesqualität erkennen.

Seelenstrahl

Kann sich der Seelenstrahl als Verblendung manifestieren?
Nein, nie. Die Seele hat keine Verblendungen. Verblendung entsteht, wenn die Seelenqualität sich nicht ungehindert durch die Persönlichkeit oder ihre Träger offenbaren kann.

Die Seele unterliegt keinen Verblendungen. Wie ist es dann möglich, dass jemand die Verblendungen seines Seelenstrahls erkennen lässt, ohne dass dieser in der sonstigen Ausrüstung auftaucht? (JK Mai 2000)
Die Persönlichkeit demonstriert die Verblendungen. Obwohl die Seele vollkommen ist und keine Verblendungen besitzt, besteht das Problem darin, dass auf der Persönlichkeitsebene die Verblendungen als gegensätzliche Aspekte der perfekten Seelenqualität nach vorn treten. Das ist ein Grund.

Ein anderer Grund ist, dass der Seelenstrahl, egal welcher, nicht die Ursache aller Aspekte ist. Einige Aspekte hat er auch mit anderen Strahlen gemeinsam. Wenn man eine bestimmte Verblendung auf der Persönlichkeits- oder Mentalebene erkennt, kann das durchaus auch die Kehrseite anderer Strahlenqualitäten sein, da sie bis zu einem gewissen Maß **[163]** die gleichen Qualitäten haben. Einige Eigenschaften des 2. Strahls besitzen auch der 4. und der 6. Strahl. Einige Qualitäten des 1. Strahls kann man auch beim 3. Strahl finden, und Eigenschaften des 3. Strahls teilweise auch beim 5. und beim 7. Strahl. Da gibt es keine festen Grenzen, wie Sie sich das vielleicht vorstellen. Schauen Sie sich die Liste der Verblendungen oder die Tugenden und Untugenden der verschiedenen Strahlen an, dann werden Sie feststellen, dass einige Strahlen zwei, drei oder vier Untugenden gemeinsam haben.

Ein weiterer Grund ist, dass sich niemand mehr in der ersten Inkarnation befindet. Jeder hat im Laufe seiner vielen Leben bereits alle Strahlen immer und immer wieder in seiner Ausrüstung gehabt. Diese Eigenschaften sind bereits Bestandteil des "Systems".

Welche Träger – der astrale, mentale, die Seele und so weiter – sind besonders für Verblendungen verantwortlich?
Die Seele können Sie ausschließen. Die Seele ist nicht für die Verblendungen verantwortlich – aber die Persönlichkeit, der Astralkörper und der Mentalkörper. Die wirkliche Ursache von Verblendung ist der Mangel an Gelassenheit der Persönlichkeit.

[Mehr über die Sieben Strahlen in: Benjamin Creme, *Maitreyas Mission, Band Eins, Zwei* und *Drei*, Edition Tetraeder, München.]

Wie die Meister lehren

Werden die Meister, sobald sie an die Öffentlichkeit treten, uns gleich unterweisen? Andernfalls kann sich die Welt ja nie verändern.
Die Meister werden Ihr Leben nicht für Sie in die Hand nehmen, sie werden nicht sagen: "Sie sollten dies und das und jenes tun." Mein Meister macht so etwas nicht mit mir. Wenn ich etwas wissen möchte, muss ich ihn fragen – sonst sagt er kein Wort. Und die Frage muss richtig gestellt sein, sonst bekomme ich vielleicht eine Antwort, verstehe sie aber falsch.

[164] So habe ich beispielsweise in der Anfangszeit, wenn ich in einem Buch auf etwas stieß und dachte, ich hätte intuitiv seine Bedeutung erfasst, ihn gefragt: "Ist es das?" Und der Meister sagte: "Genau, genau." Das machte er monatelang so. Ich dachte, ich sei ziemlich gut und würde alles verstehen. Ich meinte, meine Intuition würde wirklich funktionieren. Es dauerte lange, bis ich begriff, dass "genau" keineswegs hieß, dass ich genau richtig lag. Es bedeutete vielmehr: "Genau das sagst du." Meister sind sehr präzise. Er würde nie sagen: "Nein, nein. Das ist falsch." Das würde mich vom Weg abbringen. Er hat nicht das Recht, mir so etwas zu sagen. Das wäre eine Verletzung meines Rechts, etwas selbst zu lernen. Man sollte sich selbst unterrichten und nicht einen Meister bitten oder von ihm erwarten, dass er einem etwas beibringt.

Könnten Sie uns Beispiele nennen, wie Sie von Ihren Verblendungen frei wurden?

Mein Meister nahm mich unter seine Fittiche und unterzog mich einem Prozess der Ernüchterung und Desillusionierung, der so intensiv war, dass es mir nicht leicht fällt, Ihnen eine Vorstellung davon zu vermitteln. Es war wie eine tiefgründige, zwanzig Stunden täglich andauernde Psychoanalyse. Nicht der einstündige wöchentliche Besuch beim Analytiker mit angenehmen Gesprächen, sondern so, als ob der Meister ständig auf meiner Schulter säße – ein ausgesprochen schmerzhafter desillusionierender Prozess der Ernüchterung. Permanent – Minute für Minute, Tag für Tag – mit dieser Stimme im Kopf. Gelegentlich entschuldigte er sich dafür. Man kann der Stimme eines Meisters nicht entgehen. Er kann seine Stimme so laut werden lassen, dass sie jeden Gedanken, den man fassen kann, übertönt. Er kann jedes Geräusch im Kopf nachmachen. Er kann die Stimme anderer Personen imitieren, sodass es manchmal Minuten dauerte, bis ich erkannte, dass es nicht diese Person war, sondern der Meister. Die Meister beherrschen jede Art von Magie. Ich weiß gar nicht, wo ich anfangen soll. Ich hörte die Stimme von jemanden, den ich kenne, und dann sollte ich entscheiden, ob sie echt war oder nicht. Ich wurde sehr geschickt. Ich sagte, **[165]** nein, diesmal fehlte etwas, auf keinen Fall hielte ich das für den und den. Die Stimme schien dieselbe, aber irgendetwas fehlte.

Es ist, als würde man immer zuerst auf seine Schwächen, auf den schwächsten Punkt hingewiesen und dann wird immer wieder darauf eingehämmert, bis man denkt: “Puh, das kann ich jetzt auslassen, das ist überstanden”, nachdem man tagelang durch die Mühle gedreht wurde, immer wegen derselben Sache. Es war so hart und liegt so viele Jahre zurück, dass ich mich beinahe nicht mehr daran erinnere. Ich kenne das Gefühl und auch manche Dinge noch, aber ich kann wirklich kein präzises Beispiel nennen, außer dass er das ansprach, was ich heute als eine Schwäche sehen würde, die ich damals vielleicht nicht erkannte; doch ob ich sie erkannte oder nicht, ich habe sie jedenfalls überwunden. Er bearbeitete mich, bis ich sie aus jedem Blickwinkel betrachten konnte; da gab es Perspektiven, die ich begreifen konnte, aber auch Sichtweisen, die mir im Traum nicht eingefallen wären, bis diese Schwäche so konkret vor mir stand, dass ich förmlich um sie herumgehen konnte. Auf diese Weise konnte ich sie lassen – manchmal ging es um eine Illusion und manchmal um eine Verblendung.

Irgendwann kommt ein Punkt, wo man Verblendungen überwinden kann, doch das Problem ist, dass sie sich dann in Illusionen verwandeln. Ist es eine mentale Verblendung, ist es eine Illusion. In der Praxis läuft das auf dasselbe hinaus.

Im täglichen Leben können wir manchmal, wenn wir bewusst genug sind, einige Verhaltensweisen für einen Moment lang als Verblendung erkennen. Aber dann kann es Monate dauern, bis eine Situation eintritt, in der diese Verhaltensweise wieder deutlich wird. Es scheint, dass Ihr Meister diese Situationen geschaffen hat, um Erfahrungen eines ganzen Lebens zu verdichten?

Damit ist die Situation ziemlich gut erfasst. Es ist, als werde das Ganze komprimiert, sodass man in Wochen oder Monaten etwas durchmacht, was einer jahrelangen, schmerzhaften und sehr intensiven Psychoanalyse gleichkommt. Es ist keine Psychoanalyse im üblichen Sinn, aber mir fällt kein anderes Wort dafür ein. Es ist eine psychische Demonstration. Er erwähnte bloß leise ein Wort **[166]** oder eine Idee. "Lass uns das einmal anschauen." Und dann brachte er mich dazu, es auf mich zu beziehen. Also analysierte ich alles selbst und kreiste das Thema ein. Er hätte nie gesagt, mach dies oder das, oder mich als dummen oder guten Jungen bezeichnet, niemals. Ich wurde mir selbst gezeigt. "Stimmt das für dich? Bist du damit zufrieden? Denn du hast mir gezeigt, dass du so bist." Es ist wie ein Spiegel. Er zeigt dir den Spiegel solange, bis du sagst: "Das hatten wir gestern schon." Und er konnte entgegnen: "Ja, das kann schon sein, vielleicht auch nicht. Aber schauen wir uns das noch einmal an." "Oh nein!" Wirklich unangenehm. Und dann entschuldigte er sich.

Die Meister sind ausgesprochen rücksichtsvoll und höflich. Ich sage: "Wie sieht diese Strahlenstruktur aus ? ... Wie jene?" Ich bin sehr unhöflich. Und er sagt: "Wäre Creme so freundlich ...", und ich werde wieder daran erinnert. "Würde der Meister bitte so freundlich sein und ...", anstatt: "Was ist dies? Was ist das? Wie viele? Zu wie viel Prozent?" Die Höflichkeit des Meisters und mein Verhalten sind grundverschieden. Andauernd stellen mir Menschen Fragen, und ich habe es mir angewöhnt, ihn umgehend nach der Antwort zu fragen. Selbst wenn ich alleine bin, mache ich das. Das ist einfach schändlich, schrecklich.

Aber der Meister, er entschuldigt sich. Er sagt: "Meister entschuldigt sich dafür, dass er dich das durchmachen lässt, aber es ist notwendig – unangenehm, aber notwendig." Es ist ein fürchterlicher Prozess!

Aber, so habe ich die Gelassenheit erreicht, die nötig ist, um diese Arbeit zu machen: Vor jedem noch so großen oder kleinen Publikum über diese kontroversen Themen zu sprechen, sie einer skeptischen Welt, auf der Bühne, im Fernsehen oder im Radio zu vermitteln und öffentlich von Christus, von Lord Maitreya, überschattet zu werden, dabei bis zu einer Stunde lang nicht ein Wort zum Publikum zu sagen – und ihre Aufmerksamkeit wach zu halten.

Leserbriefe

[167] **Anmerkung des Herausgebers:** Seit vielen Jahren haben einige der Meister, vor allem Maitreya, der Meister Jesus und der Meister in Tokio die Vorträge von Benjamin Creme und die Meditationen besucht. Sie zeigen sich aber auch in unterschiedlicher Gestalt vielen Menschen auf der ganzen Welt, vor allem denen, die für die Ankunft der Hierarchie arbeiten. Einige berichten in Leserbriefen an *Share International* von ihren Erlebnissen, und wenn Benjamin Cremes Meister sie als authentische Begegnungen mit einem der Meister bestätigt hat, werden die Briefe publiziert. Handelt es sich um nicht authentische, also "gewöhnliche" Erlebnisse, bleiben sie unveröffentlicht. Auf diese Weise wurden der Elan und die Moral der Gruppen, die für diese Sache arbeiten, immens gestärkt.

Mit diesen Erlebnissen wollen die Meister inspirieren, einen Weg zeigen oder eine Unterweisung geben und häufig auch heilen und aufrichten. Nach der Begegnung fühlen sich die Menschen, die sehr niedergeschlagen und unglücklich waren, unendlich erleichtert und beglückt. In vielen Fällen greifen die Meister, und das wohl schon seit Hunderten von Jahren, als rettende "Engel" ein, beispielsweise bei Unfällen, in Kriegszeiten, bei Erdbeben und anderen Katastrophen. Sehr oft weisen sie damit auch – sehr humorvoll – auf eingefahrene Vorurteile hin, beispielsweise gegen das Rauchen oder Trinken.

Sie bedienen sich dabei einer imaginären "Gestalt", einer Gedankenform, die völlig real erscheint und mit der sie ihre Überlegungen vermitteln können. Sie können nach Belieben als Mann, als Frau oder als Kind erscheinen. Gelegentlich nehmen sie auch eine existierende Person als "Modell" und treten, in nahezu identischer Gestalt, wie diese Person auf. Die folgenden Briefe illustrieren dieses Vorgehen, insbesondere die Geschichte von dem japanischen Schmuckhändler.

Der verlorene Ring

Lieber Herausgeber,
im April 1998 ging ich auf meinem Weg zur Transmissionsmeditation eine Straße in der Nähe des Asagaya-Bahnhofs in Tokio entlang und bemerkte dort einen Straßenverkäufer, der Schmuck anbot. Er hatte Anhänger aus

Muscheln, die er für 300 Yen (3 Dollar) das Stück verkaufte. Eine Frau unterhielt sich mit ihm, während sie auswählte. Da sie so günstig waren, **[168]** konnte ich nicht widerstehen und machte vor dem Stand Halt. Ich suchte verschiedene Sachen aus und legte dann alles vor den Mann hin.

Er unterbrach das Gespräch mit der Frau, schaute auf und blickte mich intensiv an. Er nahm einen der Anhänger, die ich ausgesucht hatte, und sagte: "Der hier ist teurer. Er kostet 1.800 Yen (18 Dollar), aber ich verkaufe ihn Ihnen für 1.200 Yen, weil Sie das ja nicht wissen konnten."

Dann nahm er einen Ring und sagte: "Den schenke ich Ihnen. Geben Sie mir Ihre Hand." Als ich ihm meine linke Hand reichte, meinte er: "Der ist teuer. Er ist für Ihren kleinen Finger." Er streifte ihn über meinen Finger. Zu meiner Überraschung passte er wie angegossen, obwohl ich ausgesprochen schmale Hände habe. Das sah niedlich aus, und ich war glücklich. Als ich ging, sagte er: "Kommen Sie wieder."

Ich gehe jede Woche durch diese Straße, habe ihn aber nie zuvor gesehen und seitdem seinen Stand auch nicht mehr entdecken können. Ich erinnerte mich, dass die Frau, die sich mit ihm unterhielt, zu ihm sagte: "Die habe ich schon oft bei Ihnen gekauft." Das fand ich merkwürdig.

Ich behielt den Ring immer am Finger, sogar wenn ich meine Hände wusch, denn ich fürchtete, ihn zu verlieren. Eines Tages beschäftigte mich der Ring aus irgendeinem Grund den ganzen Tag über. Ich ging an diesem Tag zur Transmissionsmeditation und wusste, dass ich den Ring, als die Meditation zu Ende war, noch hatte. Aber auf dem Nachhauseweg entdeckte ich, dass ich ihn verloren hatte. Dabei hatte ich ihn nicht von meinem Finger genommen. Er war einfach verschwunden.

Als mich der Mann damals ansah, erinnerte ich mich an die Augen einer Frau auf einem Fahrrad, die ich vor einem Jahr gesehen hatte und die, wie sich herausstellte, Maitreya war. War dieser Mann Maitreya? Wenn ja, warum verschwand mein Ring? Und wer war die Frau, die sich mit ihm unterhalten hatte?

T.K., Tokio, Japan

(Benjamin Cremes Meister bestätigt, dass der Mann Maitreya war. Der Ring verschwand nicht, die Schreiberin hat ihn verloren. Die "Frau" war der Meister Jesus.)

Der verlorene Ring – wiedergefunden

[169] Lieber Herausgeber,

vor einem Jahr, im April 1998, traf ich Maitreya in der Gestalt eines Straßenverkäufers. Er gab mir damals einen Ring, den ich später verlor, was mich sehr betrübte und auch wegen meiner Achtlosigkeit beschämte. Aber ich habe noch einen Anhänger und eine Brosche, die ich von ihm kaufte, und die ich immer als Talisman trage.

In meinem persönlichen Leben bin ich oft sehr mutlos, weiß aber auch, dass ich nur so leben kann, wie meine Seele es mir auferlegt, auch wenn mein Leben manchmal sehr schwer ist. Maitreya ist immer in meinen Gedanken und ich bitte ihn, dass er mir Mut geben möge.

Am Freitag, den 16. April 1999, etwa um 17.30 Uhr war ich auf dem Weg zur Transmissionsmeditation. Ich erinnerte mich daran, dass ich Maitreya etwa vor einem Jahr in dieser Gegend begegnet bin. Zu meiner Überraschung sah ich dort denselben Straßenhändler. Anstelle der Anhänger und Broschen wurden am Stand nur Ringe angeboten, und auf dem Preisschild stand "300 Yen". Da ich immer an meinen verlorenen Ring dachte, ging ich sofort zu dem Tablett mit den Ringen und suchte. Es gab so viele Ringe, dass es mir nicht gelang, herauszufinden, welcher davon wie mein verlorener Ring aussah. Als ich einen Ring herausnahm, sagte der Mann: "Die Steine sind kubische Zirkone." Und ich erinnerte mich, dass mein verlorener Ring ebenfalls drei nebeneinander liegende kleine Steine aus Zirkon hatte. Der Mann sagte: "Er ist für Ihren kleinen Finger". Das erinnerte mich auch an damals. Ich streifte ihn über den Finger – er passte perfekt. Es war genau der gleiche Ring, den ich im vergangenen Jahr verloren hatte. Lächelnd, und als ob er meine Gedanken lesen konnte, sagte der Mann: "So, ist jetzt alles gut?" Ich nickte heftig und kaufte den Ring. Ich war so aufgeregt, dass ich den verlorenen Ring wieder hatte, dass ich nicht darüber nachdachte, ob das möglicherweise Maitreya war. Auch die Bitte meiner Tochter, für sie ebenfalls einen Ring zu kaufen, wenn ich ihm wieder begegnen würde, vergaß ich vor lauter Glück. Als ich in seine Augen sah, blickte er mich einen Moment lang an. **[170]** Er hatte dieselben grauen Augen wie der Straßenhändler vom letzten Jahr.

Als ich gerade gehen wollte, bemerkte ich eine alte Dame, die neben ihm stand, die aber vorher noch nicht da gewesen war. War der Mann Maitreya? Und wer war die alte Dame? Wenn es Maitreya war, hat er mir zweimal ein Zeichen gegeben. Kann man noch deutlicher ermutigt werden? Ich habe wieder einmal den Entschluss gefasst, mit mehr Mut und Vertrauen zu leben. Ich bemühe mich, so gut ich kann, alles andere lege ich in Gottes Hände.

T.K., Tokio, Japan

(Benjamin Cremes Meister bestätigt, dass der Mann Maitreya war, die "alte Dame" der Meister Jesus.)

Das Ganze noch einmal

Lieber Herausgeber,

am 16. April 1999, kurz nach 17.15 Uhr, entdeckte ich am Eingang zum Nachtschalter der Mitsubishi Bank in Tokio-Asagaya einen Straßenhändler, der Schmuck verkaufte. Er trug eine Jacke mit Stehkragen und einen dunkelbraunen Hut. Nachdem ich im nahe gelegenen Supermarkt eingekauft hatte, ging ich zurück und fand zwei andere Kunden vor. Ich nahm einen Ring aus dem Schmuckkasten, der mit 300 Yen (3 Dollar) ausgezeichnet war. Er war zu meiner Überraschung viel zu klein, sodass ich ihn zurücklegte. (Mir kam nicht in den Sinn, dass er möglicherweise für den kleinen Finger gedacht war.) Dann schaute ich nach Anhängern und fand einen, dessen Form mir sehr gefiel, aber ich hätte das lieber als Brosche gehabt. Ich hielt ihn hoch und fragte den Mann: "Das ist ein Anhänger, nicht wahr?" Der Händler zeigte mir daraufhin eine Brosche und meinte: "Diese habe ich." Es war genau dieselbe Ausführung wie der Anhänger. "Sie ist auf beiden Seiten aus Muscheln gearbeitet", bemerkte er. Sie hatte einen feinen Glanz und war mit zarten Linien übersät.

Ich nahm eine andere Brosche heraus, die wie ein Vogel aussah und fragte: "Ist das nicht ein Vogel?" Er entgegnete: "Es ist ein Vogel, stimmt. Sie werden so etwas nirgendwo sonst in dieser Gegend finden." Ich fragte: "Haben Sie **[171]** die selbst gemacht?" "Ich mache sie alle selbst. Deshalb kann ich sie auch so günstig verkaufen." Dann zeigte er einer anderen Kundin ein Paar Ohrringe mit der Bemerkung: "Die habe ich erst letzte Nacht hergestellt." Sie waren so wunderschön, dass ich zu der Frau einfach sagen musste: "Sie stehen Ihnen sehr gut." Sie drehte sich um und lächelte. Ihre Schönheit überraschte mich.

Auf einmal bemerkte ich eine alte Frau mit einer Mütze, die neben dem Mann saß. Ich überlegte, wann sie wohl gekommen war, und fragte den Mann: "Ist das Ihre Frau?" Er antwortete: "Wir sind jetzt seit sechzig Jahren zusammen." Ich rechnete in meinem Kopf nach und dachte mir: "Das heißt, sie müssen über achzig sein. Nun, der Mann scheint viel jünger und auch sehr dynamisch zu sein, aber der Frau sieht man ihr Alter schon an." Sie lächelte, ohne etwas zu sagen, heiter und gelassen vor sich hin. Der Mann hatte eine gebräunte Haut, mit vielen Pigmentflecken, die ziemlich unnatürlich aussahen. Er trug eine Brille, seine Augen waren groß, eindrucksvoll und durchdringend.

Schließlich entschied ich mich für zwei Broschen, eine für 300 und eine für 900 Yen. Als ich ihm 1.200 Yen reichte, sagte er: "1000 Yen sind genug." Dann schaute er mich an und meinte: "Geben Sie mir Ihre Hand."

Als ich ihm meine rechte Hand entgegen streckte, bat er mich um den kleinen Finger und streifte mir zu meinem großen Erstaunen den Ring über. Es war ein Ring mit drei rechteckigen Zirkonen nebeneinander. Er sagte: "Den schenke ich Ihnen." In dem Moment registrierte ich, dass ich das gleiche Erlebnis hatte wie meine Kollegin Frau K. Der Mann sagte: "Kommen Sie wieder." Ich antwortete: "Ja, das werde ich."
Könnten Sie mir bitte sagen, ob der Mann Maitreya war? Und wer war die alte Frau und wer die bildhübsche Kundin?
H.N., Tokio, Japan
(Benjamin Cremes Meister bestätigt, dass der Mann Maitreya war. Die "alte Frau" war der Meister Jesus. Die "schöne Kundin" war der Meister von Tokio.)

Hausgast

[172] Lieber Herausgeber,
Anfang August 1995 kam ein Mann in die Transmissionsräume in Osaka-Kyobashi. Er war sehr schlank und etwa 1,80 Meter groß. Er hatte breite Schultern, und sein Haar war kurz geschnitten, wellig und schwarz. Sein Blick war durchdringend. Er sah aus wie ein Büroangestellter.

Er hatte mich schon vorher zu Hause angerufen und gesagt: "Mein Name ist Mori. Sie machen sich gerade Sorgen, nicht wahr? Das merke ich am Klang Ihrer Stimme." Er bot mir an, mich zu einem Gespräch zu treffen, und wir verabredeten uns im Transmissionsraum. Sobald er mich sah, meinte er erfreut, ich sei ja tatsächlich die knabenhafte Frau, wie er es vermutet habe. Während unseres Gesprächs erwähnte er, dass er die Meditation gerne einmal miterleben würde. Er fragte auch, ob er vorübergehend in dem Raum bleiben könne, um einen Artikel zu schreiben. Diese Bitte überraschte mich. Aber er hatte mir meine Probleme genau aufgezeigt und sehr freundlich zugehört und mir Ratschläge gegeben – er schien keine unangenehme Person zu sein. So holte ich die Erlaubnis des Hausbesitzers und auch der Transmissionsmitglieder ein und organisierte alles, damit er eine Weile bleiben konnte. (Es war ein einfacher Büroraum mit einigen Stühlen und Kissen.)

Er erzählte mir von sich: Er sei in Shizuoka-Stadt zuhause, und sein Sohn und seine Tochter lebten im Ausland; seine Frau sei Künstlerin und hätte verschiedene Hobbys, unter anderem spiele sie auch das *Koto*-Instrument und sei sehr kultiviert. Sein Familienleben sei sehr glücklich gewesen, doch an einem stürmischen Morgen habe er sich entschieden, von zu Hause fortzugehen und in der Welt herumzuziehen. Alles, was er anfasse, gelinge ihm, und er habe gute Beziehungen mit allen Menschen, wo immer er hinkäme. An einem Ort habe er erfolgreich Brot gebacken, aber das Geschäft dann an jemanden abgegeben, um wieder weiter zu wandern. Er gab mir sogar seine Visitenkarte, nach der er **[173]** Direktor einer großen Kimono-Fabrik war, und erwähnte, dass er gut verdient.

Allmählich hatte ich Freude daran, mich um ihn zu kümmern und brachte ihm jeden Morgen ein Frühstück. Dann las er mir vor, was er tags zuvor geschrieben hatte. Das wurde unser tägliches Ritual. Doch als ich den Gruppenmitgliedern von ihm erzählte, rieten sie mir zur Vorsicht: er könnte ja ein Schwindler sein und mich ausnutzen; ich sei zu freundlich und zu vertrauensvoll. Um seine Reaktion zu sehen, erzählte ich ihm, welche Bedenken die Gruppenmitglieder vorbrachten. Sein Ausdruck schien sich einen Moment lang zu verändern, doch dann fuhren wir mit unseren gewohnten Gesprächen fort. Ich verließ den Raum gewöhnlich nach einer Stunde.

An einem Samstagmorgen teilte er im Anschluss an die Transmissionsmeditation den Gruppenmitgliedern mit, er würde uns die Erfahrung des Selbst vermitteln. Er formte seine Hände zu einem Rohr, hielt sie sich vor die Augen und sagte, derjenige, der beobachtet, sei das Selbst, und der auf der anderen Seite des Rohrs Angeschaute die Person. Die Leute hatten so große Erwartungen gehabt, dass sie jetzt von seiner Erklärung ziemlich enttäuscht waren und überzeugt schienen, dass er bloß ein Schwindler sei. Er erzählte auch, dass es für jeden Menschen eine spezielle Farbe gebe und empfahl mir, mehr Weiß zu tragen. Jemand anderem empfahl er helles Purpurrot.

Eines Tages meinte er, wir sollten unsere Aktivitäten weiter ausdehnen und bekannter machen; er selbst würde demnächst sein Manuskript fertig stellen und als Buch veröffentlichen. Er habe einen Freund, der Verleger sei. Er habe auch vor, demnächst nach Tokio zu reisen, um Frau T.I., eine Mitarbeiterin von Share Japan zu treffen, und auch nach London zu Benjamin Creme.

Einen Monat später war er plötzlich verschwunden, hatte aber einen Brief für mich hinterlassen. Der Inhalt des Briefes hatte mit den drei Versuchungen Jesu in der Wüste zu tun. Danach gab es dann keinen weiteren **[174]** Kontakt mehr mit ihm; ich habe auch weder davon gehört, dass ihn Frau T.I. getroffen hätte, noch von einer Veröffentlichung seines Buches. So dachte ich, dass er vielleicht doch ein Schwindler sei, und warf seinen Brief nach etwa zwei Jahren weg – so lange hatte ich ihn als Talisman zu meiner spirituellen Unterstützung aufbewahrt.

Das meiste aus dem Brief habe ich vergessen, doch unter anderem enthielt er Folgendes:

Die erste Versuchung:

Teufel: Wenn du der Sohn Gottes bist, verwandle diese Steine in Brotlaibe.

Jesus: Der Mensch lebt nicht vom Brot allein.

Die zweite Versuchung:

Teufel: Wenn du der Sohn Gottes bist, stürze dich hinunter, und Gott wird dich retten, bevor dein Fuß einen Stein berührt.

Jesus: Der Mensch soll Gott nicht prüfen.

Dritte Versuchung:

Teufel: Ich verspreche dir alle Königreiche dieser Welt mit ihrer ganzen Herrlichkeit, wenn du mich anbetest.

Jesus: Du sollst Gott deinen Herrn anbeten und nur ihm dienen.

Am Ende des Briefes stand: "Vielen Dank, ich werde dich nicht vergessen. Ich freue mich, dich in der Zukunft wiederzusehen. In Liebe." Diese Zeilen waren in einer kräftigen, recht markanten Handschrift auf zwei Manuskriptseiten geschrieben.

Wenn ich heute manchmal an ihn denke, frage ich mich, ob er ein Meister gewesen sein könnte. Obwohl ich zu 99,9 Prozent Zweifel habe, nagt irgendetwas in mir und so entschloss ich mich schließlich, doch nachzufragen. Obwohl alle meinten, er sei ein Schwindler, kann ich die Tatsache nicht leugnen, dass er mich von einem persönlichen Problem, mit dem ich damals konfrontiert war, abbrachte **[175]** und mir eine sehr wichtige spirituelle Unterstützung gab. Ich nehme an, ich warf den Brief weg, als ich mich stark genug fühlte und diese psychologische Krücke nicht mehr brauchte.

Wenn er ein Meister war, so hat er, denke ich, sein Versprechen gehalten. Er kam nach zwei Jahren, im April 1997, kurz vor Ostern (in einer anderen Gestalt) wieder in den Transmissionsraum in Koyobashi, unterhielt sich etwa eine halbe Stunde lang mit mir und meditierte drei Stunden mit der Gruppe. [Leserbrief: "Versprochen ist versprochen", *Share International,* September 1998, siehe folgende Seite.]

PS: Ich möchte noch erwähnen, dass im Meditationsraum früher zwei Stühle standen, die aber irgendwann spurlos verschwunden waren, und niemand weiß, warum. Hat das Verschwinden der Stühle eine Bedeutung?
N.M., Osaka, Japan

(Benjamin Cremes Meister bestätigt, dass der Mann der Meister Jesus war. Er ließ die Stühle verschwinden, da er sehr oft darauf gegessen hatte und sie daher für normale Gruppenmitglieder zu stark mit Energie aufgeladen waren.)

Versprochen ist versprochen

Liebe Herausgeber,
an einem Samstagmorgen im April 1997, eine Woche vor Ostern, ging ich eine halbe Stunde früher als die anderen Transmissionsteilnehmer in unseren Meditationsraum in Osaka-Kyobashi. Ein Mann kam herein und fragte, ob er an der Transmission teilnehmen könne. Auf meine Frage, ob er diese Meditation schon einmal mitgemacht habe, sagte er: "Ja, in einem Apartment in Temmabashi." Da ich mich erinnerte, dass es dort eine Transmissionsgruppe gab, sagte ich, dann wisse er ja wohl Bescheid. Er ging auf den Tetraeder zu und fragte: "Was ist das für ein Instrument?" **[176]** Um ungenaue Erklärungen zu vermeiden, schlug ich das Transmissionsbuch auf und gab ihm den entsprechenden Text zum Lesen.

Dann setzte er sich vor die Pflanzen im Zimmer und unterhielt sich mit mir. Seiner Frisur nach hielt ich ihn für einen Künstler und dachte noch, er se˜he so aus, als lebte er allein. Er sagte: "Ich bin allein stehend." Ich dachte, dass er Ende dreißig sein müsste. Darauf erzählte er: "Ich bin vierzig Jahre alt." Ich fragte ihn, wo er wohne. Er sagte: "Tezukayama". Da musste ich unwillkürlich kichern, tippte ihm auf die Schulter und meinte: "Deshalb sind Sie mit vierzig wohl auch noch allein." (Tezukayama ist ein Stadtteil von Osaka, in dem reiche Leute wohnen, und ich dachte, er sei sicher ein Sohn vermögender Eltern.) Er lächelte nur.

Bald darauf kamen die anderen, und wir meditierten an diesem Vormittag von zehn bis zwölf Uhr. Er blieb die ganze Zeit dabei. Anschließend erzählte er mir, er wolle noch zum Prema (dem anderen Transmissionszentrum in Osaka) fahren. Ich bat ihn, dort die Nachricht zu hinterlassen, dass im Kyobashi-Raum in der nächsten Woche eine 24-Stunden- Transmissionsmeditation zum Osterfest stattfinden würde. Daraufhin gingen wir alle nach draußen und besprachen noch, wo wir die Plakate für den Vortrag von Benjamin Creme anbringen wollten. Er stand noch immer bei uns und verfolgte lächelnd unsere Unterhaltung. Ich sagte zu ihm: "Sie müssen nicht mehr hier bleiben. Sie können ruhig nach Hause gehen." Später fragte ich die Prema-Leute, ob sie meine Nachricht erhalten hätten. Sie erzählten mir, sie hätten sie auf dem schwarzen Brett gelesen, den Mann aber nicht gesehen. Er hat sein Versprechen gehalten, wurde aber danach nie wieder in einer Transmissionsgruppe gesehen. Wer war der Mann?

N. M., Osaka, Japan

(Benjamin Cremes Meister bestätigt, dass der Mann der Meister Jesus war.)

Teil drei

Einheit

Meine lieben Freunde, ich freue mich, wieder bei euch zu sein.

Mein Plan ist es, dass meine Lehre meiner Präsenz vorangehen soll, um meinen Weg zu bereiten.
Meine Getreuen werden sie mit ihren Gruppen und im Gruppenbemühen verbreiten.
Wenn die Menschheit ein wenig vorbereitet ist, wird meine Stimme vernehmbar sein.

Mittlerweile tragen meine Bemühungen Frucht – sie bewirken Änderungen, führen Menschen und Nationen zusammen und geben der Welt neue Hoffnung.

Ich werde bald nach außen gehen, aber zuvor möchte ich den Weg zeigen in die neue Richtung, die der Mensch einschlagen muss, wenn er überleben will.

Vor allem müssen sich die Menschen als Brüder begreifen, als Söhne des einen Vaters.
Das ist unumgänglich, wenn sie der Gottheit einen Schritt näher kommen wollen.
Überall in der Welt gibt es Männer, Frauen, Kinder, die nicht einmal das Notwendigste zum Leben haben; sie bevölkern die Städte in vielen der ärmsten Länder der Welt.
Dieses Verbrechen erfüllt mich mit Scham.
Meine Brüder, wie könnt ihr diese Menschen vor euren Augen sterben sehen und euch noch Menschen nennen?
Mein Plan ist es, diese, meine Kleinen, vor dem Verhungern und dem sinnlosen Sterben zu retten.

Mein Plan ist es, euch zu zeigen, dass der Ausweg aus euren Problemen heißt, wieder auf die wahre Stimme Gottes in euren Herzen zu hören und den Ertrag dieser überaus großzügigen Welt mit euren Brüdern und Schwestern überall zu teilen.

Ich brauche eure Hilfe, ich bitte euch, mich bei meiner Aufgabe zu unterstützen.
Wie kann ich abseits stehen und diesem Morden zusehen – zusehen, wie meine Kleinen sterben?
Nein, meine Freunde, das darf nicht sein.
Daher bin ich so schnell erneut zu euch gekommen, um euch den Weg zu weisen, um euch den Pfad zu zeigen.
Doch der Erfolg meiner Mission hängt von euch ab:
Ihr müsst eure Wahl treffen — ob ihr teilt und lernt, als wahre Menschen in Frieden zu leben, oder ob ihr gänzlich zugrunde geht.
Mein Herz sagt mir eure Antwort, eure Wahl, und es ist froh.

Maitreya, 5. Januar 1978
(aus: *Botschaften von Maitreya – dem Christus*, Edition Tetraeder, München)

Einheit ist eine Notwendigkeit

von Meister —, durch Benjamin Creme

[178] Einheit muss mit aller Kraft angestrebt werden. In der Einheit liegt nicht nur Stärke, sondern auch Schönheit. Kultiviert die Einheit, wie ein weiser Gärtner seinen Garten pflegt und sich sorgsam um jede neue Knospe und jeden neuen Schössling kümmert. Einheit entsteht aus jeder echten Liebesbezeugung und zeichnet jede geistige Errungenschaft aus.

Schreibt die Einheit auf euer Banner und folgt dem Weg der Stärke. Einigkeit macht alle Dinge möglich, doch ohne sie ist nichts gewiss, und die besten Möglichkeiten zerfallen zu Staub. Das Gelingen beruht darauf, dass die vorhandenen Fähigkeiten richtig genutzt werden; durch mangelnde Einheit kann mitunter das höchste Potenzial vergeudet werden.

Unbesiegbar

Einheit ist eine Manifestation des Geistes, denn die wahre Natur des Menschen ist das Einssein. Alles, was zur Einheit führt, geschieht zum Wohle der Menschheit und beflügelt sie auf ihrer Reise. Einheit ist unbesiegbar; die dunklen Kräfte hämmern vergeblich gegen den Schild der Einheit. Die Zeit wird kommen, wo Einheit herrschen wird, aber die ersten Schritte in diese Richtung müssen jetzt getan werden. Es ist sinnlos, darauf zu warten, dass andere den Anfang machen; den Weg zur Einheit muss jeder Einzelne einschlagen. Nichts durchtrennt das Netz der Einheit so sehr wie Kritik.

Tausende von Möglichkeiten gehen auf diese Weise verloren. Haltet eure kritische Zunge im Zaum und schützt das so sorgfältig gesponnene kostbare Gewebe.

[179] Jeder kennt auf seine Weise die Macht der Einheit; jeder sucht bei seinen Nächsten Anerkennung und Zustimmung. Doch wäre eine mechanische Gleichförmigkeit der Gedanken hier fehl am Platze. Jeder Schritt zur Einheit erhöht die Kraft des Ganzen und erleichtert die schwere Aufgabe derer, die unermüdlich hinter den Kulissen arbeiten. Entwickelt Einheit und erkennt die wahre Natur des Menschen. Bewahrt die Einheit und lasst den menschlichen Geist aufblühen. Lehrt Einheit und entzündet die Liebe im Herzen eures Bruders.

Frieden

Wenn die Menschheit Frieden finden will, muss sie sich als Einheit sehen. Nichts anderes wird diesen glücklichen Zustand herbeiführen. Frieden wird dann eintreten, wenn Gerechtigkeit herrscht und die Armen nicht länger um Barmherzigkeit betteln müssen. Ohne Gerechtigkeit ist Einheit undenkbar und bliebe für immer außerhalb der menschlichen Reichweite. Führt daher Gerechtigkeit ein und bringt Einigkeit und Frieden in diese von Angst gepeinigte Welt.

Allein durch Teilen kann die Gerechtigkeit verankert werden, und allein das Teilen wird sämtlichen Nationen den ersehnten Frieden bringen. Wenn die Menschen teilen lernen und die trennenden Mauern niederreißen, werden sie endlich den wahren Sinn ihrer Existenz erkennen und die Welt mit Brüderlichkeit und Liebe durchfluten.

Lasst das Teilen Wegweiser in die Zukunft sein. Befreit eure Brüder vom Joch der Armut und des Elends. Öffnet euch den Seelenimpulsen und lasst euch vom Willen Gottes leiten.

Opfer

Gottes Wille wird sich durchsetzen, das versichern wir. Durch Einheit und Liebe werden die Menschen das Teilen lernen. Durch Opfer und Vernunft werden sie den Weg zu Gerechtigkeit und Frieden finden. Freiheit und Brüderlichkeit werden das Handeln der Menschen bestimmen. Alles kann erreicht werden.

[180] Gemeinsam können die Menschen alle erdenklichen Großtaten vollbringen. Die Möglichkeiten des Wandels sind grenzenlos, doch die Menschen müssen gemeinsam handeln, um die neue Welt zu schaffen. Nur durch Einheit werden sie siegen. Die Kraft der Einigkeit wird alle Tore öffnen. Haltet am Ideal der Brüderlichkeit fest und hört auf, die Bemühungen eures Bruders gering zu achten. Wisst, dass auch er dem Sturm ausgesetzt ist und im Dunkel kämpft.

Neues Licht

Seit Anbeginn hat der Mensch gekämpft. Immer haben Spaltungen vorgeherrscht. Heute tritt ein neues Licht in das Leben der Menschen, um die Welt von Bigotterie und Krieg zu befreien. Helft, das Licht der Vernunft und des Friedens zu verbreiten. Helft, der Gerechtigkeit und der Freiheit den Weg zu bahnen. Bemüht euch um die Einheit, die den Menschen weiterhelfen wird und sie unter dem Banner des Christus versammelt.

Die Zukunft muss gewonnen werden. Für diese Aufgabe werden alle Hände gebraucht. Lasst die innere Einheit hervortreten und reicht euch die Hände, um gemeinsam das Ziel zu erreichen. (*Share International*, September 1984)

Einheit

von Meister —, durch Benjamin Creme

[181] Wann immer Menschen sich in großen Gruppen treffen, entwickeln sie ein neues Selbstverständnis und sehen einander mit anderen Augen. Sie werden ermutigt und in ihren Wünschen bestärkt und fühlen sich zu jenen hingezogen, die ihre Ansichten teilen. Auch wenn das ganz natürlich scheint, warum ist das überhaupt so?

Im Kern streben alle Menschen innerlich nach Einheit und finden deren Abglanz in der Übereinstimmung von Ideen und Gedanken. Dieser Instinkt liegt der Bildung politischer Parteien und anderer Gruppen zugrunde. Der ideologische Konsens fungiert als Magnet und verstärkt die Wirksamkeit des Ganzen.

Gruppen und Parteien zerfallen, wenn die innere Einheit gestört ist. Einheit ist eine Qualität der Seele und für den Zusammenhalt der Gruppe unentbehrlich. Eine zu starke Betonung der Individualität sowie persönlicher Unterschiede trägt deshalb dazu bei, das einigende Gefüge, das die Gruppe zusammenhält, zu schwächen.

Dieses Prinzip ist bei allen Unternehmungen der Menschen zu beobachten. Der Aufstieg und Fall von Parteien, Gruppen und selbst von Nationen wird von diesem Gesetz bestimmt. Einigkeit macht stark, sagen die Menschen, und so ist es auch: Einheit ist das Wesensmerkmal des Menschen.

Einheit ist in den Anfangsphasen der Gruppenbildung nicht allzu schwer zu erreichen; wenn ihr anfängliches Ziel magnetisch genug ist, reicht das schon aus, um eine Gruppe zusammenzuhalten. Mit der Zeit jedoch kommen Differenzen und Unzufriedenheit auf. Unterschiedliche Stimmen werden laut, die ihren Willen durchsetzen wollen. Wenn der *Wunsch* nach Einheit verloren geht, ist die ganze Gruppe in Gefahr.

Gegenseitige Verbundenheit

[182] Der Zweck, der allem Leben zugrunde liegt, ist die Entwicklung der Einheit, in der sich die gegenseitige Verbundenheit aller Atome manifestiert. Für die meisten Menschen ist der Kosmos eine unendlich große und weitläufige Ansammlung einzelner Materiekörper, die träge den mechanischen Gesetzen der Materie gehorchen. In Wirklichkeit ist der Kosmos, der Weltraum an sich, ein lebendiges Wesen, die Quelle unseres Seins, unsere

Mutter und unser Vater. Als Seelen wissen wir, dass es so ist, und versuchen der fundamentalen Einheit, die in unserer Natur liegt, Ausdruck zu verleihen.

Wenn eine Gruppe ihre Einheit verliert, dann tut sie das auf eigene Gefahr. Ohne diese Einheit arbeitet sie nicht als Gruppe, sondern planlos, ohne Sinn und Zusammenhalt, und ist nur eine unvereinbare Ansammlung von Einstellungen und Konditionierungen.

Wassermann

Wir kommen jetzt in das Zeitalter der Gruppe; die Eigenschaften des Wassermann und seiner Energien können nur in Gruppenformation gelebt und erfahren werden; denn Synthese ist die Hauptqualität des Wassermann. Seine einigenden und harmonisierenden Strahlen werden das Leben aller nachhaltig prägen, bis nach und nach die höhere Alchemie ihren wohltätigen Zweck erfüllt hat und die Menschheit eins geworden ist. So wird es sein. So werden die Menschen erkennen, dass Einheit tatsächlich Stärke ist – sie ist das Wesensmerkmal unseres Seins, das Ziel, das alle Menschen anstreben und das sie in allem, was sie tun, zu verwirklichen suchen.

Wenn Maitreya sich in unmittelbarer Zukunft zeigt, wird er nachdrücklich darauf hinweisen, wie notwendig Einheit in allen unseren Unternehmungen ist. Er wird zeigen, wie grundlegend wichtig es ist, dass wir als Menschen und als Nationen bei der Lösung menschlicher Probleme zu einem gemeinsamen Ziel finden und damit unsere mächtige Individualität in den Dienst der Gruppe stellen. (*Share International*, Juli/August 2001)

Einheit – Ziel und des Zweck des Lebens

[183] *Der folgende Artikel ist die redigierte Version eines Vortrags von Benjamin Creme, der auf der Transmissionstagung im Juli 2001 in der Gegend von San Francisco, USA, stattfand.*

Ich habe beschlossen, eines der wichtigsten Themen überhaupt zum Gegenstand dieses Vortrags zu machen. Ich empfehle den Teilnehmern dieser Konferenz das Gesagte zu überdenken und es zum Gegenstand ihrer Konzentration, Meditation und Kontemplation zu machen. Allmählich wird es dann im Laufe des Jahres teil ihres Lebens. So sieht das Ideal aus. Natürlich wird es selten erreicht, aber vielleicht kommen wir ihm durch unsere Überlegungen etwas näher.

Ich habe das Thema Einheit gewählt. Ich beziehe mich hier an erster Stelle auf den Artikel über Einheit, den mein Meister für die *Share International*-Ausgabe vom Juli/August 2001 schrieb, weil darin die wohl tiefgründigsten Aussagen enthalten sind, die man überhaupt machen kann.

Bei der Durchsicht einiger Artikel in dem Buch *A Master Speaks* [hrsg. von der Share International Foundation; Anm. d. Red.] habe ich noch einen weiteren Aufsatz über Einheit gefunden – "Einheit ist eine Notwendigkeit" –, den mein Meister im September 1984 geschrieben hatte. Es ist ein ganz außerordentlicher Artikel. Er behandelt dasselbe Thema von einem anderen Gesichtspunkt aus. Der unterschiedliche Ansatz und die Dichte dieser beiden Versionen sind absolut ungewöhnlich. Ich glaube, dass nur das Bewusstsein eines Meisters ein solches Thema so umfassend und fundiert, sowohl von abstrakten wie auch praktischen Gesichtspunkten aus darstellen kann.

Einheit ist eine Notwendigkeit

"Einheit muss mit aller Kraft angestrebt werden." Das scheint ja zu heißen, dass Einheit nicht von selbst oder zufällig zustande kommt. Sie ist nicht automatisch da.

[184] *"In der Einheit liegt nicht nur Stärke, sondern auch Schönheit"* – etwas, das mehr ist als Kraft, etwas, das diese Schönheit herbeiführt, eine Schönheit, die erahnen lässt, dass sie nur im Rahmen der göttlichen Ideen geschaffen werden kann. Schönheit ist Ausdruck einer göttlichen Idee, und wenn wir mit unseren Möglichkeiten diese Idee offenbaren können, entsteht Schönheit. Das steht hinter aller großen Malerei, Musik, Poesie und Literatur, hinter allen großen wissenschaftlichen Entdeckungen auf der Welt, hinter allen großen intuitiven Erkenntnissen über das Wesen der Wirklichkeit – im religiösen Sinne –, in der wir leben. Sie alle zeichnen sich durch eine Schönheit aus, durch eine göttliche Kraft, der wir nur begegnen, wenn wir mit den höchsten, geheimnisvollsten Lebensbereichen in Berührung kommen. Wenn wir über den tieferen Sinn des Lebens nachdenken, ist Schönheit das Ergebnis.

Auch die Einheit zeichnet sich durch Schönheit aus, weil sie eine göttliche Absicht widerspiegelt. Wenn die Aussage stimmt, dass der Zweck allen Lebens die Entwicklung der Einheit ist, dann steht diese tatsächlich hinter der göttlichen Idee im Bewusstsein des Logos unseres Planeten. Anders gesagt, ist es Gottes Wille, dass in der Schönheit die Kraft und die Wirklichkeit, die wir Einheit nennen, Ausdruck findet.

"Kultiviert die Einheit ..." Sie selbst müssen sie kultivieren. Einheit ist nicht gebrauchsfertig, sie erblüht nicht aus sich heraus. Der Mensch leugnet schon seit langem die Existenz eines göttlichen Plans, dass ihm jetzt wenig Zeit bleibt für die Erkenntnis, dass ein so wesentlicher Aspekt des göttlichen Planes wie Einheit nicht einfach von selbst geschieht. Sie muss kultiviert und genährt werden. Wir müssen uns um sie bemühen, *"wie ein weiser Gärtner seinen Garten pflegt und sich sorgsam um jede neue Knospe und jeden neuen Schössling kümmert"*. Sie wächst nicht einfach, wenn wir etwas Bestimmtes tun, und wenn wir es nicht tun, ändert es auch nichts, dann geschieht eben etwas anderes, doch nichts geht verloren. Sie ist als ein ständiger Gewinn zu sehen, als etwas, in das wir Zeit, Energie und fördernde Liebe investieren und aus dem die Schönheit der Einheit erwächst, die anders nicht gewonnen werden kann.

Dasselbe muss auch jede Gruppe, jede Nation, jede Staatengemeinschaft tun. Wir müssen die **[185]** Unterschiede zwischen den Gruppen, zwischen den Nationen, zwischen den Individuen in den Gruppen und den Nationen sehen und versuchen, diese Unterschiede zu überbrücken – die Persönlichkeitsunterschiede, die unterschiedlichen Gesichtspunkte, die unterschiedlichen Schwerpunkte, die unterschiedliche Willens- und Entschlusskraft der einzelnen Menschen – und daraus eine Einheit zu entwickeln, die die göttliche Absicht widerspiegelt, deren Inbegriff die Einheit selbst ist.

"Einheit entsteht aus jeder echten Liebesbezeugung und zeichnet jede geistige Errungenschaft aus." Einheit ist eine Seelenqualität. Sie manifestiert auf unmittelbarste, tiefgründigste und einfachste Weise den Liebes-

aspekt Gottes. Sie hat mit Brüderlichkeit, mit Beziehungen zu tun. Sie ist die Entwicklung richtiger zwischenmenschlicher Beziehungen. Einheit ist nur im Sinne richtiger menschlicher Beziehungen denkbar, und wo diese Beziehungen fehlen, wo sie nicht stimmen, können wir sicherlich nicht von Einheit sprechen.

"Schreibt die Einheit auf euer Banner und folgt dem Weg der Stärke. Einigkeit macht alle Dinge möglich, doch ohne sie ist nichts gewiss, und die besten Möglichkeiten zerfallen zu Staub." Wenn wir die Einheit nicht auf unser Banner schreiben, wenn wir ihr nicht folgen, sie hochhalten und zu unserem Ziel erklären, kommt sie nicht zustande. Wir müssen die Einheit anstreben und wir müssen sie hüten, wenn sie bereits da ist. Für diese Gruppe beispielsweise, die den Weg für die Wiederkehr des Christus bereitet, ist es notwendig, einig zu sein, um diese Arbeit machen zu können. Ohne Einheit wäre es ihr nicht möglich. Diese Einheit ist das Ergebnis der magnetischen Anziehungskraft, die die Gruppe zusammenbringt.

Viele von Ihnen werden sich daran erinnern, dass beim Thema Voraussetzungen zur Gruppeneinweihung die Aussage gemacht wurde, dass allein eine Idee wie die Wiederkehr des Christus genug magnetische Kraft besitzt, um die verschiedenen Gruppen zu der großen Gruppe, die den Weg für den Christus bereitet, zu verbinden und zusammenzuhalten. Es ist eine große – aber in Anbetracht der Weltbevölkerung winzige – Anzahl von Menschen, die diese Arbeit leisten. Ohne die innere Einheit, die durch **[186]** die magnetische Kraft dieser Idee in ihr wirksam ist, könnte diese Arbeit nicht getan werden – wie auch die Gruppeninitiation als Experiment seitens der Meister immer gescheitert ist. Die Meister haben mit der Menschheit viele Experimente versucht, in der Hoffnung, eine Gruppe zu bilden, die mit der Arbeit der Gruppeninitiation beginnen könnte.

Die Notwendigkeit der Einheit ist offensichtlich. Eine kleine Anzahl von Menschen, etwa drei- bis viertausend, die mit ihrer gemeinsamen Sache – der Rückkehr des Christus und der Meister – über die ganze Welt verteilt sind, versucht eine Resonanz hervorzurufen, die laut und deutlich genug ist, um ein Klima der Hoffnung und Erwartung für die Wiederkehr des Christus und der Geistigen Hierarchie der Meister zu schaffen – und ebenso für die Externalisierung der Arbeit der Meister auf der physischen Ebene. Dies zu erreichen, erfordert Einheit. Alles, was die Einheit der weltweit arbeitenden Gruppen verschiedener Nationalitäten stören könnte, ist eine Gefahr für den eigentlichen Zweck der Gruppe, nämlich, die Externalisierung unserer Geistigen Hierarchie vorzubereiten und den Grundstein für die ersten möglichen Stufen auf dem Weg zur Gruppeneinweihung zu legen.

Keine Gruppe hat all in den Jahren, in denen wir über Gruppeneinweihung gesprochen und sie als Idee vorgestellt haben, irgendwelche bedeutsamen Fortschritte in dieser Richtung gemacht. Es hat sich erwiesen, dass es für die Teilnehmer sehr schwierig ist, die Bedeutung der Voraussetzungen zur Gruppeneinweihung zu verstehen, geschweige denn, sie tatsächlich zu erfüllen. Weil sie das nicht verstanden haben, scheint es ihnen unmöglich, sich auf eine Disziplin oder eine Reihe von Disziplinen zu konzentrieren, die sie auf dem Weg zur Gruppeneinweihung etwas voranbringen würde.

Gruppeneinweihung ist das Ergebnis von Einheit. Diese Einheit ist mit der Kraft verknüpft, die spezifische Errungenschaft der Gruppeninitiation zu manifestieren. Ohne Einheit wird sie nie stattfinden. Vielleicht wird sie aber auch erst dann stattfinden, wenn die Welt als Ganzes zur Einheit findet – was tatsächlich geschehen wird, wenn man den Meistern Glauben schenkt. Sie sagen, es wird geschehen.

"Gottes Wille wird sich durchsetzen, das versichern wir. Durch Einheit und Liebe werden die Menschen das Teilen lernen. Durch Opfer und Vernunft **[187]** *werden sie den Weg zu Gerechtigkeit und Frieden finden."* Die Meister wissen, dass der Plan schließlich erfüllt wird und die notwendigen Veränderungen stattfinden werden. Geschieht es nicht, gibt es keine Hoffnung für die Menschheit. Sie müssen also durchgesetzt werden. Aber genau wie sich die Einheit nicht von selbst vollzieht – sie bedarf der Förderung und Pflege, der bewussten Kultivierung –, so müssen die Bindungen zwischen den Gruppen und Nationen in derselben Weise gefestigt, gefördert und kultiviert werden, um rechtsstaatliche Grundsätze wie Freiheit, Gerechtigkeit und Teilen in der Welt einzuführen – nur so wird Einheit möglich.

"Ohne Einheit ist nichts gewiss; die besten Möglichkeiten zerfallen zu Staub. Das Gelingen beruht darauf, dass die vorhandenen Fähigkeiten richtig genutzt werden; durch mangelnde Einheit kann mitunter das höchste Potenzial vergeudet werden." Wie immer das Potenzial eines Mannes, einer Frau, einer Gruppe, einer Partei oder einer Nation auch aussieht, es stellt eine Gefahr dar, solange man nicht gleichzeitig die Fähigkeit hat, richtige Verbindungen herzustellen und zu entwickeln und folglich eine Einheit zwischen den verschiedenen Teilen zu schaffen, aus denen die Gruppen, Parteien, Nationen bestehen. Das ist dringend erforderlich. Es gibt ausgesprochen fähige Männer und Frauen, die einflussreiche Politiker werden, aber weil ihnen das Verständnis für Einheit fehlt, wird ihre Vision, ihr Vorhaben möglicherweise scheitern. Es gibt wundervolle Vereine und Gesellschaften, die unter dem Einfluss eines fortgeschrittenen Eingeweihten entstehen, für einige Jahre aufblühen und der Welt große, außerordentliche Gedanken von den

Meistern übermitteln, doch dann aus irgendeinem Grund ihren Fokus, ihre Kraft und Lebendigkeit verlieren. Sie verbreiten schließlich nur noch ihre eigenen Gedankenformen und Schriften, die sie ursprünglich von dem Eingeweihten, der die Gruppe gründete, erhalten haben, und sehen wenig Sinn darin, mit der Welt in Beziehung zu treten. Sie haben nicht nur die Einheit innerhalb der eigenen Gruppe, sondern auch die Einheit mit ihren Brüdern und Schwestern in der Welt verloren.

Das trifft auf viele so genannte esoterische oder okkulte Organisationen und Vereinigungen zu. Sie haben in der Vergangenheit ihre Arbeit getan, sind gescheitert und scheitern auch jetzt, weil sie nicht fähig sind, die grundlegende Qualität der Einheit und deshalb der Lebendigkeit zu bewahren. Wenn **[188]** es keine Einheit gibt, gibt es auch keine Lebendigkeit. Wie der Meister sagt: *"Ohne diese Einheit arbeitet sie nicht als Gruppe, sondern planlos."* Diese Gruppen haben das lebendige Motiv für ihre Arbeit verloren und haben nur noch die altbekannten Konditionierungen vorzuweisen und entwickeln sich weder aufwärts noch vorwärts.

Einheit ist eine Seelenqualität

"Dieses Prinzip ist bei allen Unternehmungen der Menschen zu beobachten. Der Aufstieg und Fall von Parteien, Gruppen und selbst von Nationen wird von diesem Gesetz bestimmt." Einheit ist eine Seelenqualität, und sie ist wesentlich für den Zusammenhalt der Gruppe. *"Eine zu starke Betonung der Individualität sowie persönlicher Unterschiede trägt deshalb dazu bei, das einigende Gefüge, das die Gruppe zusammenhält, zu schwächen."*

Das erinnert mich daran, was beim Vortrag vor zwei Jahren zur Sprache kam, als den Gruppen auf der ganzen Welt der Grad des Seelen- und Persönlichkeitsanteils in ihrer Arbeit mitgeteilt wurde und sie daran sofort erkennen konnten, wie viel sie zur allgemeinen Einheit dieser Gruppe beitragen. Wo der Persönlichkeitsanteil hoch und der Seelenaspekt niedrig war, hatten sie wenig beizutragen. Auch wenn sie in ihrer Arbeit noch so aktiv und scheinbar beständig waren, ihr Beitrag im Sinne der Einheit war relativ gering. Jede Gruppe auf der ganzen Welt hatte einen höheren oder geringeren Grad des Seelenanteils aufzuweisen, und wo er hoch war, entwickelte sie offensichtlich genau die Qualität der Einheit, die in der Gruppe als Ganzes erforderlich ist. Wo aber der Persönlichkeitsanteil im Verhältnis zum Seelenanteil hoch war, fand das Gegenteil statt.

Die Gruppen haben sich seitdem, was das Verhältnis von Seelen- und Persönlichkeitsanteil in der Arbeit angeht, sehr wenig verändert. Wo der Seeleneinsatz hoch ist, ist es gewöhnlich das Resultat intensiver Arbeit einiger weniger Personen, die ein größeres Maß an Unpersönlichkeit in ihrer Arbeit erreicht haben. Wo Unpersönlichkeit existiert, die Fähigkeit, die Arbeit um der Arbeit willen zu tun und nicht, **[189]** um sich persönlich zu profilieren, da ist der Seelenaspekt der Gruppe hoch. Wo der Persönlichkeitsanteil hoch ist, war der Erfolg der Gruppe aus der Sicht der Meister nur gering.

Diese beiden Dinge gehören eindeutig zusammen. Das Ziel der Einheit ist nicht so leicht zu erreichen, sogar in einer Gruppe, die sehr stark von der magnetischen Idee der Wiederkehr des Christus zusammengehalten wird. Nur deshalb hielt man es – oder hält man es auch jetzt noch – für möglich, dass diese Gruppe irgendwie erfolgreich sein wird, während alle anderen Gruppen zuvor auf dem Weg zur Gruppeninitiation gescheitert waren. Es ist so unglaublich wichtig, die Einheit der Gruppe aufrechtzuerhalten, doch die Leute begreifen einfach nicht, was der Förderung einer solchen Einheit im Wege steht.

Ich würde sagen, dass meine Hauptaufgabe (neben den Vorträgen und dem Schreiben) darin bestand, den Gruppengeist aufrechtzuerhalten und die Moral der Gruppen zu stärken. Das lange Warten auf das Erscheinen des Christus, auf seinen Auftritt vor der Weltöffentlichkeit, der sich viel länger hinzieht, als ich oder selbst die Meister es vorausgesehen haben, war für manche Menschen schwierig. Einige haben gelernt, sich davon nicht beirren zu lassen, und einfach unpersönlich die Arbeit zu tun und dabei die Einheit zu verfolgen, die sie zu Anfang hatten. Anderen fiel das sehr schwer. Sie haben entweder die Gruppen verlassen oder sich von der eigentlichen Gruppenarbeit distanziert. Sie haben die Verbindung zur Transmissionsmeditation aufrechterhalten, sind jährlich oder ziemlich regelmäßig zu Tagungen wie dieser gekommen und hatten dabei das Gefühl, dass sie Teil einer gemeinsamen Arbeit für die Wiederkehr des Christus wären. Ich denke, viel davon ist Verblendung. Viele Menschen haben sich vorgemacht – und tun das vielleicht immer noch –, dass ihre Arbeit der Sache und der Wichtigkeit der Sache für die Welt wirklich angemessen war. Mit einer relativ kleinen Anzahl von Menschen in jeder Gruppe ging die Arbeit weiter. Natürlich gab es immer wieder auch welche, die gekommen und wieder gegangen sind. **[190]** Einige wurden aufgrund mangelnder Gewissheit verunsichert und haben sich gefragt, ob nicht vielleicht alles nur ein Märchen sei.

Ich weiß nicht, was in den Köpfen der Menschen vor sich geht, aber wenn sie denken, dass Maitreya vielleicht doch nicht in der Welt lebt, so ist das ein völlig berechtigter Einwand oder Gedanke, der in jedem einmal aufkommen kann. Der Gedanke ergibt für mich allerdings keinen Sinn in Anbetracht der Veränderungen, die auf der Welt stattfinden. Man muss sich nur die außerordentlichen Veränderungen anschauen (viele davon hat Maitreya bereits vor Jahren vorausgesagt), die erstaunlichen Wunder, die täglich stattfinden – um diesen Gedanken damit auch schleunigst wieder loszulassen. Dass Maitreya noch nicht an die Öffentlichkeit getreten ist, schwächt, glaube ich, die Entschlossenheit und Moral der Gruppen. Ich glaube dennoch, dass Maitreya wirklich sehr bald erscheinen wird. Aufgrund der Informationen, die zu erhalten ich das Privileg habe, weiß ich, dass das der Fall ist. Aber ich weiß auch, dass das Gesetz nicht in der Weise wirkt, wie wir es angesichts dieses großen Ereignisses vielleicht wünschen.

Bislang hat Maitreya auf einen Zyklus gewartet, der die bestmögliche Reaktion der Menschheit auf das, was er zu sagen und zu geben hat, möglich macht. Er weiß, dass ein solcher bestmöglicher Zyklus mit dem Kollaps der Weltbörsen beginnen würde. Das würde die Menschheit zum ersten Mal mit der Realität konfrontieren, und es würde unsere Erwartungen ganz und gar verändern. Solange das nicht geschieht, stehen die Taten und Erwartungen der Westmächte mit den Plänen Maitreyas in krassem Widerspruch. Doch unter dem Gesichtspunkt der Evolution der Menschheit, ihres Bewusstseinswandels und daher auch der Werte, die die Menschheit braucht, um unter dem Banner Maitreyas weiterzukommen, ist ein Börsenkrach notwendig. Wir müssen seine Ideen *freudig* aufnehmen: Gerechtigkeit, Freiheit und Teilen für alle Menschen auf der Erde, nicht nur für die Westmächte. Das erfordert eine Auflösung der existierenden sozioökonomischen Struktur, die bisher noch nicht erfolgt ist.

Außer zu warten und Wunder zu vollbringen, kann Maitreya wenig tun – es sei denn, er würde unseren freien Willen verletzen, was niemals geschehen wird, **[191]** denn dieser ist für die Hierarchie unantastbar. Wo es möglich ist, stimuliert Maitreya das Bewusstsein jener Führungspersönlichkeiten in der Welt, die für die Herbeiführung größerer Veränderungen empfänglich sind.

Die Wiederkehr des Christus ist ein Langzeitgeschehen. Doch wer Augen hat zu sehen und Ohren hat zu hören weiß ohne jeden Zweifel, dass der Christus hier in der Welt ist und dass ihn nichts bewegen kann, in den Himalaja zurückzukehren – außer für einen kurzen Urlaub. Meines Wissens ist er einmal für drei Wochen zurückgegangen. Doch das war vor langer Zeit.

Einheit ist, um zu unserem Thema zurückzukehren, nicht leicht zu erlangen. Wir haben das besondere Privileg, dass wir eine starke, motivierende Idee haben, die die Gruppen zusammenhält. *"Einheit ist in den Anfangsphasen der Gruppenbildung nicht allzu schwer zu erreichen; wenn ihr anfängliches Ziel magnetisch genug ist, reicht das schon aus, um eine Gruppe zusammenzuhalten.*" Es gibt keine mächtigere Idee als die der Wiederkehr des Christus und der Meister – erstmals seit 98.000 Jahren. Da können wir ansetzen, und der Meister hätte neulich in der aktuellen *Share International*-Ausgabe nicht über Einheit geschrieben, wenn er es nicht ernst damit meinte. Es muss also einen Grund geben, dass er jetzt und 1984 darüber schrieb.

Einheit ist unabdingbar, aber schwer zu erreichen. Die Idee von der Wiederkehr des Christus bringt die Gruppen anfänglich zusammen. Deshalb gibt es eine mehrere tausend Mitglieder starke, über die ganze Welt verbreitete Gruppe, deren Arbeit es ist, die Menschen auf die Wiederkehr des Christus vorzubereiten. Aber wir verfolgen eine Idee nur solange, wie wir an sie glauben. Wenn wir nicht an sie glauben, haben wir sie nicht. Wir haben diese machtvolle, magnetische Idee auch dann nicht, wenn wir zwar an sie glauben, aber zu viele Ansätze haben, damit umzugehen, zu viele kluge Einfälle, wie wir sie bekannt machen könnten, zu viele Spaltungen in den Gruppen.

In den Anfangsphasen sind alle voller Liebe – oder was sie dafür halten – und Begeisterung. Ihre astrale Aspiration wird **[192]** beflügelt, sie fühlen sich inspiriert, und so fällt es leicht, die Arbeit für die Wiederkehr des Christus zu tun. Deshalb ist es einfach, die notwendige Einheit zu entwickeln, die diese Gruppe der Welt gezeigt hat und immer noch zeigt. Die Schwierigkeit besteht darin, damit weiterzumachen. Was die amerikanischen Gruppen betrifft, ist es einundzwanzig Jahre her, seit ich zum ersten Mal nach Amerika kam und hier die ersten Gruppen entstanden sind. Einundzwanzig Jahre sind eine lange Zeit, um sich kontinuierlich für eine Idee der Geistigen Hierarchie einzusetzen.

Alle Menschen streben nach Einheit

"Im Kern streben alle Menschen innerlich nach Einheit und finden deren Abglanz in der Übereinstimmung von Ideen und Gedanken. Dieser Instinkt liegt der Bildung politischer Parteien und anderer Gruppen zugrunde. Der ideologische Konsens fungiert als Magnet und verstärkt die Wirksamkeit des Ganzen. Gruppen und Parteien zerfallen, wenn die innere Einheit gestört ist."

Es ist ein außerordentlicher Gedanke, dass "alle Menschen", jeder Einzelne – Männer, Frauen, Kinder – nach Einheit streben. Aber genau das tun sie in ihrem Leben. Haben Sie je daran gedacht, dass Sie nach Einheit streben? Genau das tun Sie aber. Sie schauen sich nach einer Gruppe um, die eine Idee hat, von der Sie sich angezogen fühlen. Diese Idee hier ist die Wiederkehr des Christus und der Meister der Weisheit. Sie schließen sich einer Gruppe an, weil sie diese Idee vertritt. Diese Idee hat Sie im Innersten berührt. Es ist eine Seelenidee, und Ihre Seele reagiert darauf. Das ist der Grund, weshalb sie sich einer solchen Gruppe angeschlossen haben.

Sie schließen sich nicht anderen Gruppen an – doch, einige von Ihnen tun es. Es ist ein Irrtum, aber das macht nichts. Vom Standpunkt der Seele betrachtet, sollten Sie alle Ihre Energie, alles, was Ihnen wert ist, in diese Gruppe geben. Das ist mit "sich anschließen" gemeint. Wenn Sie Einheit wollen, können Sie nicht wählerisch sein. Sie müssen alles geben. Das ist natürlich nicht ganz ernst gemeint, aber der Gedanke dahinter ist wichtig. Vielleicht spricht Sie die Arbeit anderer Gruppen auch an, aber nur diese Gruppe arbeitet daran, den Weg für Maitreya und seine Gruppe zu bereiten. Andere Arbeiten können Sie also anderen überlassen.

[193] Sie können vielleicht mehr Verständnis für die Gruppe entwickeln, aber Sie dürfen nicht glauben, dass Sie dazugehören, wenn Sie einer Gruppe nur ein Teil Ihrer selbst geben. Dann sind Sie nicht der weise Gärtner, der jeden neuen Schössling, jeden neuen kleinen Trieb kultiviert, dann sind Sie wählerisch. Das Aussuchen und Wählen geschieht nur auf der Persönlichkeitsebene. Die Seele ist nicht wählerisch. Sie gibt alles, was sie hat. Als Person wachsen Sie daran, wenn Sie sich ganz einer Sache widmen, die größer ist als Sie.

Hingabe

Sie müssen mit Leib und Seele bei der Sache sein. Diese Hingabe ist eine Seelenqualität, genau wie der allmähliche Aufbau und das Pflegen von Einheit, eine Seelenqualität ist. Die Gruppe funktioniert nur als echte Gruppe, wenn sie unter ihrem Seelenimpuls handelt. Das ist etwas, das vielleicht, wie ich denke, einige Leute in den Gruppen nicht annehmen können. Sie leben ihren Alltag nicht danach. Es muss instinktiv sein. Instinktiv geben Sie alles, was Sie können, einer bestimmten Sache, welche es auch ist. Unsere ist nun zufällig die Wiederkehr des Christus und die Rückkehr der Meister in die Alltagswelt, und ich kann mir nichts anderes von gleicher Bedeutung für die Menschheit vorstellen.

Ohne die Anwesenheit der Meister, glaube ich, würden wir das Teilen nicht einführen – und auch nicht Gerechtigkeit und den erforderlichen Frieden. Es bedarf des zündenden Geistes, der Energie, der Weisheit der Meister, um die Bedingungen zu schaffen, die uns geistig beflügeln und inspirieren – und auch um uns begreiflich zu machen, was geschehen wird, wenn wir uns nicht verändern. Die Menschheit muss die Veränderungen selbst vornehmen.

Vor langer Zeit sagte Maitreya im ersten Agni-Yoga-Buch: *"Durch des Menschen Hand und Fuß muss das neue Zeitalter erbaut werden."* Jeder Stein, jeder Ziegel, jede Stufe des Weges muss vom Menschen selbst geschaffen werden. Aber es wird nicht geschehen, bevor die Meister in die Welt zurückkehren, bevor Maitreya nicht nur sich selbst zu erkennen gibt, sondern auch ermächtigt wird, die Menschheit dazu zu inspirieren, die Bedingungen zu schaffen, die zu Teilen, Gerechtigkeit und Frieden führen werden. **[194]** Das erfordert die Anspannung aller Muskeln, das Einstimmen jedes einzelnen Nervs, damit es so früh wie möglich geschieht.

Maitreya tritt früher als geplant an. Er wartet nicht auf den Börsenkrach – die Probleme der Welt sind zu groß, vor allem das ökologische Ungleichgewicht, das wir herbeigeführt haben. Die Verschmutzung unseres Planeten ist heute die häufigste Todesursache auf der Welt. Sie zerstört das menschliche Immunsystem und macht uns anfällig für alle möglichen Krankheiten, sogar für solche, von denen wir glaubten, wir hätten sie seit langem überwunden. Deshalb ist es lebenswichtig, dass Maitreya so früh als möglich mit seiner öffentlichen Arbeit beginnt.

Auch, weil Sie vor kurzem den neuen amerikanischen Präsidenten gewählt haben. Er gefährdet das Kräftegleichgewicht der Welt durch seine Absicht, das nationale amerikanische Raketenabwehrsystem zu erweitern. Es gibt ein Abkommen zum Verbot strategischer Raketenabwehrsysteme, das von Amerika und Russland unterzeichnet wurde. Es hat sich bewährt und den Kalten Krieg beendet. In den letzten zehn Jahren hellte sich die ganze Atmosphäre infolge der Arbeit auf, die Maitreya durch Michail Gorbatschow vollbrachte, um den Kalten Krieg zu beenden.

Selbstzufriedenheit

"Im Kern streben alle Menschen innerlich nach Einheit und finden deren Abglanz in der Übereinstimmung von Ideen und Gedanken." Wenn die Ideen mit dem übereinstimmen, was Sie instinktiv denken, oder wenn Ihr Verstand sagt: "Das spricht mich an", schließen Sie sich einer bestimmten Partei an. Auf diese Weise bilden sich politische Parteien. Sie verkörpern gewisse Ideen, gewisse Ideale, von denen Sie sagen können: "Das spricht mich an. Dafür setze ich mich ein." Manche Leute gehen nicht zur Wahl, weil sie glauben, dass es zwischen den Parteien keinen Unterschied gibt. Aber es gibt Unterschiede – zum Beispiel zwischen Herrn Gore und Herrn Bush.

Al Gore würde nicht dafür eintreten, sechzig Milliarden Dollar auszugeben, um dieses Raketenabwehrsystem einseitig zu erweitern. Dieses Vorhaben verärgert Russland. Noch mehr verärgert es die Chinesen. Es gefährdet das **[195]** Kräftegleichgewicht in der Welt. Maitreya nimmt das sehr ernst. Deshalb hat er gesagt, dass er noch früher kommen wird, als es für möglich gehalten wurde, sogar noch vor dem Börsenkrach, auf den er seit Jahren gewartet hat. Die ökologische und militärische Krise, die Ihr Präsident hervorgerufen hat, und die Krise im Nahen Osten haben es unumgänglich gemacht, dass Maitreya früher kommt als es bisher möglich schien. Ich glaube, dass Maitreyas Erscheinen in der Öffentlichkeit einen Börsenkrach herbeiführen könnte. Das würde die Menschheit am schnellsten zur Vernunft bringen, weil sie dann zum ersten Mal die Realität sieht, wie sie ist.

In Amerika hat man nicht mal eine Ahnung, wie es in den ärmeren Gegenden Osteuropas aussieht, geschweige denn in den Entwicklungsländern, in Indien oder Afrika. Afrika ist ein Fall für sich. Das Ausmaß des Elends dort ist so unglaublich, dass die Menschen in diesem Land (USA) es sich nicht einmal ansatzweise vorstellen können. Ihre Medien sind keine Hilfe, weil sie jeden Hinweis auf Armut und Elend in der Dritten Welt aus fast allen Nachrichtenorganen verbannt haben. Einige Sendungen erinnern daran, aber generell gilt ein Medieninteresse für die Entwicklungsländer als schlecht fürs Geschäft. Wenn Sie das sehen, wechseln Sie den Kanal. Und wenn Sie den Kanal wechseln, schauen Sie sich die Werbung nicht an. Wenn Sie sich die Werbung nicht anschauen, kaufen Sie die Produkte nicht. Also wird dafür gesorgt, dass Sie das Elend nicht sehen, indem es vom Bildschirm verbannt wird.

Alle Atome hängen zusammen

"Der Zweck, der allem Leben zugrunde liegt, ist die Entwicklung der Einheit, in der sich die gegenseitige Verbundenheit aller Atome manifestiert." Dies ist die außerordentlichste Aussage, die mein Meister meiner Ansicht nach gemacht hat. Auch Maitreya hat auf diese Tatsache hingewiesen, dass alle Atome miteinander verbunden sind. Wir sind Bestandteil der Materie und aller Atome im ganzen Kosmos. Wenn wir uns als Seele sehen, wenn wir die Welt betrachten, wie die Seele die Welt sieht, dann erkennen wir diesen Gesamtzusammenhang, in dem nichts voneinander getrennt existiert. **[196]** Wir sehen eine Welt, in der alle Teile miteinander verbunden sind.

Jede Seele ist Teil *einer* Seele. Es gibt keine isolierte Seele. Jede Seele ist ein individualisiertes Fragment einer einzigen großen Überseele, und diese Überseele ist ihrerseits Teil von all dem, was in der Welt, im Geist existiert. Und das ist alles, was lebt. Daraus entstehen Myriaden von Formen, die wir sehen, einschließlich unserer selbst. Wir sehen uns als menschliche Form, groß oder klein, dick oder dünn. Es gibt Myriaden von Formen im ganzen Kosmos, und jede von ihnen, einschließlich aller menschlichen Wesen, sind miteinander verbunden, in dem Sinne, dass sie alle Atome sind. Im ganzen Kosmos gibt es nur diese atomare Struktur. Da kommen wir her. Das ist, wie der Meister sagt, *"die Quelle unseres Seins"*.

"Für die meisten Menschen ist der Kosmos eine unendlich große und weitläufige Ansammlung einzelner Materiekörper ..." Da gibt es den Mars. Da gibt es den Stern XYZ. Und irgendwo da draußen gibt es einen Nebel. Sie sind so groß, so weit weg. Sie scheinen nichts mit uns zu tun zu haben, und doch haben sie es. Die atomare Struktur, aus der sie bestehen, ist dieselbe atomare Struktur, aus der unsere Körper bestehen, dieselbe atomare Struktur, die in allem zu finden ist, was wir im Universum sehen und uns vorstellen können. "*In Wirklichkeit ist der Kosmos, der Weltraum an sich, ein lebendiges Wesen, die Quelle unseres Seins, unsere Mutter und unser Vater. Als Seelen wissen wir, dass es so ist, und versuchen der fundamentalen Einheit, die in unserer Natur liegt, Ausdruck zu verleihen.*" Wir versuchen, wo wir können, die Erkenntnis der Seele, das Bewusstsein der Einheit allen Lebens zu finden. Wir finden es in Gruppen oder zu einem gewissen Grad in politischen Parteien, wir finden es in Nationen. Deshalb identifizieren sich die Menschen mit ihren Nationen. Aus diesem Grund identifizieren Sie sich als Amerikaner auch mit Amerika, als Russe mit Russland und so fort. Wenn Sie aufgeschlossener sind, identifizieren Sie sich nicht nur mit Ihrer Nation sondern mit der Völkergemeinschaft. Sie erkennen alle Nationen als Einheit.

[197] Es ist nicht gut, wenn nur 180 Nationen das Kyoto-Protokoll unterzeichnen. Ihre Nation (die USA) macht nur fünf Prozent der Weltbevölkerung aus, also ist sie nicht so bedeutend, möchte man meinen. Sie *ist* aber deswegen bedeutend, weil sie 25 Prozent der ganzen Umweltverschmutzung der Welt verursacht. Dennoch weigert sich Ihre Regierung, das Kyoto-Protokoll zu unterzeichnen, das 180 Nationen unterschrieben haben. Das bedeutet noch nicht, dass sie sich auch tatsächlich an die Arbeit machen – sie sind nur übereingekommen, eine Zeit lang die Emission von Abgasen zu begrenzen. Sie müssten viel mehr tun, aber es ist ein Schritt nach vorn. Ihre Regierung, Ihr Präsident, hat sich geweigert, zu unterzeichnen. Er sagt, das wäre gegen die amerikanischen Interessen. Damit haben Sie die Erlaubnis, noch mehr von diesen Gasen in die Atmosphäre zu schicken.

Hier haben wir den Schlüssel zu der ganzen Sache. Jeder möchte sich mit etwas Größerem, als er selbst ist, identifizieren. Das Gefühl der Einheit ist essenziell, weil jeder danach strebt, ob er es weiß oder nicht. Die Einheit ist das Seelenbewusstsein der Einheit des Kosmos. Nichts weniger als das. Und wo Sie in Ihrer Arbeit, in Ihrer Gruppe, in Ihrer Nation oder Nationengruppe Einheit schaffen, dient es dem Wohle der Menschheit.

"Wenn eine Gruppe ihre Einheit verliert, dann tut sie das auf eigene Gefahr." Was auch immer die Einheit einer Gruppe schwächt, ist für diese gefährlich. *"Ohne diese Einheit arbeitet sie nicht als Gruppe, sondern planlos, ohne Sinn und Zusammenhalt, und ist nur eine unvereinbare Ansammlung von Einstellungen und Konditionierungen."* Lassen Sie sich daher durch nichts beeinflussen, was zur Schwächung der Gruppeneinheit führt. Sie ist wesentlich für die Existenz der Gruppe, für die Arbeit, die sie ausführt, und für jede zukünftige Arbeit, die von ihr verlangt wird.

Glücklicherweise treten wir jetzt ins Wassermann-Zeitalter ein. Die Qualität der Wassermann-Energie ist Synthese. Die Synthese lässt gegensätzliche, unterschiedliche Einstellungen zu einer einzigen verschmelzen. Das ist das Wesen der Synthese. Sie schafft aus der herrschenden Vielfalt eine Einheit. Nach den Worten des Meisters ist die Entwicklung der Einheit das Ziel allen Lebens. Das ist der eigentliche Sinn unseres Daseins. Sie können daraus ersehen, wie wichtig es ist, dass **[198]** die Einheit in jeder Hinsicht gepflegt und gefördert wird. Alles, was diese verleugnet, sie einschränkt, sie vermindert, sie schwächt, richtet sich gegen das Leben der Gruppe und, von internationaler Warte aus, gegen das Leben des Planeten. Es ist notwendig, dass das amerikanische Volk sich mit allen andern Völkern der Welt vereinigt, um die Ökologie der Erde in Ordnung zu bringen. Sie können sich nicht davor drücken. Sie können nicht warten. Sie müssen Ihre Regierung zur Einsicht zwingen, dass diese Aufgabe größer ist als Amerika.

Amerika macht nur fünf Prozent der Weltbevölkerung aus, also dürfte es gar nicht so schwer sein, größer als Amerika zu sein. Es ist etwa 5000 Kilometer breit und erstreckt sich vielleicht 1500 Kilometer von Norden nach Süden. Das fühlt sich wie die Welt an. Die Welt beginnt in New York und hört in San Francisco auf. Angesichts dessen kann man als Amerikaner sehr leicht glauben, dass es nicht nur das größte und militärisch mächtigste, sondern auch das wichtigste Land der Welt ist. Aber es ist nicht das wichtigste Land der Welt. Vom wirtschaftlichen Standpunkt aus ist es heute das reichste Land der Welt. Aber wie lange wird das so bleiben? Sobald die Börse zusammenbricht, werden die Leute, die sich heute für reich halten, arm sein.

Was Rom – und jede alte Zivilisation – zu Fall brachte, finden wir auch hier in Amerika. Wir haben die gleiche Situation. Sie fahren schon viel zu lange auf der Überholspur. Sie werden gierig, egoistisch und machthungrig. Wenn die Menschen so werden, gehen sie unter. Keine Nation kann ewig gegen den Evolutionsplan arbeiten. Für einige Zeit, ja, bis sie militärisch und wirtschaftlich stark und mächtig geworden ist. Aber auch der Rest der Welt wächst. Er mag vielleicht dabei stöhnen, aber er stöhnt und wächst. Auch seine Ansprüche wachsen. Mehr und mehr stellt der Rest der Welt jetzt Ansprüche an die entwickelte Welt – nicht nur an Amerika, sondern auch an Europa und Japan und die Industrienationen allgemein.

Diese Ansprüche müssen befriedigt werden. Wir können das neue Zeitalter nicht auf Gerechtigkeit und Teilen aufbauen, wenn wir die Ansprüche nicht befriedigen. Das ist nicht möglich, das lässt sich nicht vereinbaren. Deshalb kehren die Meister **[199]** jetzt – und nicht erst später – in die Welt zurück, weil die Zeit drängt. Für sie ist die Krise zu groß, um uns länger uns selbst zu überlassen. Denn dann würden wir in den Abgrund stürzen. Wir müssen also Einheit im internationalen Sinne schaffen. Einzeln können wir es nicht tun, aber gemeinsam ist das möglich. *"Gemeinsam können die Menschen alle erdenklichen Großtaten vollbringen. Die Möglichkeiten des Wandels sind grenzenlos, doch die Menschen müssen gemeinsam handeln, um die neue Welt zu schaffen. Nur durch Einheit werden sie siegen. Die Kraft der Einigkeit wird alle Tore öffnen. Haltet am Ideal der Brüderlichkeit fest und hört auf, die Bemühungen eures Bruders gering zu achten. Wisst, dass auch er dem Sturm ausgesetzt ist und im Dunkel kämpft."*

Das betrifft uns alle. Wir sind wie in kleinen Booten dem Sturm, der Dunkelheit ausgesetzt. Wir können die Sterne nicht sehen, wir sehen nichts, was uns führen könnte. Wir rudern gegen die Flut oder mit der Flut und suchen nach einem Licht, das uns führen könnte. Dieses neue Licht, das Licht, das uns führt, ist der Christus – wenn die Menschen es nur wüssten. Das Licht seiner Liebe und seiner Weisheit, das Licht seiner Zukunftsvision, das Licht seiner Nähe zu der Quelle des Lichts und des Lebens selbst. Er ist da, bereit die Menschheit aus dem Treibsand, aus den Sturzfluten, aus den Stürmen zu führen, die uns sonst überwältigen würden. Auf diese Weise wird Maitreya diese Zeit, die die Zeit der Rückkehr der Weisen der Welt, der Inspiratoren, der Ratgeber und Lenker ist, mit seinem Siegel prägen.

Der Meister formuliert dies so: *"Der erste Schritt besteht darin, zu akzeptieren, dass alles eins ist. Unter der Formenvielfalt schlägt das Herz des einen großen göttlichen Lebens. Wenn die Menschheit diese Wahrheit begreift, wird sie darauf eine Zivilisation aufbauen, die sie zu den Füßen der Gottheit bringen wird. Dann werden sich die Himmelstore öffnen, und der Mensch wird sich auf einer Reise ohne Ende befinden. Der nahe und der ferne Kosmos werden Gegenstand seiner Forschungen sein. Die Unendlichkeit wird ihn in immer weitere Fernen locken und seine Tapferkeit erproben."* (aus: "Die göttliche Wissenschaft" von Meister —, durch Benjamin Creme, in: *Share International*, März 1986.)

[200] Heute unternehmen wir nur kleine Experimente – nähern uns anderen Planeten und machen davon Aufnahmen. Bald schon werden wir alle Planeten unseres Sonnensystems mit Raumschiffen erforschen. Vielleicht nicht in dieser Generation, aber in nicht allzu ferner Zukunft. Und mit der Zeit werden wir bis ans äußerste Ende unserer Galaxis vordringen.

Wenn der Mensch sich und das Universum als eins begreift, werden alle Dinge möglich. Wir müssen uns als eins betrachten und als eins mit dem Universum. Wir müssen sehen, dass es keinen Unterschied gibt zwischen uns und dem Universum; dass wir im Grunde mit allen anderen Wesen und allem auf der Erde verbunden sind; dass aus der atomaren Struktur, aus der wir bestehen, alles, was wir im ganzen Kosmos sehen können, beschaffen ist; dass es nur Einheit gibt.

Deshalb wird diese Sehnsucht nach Einheit, der Anschluss an Gruppen, das Zusammenwachsen zu Gruppen und das Gruppenengagement *das* Thema im Wassermann-Zeitalter sein. Auf individueller Basis wird es keine wirklich bedeutenden Ansätze geben. Es ist das Zeitalter der Gruppen, die kontinuierlich ihren Radius erweitern, bis schließlich die ganze Welt zusammenarbeitet und die grundlegende Einheit des Planeten Erde zum Ausdruck bringt.

"Der Mensch wird sich zusehends als integrale Einheit in einem riesigen System wahrnehmen, das sich bis zu den Sternen erstreckt. Als einen winzigen Punkt bewussten, liebesfähigen Lebens, ohne den das Universum ärmer wäre." (ebd.)

Referenz: *Agni Yoga Teachings* (verschiedene Bücher), Agni Yoga Society, New York.

Einheit – Ziel und des Zweck des Lebens

Fragen und Antworten

Die Fragen ohne Datum stammen von den Tagungen in den USA und den Niederlanden 2001. Sie wurden im darauffolgenden Jahr erstmals in ***Share International*** *in der Januar/Februar-Ausgabe veröffentlicht.*

Einheit in der Vielfalt

[201] *Die Idee der Einheit könnte auch langweilig erscheinen. Wie wirkt sich dieser Gedanke auf den Wunsch nach Einheit in einer Gruppensituation aus?*
Die Vorstellung, dass Einheit langweilig sein könnte, ist für mich erschreckend. Ich weiß nicht, wie jemand, der verstanden hat, wovon wir reden, auf diese Idee kommen kann. Das Ziel unseres Lebens – ob wir es begriffen haben oder nicht – ist die Realisierung von Einheit als Spiegelbild der bereits bestehenden Einheit, da jedes Atom im manifestierten Universum mit jedem anderen Atom verbunden ist.

Einheit ist nicht bloß eine Idee, die wir vertreten oder ablehnen können – sie ist der Motor unseres Evolutionsprozesses. Diese Evolution, diese Bewusstseinserweiterung ist eine ständig zunehmende Erkenntnis der Einheit und eine Synthese aller nur möglichen Aspekte der Einheit, bis wir das "Bewusstsein Gottes" erlangt haben und die Einheit erkennen können, die allem Leben zugrunde liegt.

Wie dies langweilig sein kann, ist mir rätselhaft; es zeugt von einer gewaltigen Differenz im Umgang mit dem Wort Einheit. Es scheint, dass einige Leute in der Gruppe die Einheit als eine stereotype Angelegenheit betrachten, bei der jeder das Gleiche denkt und jede Reaktion, jede Auffassung gleich ist. Wenn das Einheit wäre, dann wäre sie in der Tat langweilig. Aber davon sprechen wir nicht. Wir sprechen **[202]** von einem Grundprinzip unseres Lebens. Wenn es stimmt, dass die Einheit unserer Existenz zugrunde liegt, dass sie der Übereinstimmung aller Atome entspringt, dann ist sie möglicherweise etwas völlig anderes, als Sie denken.

Meine Vorstellung von Einheit ist die einer größtmöglichen Vielfalt. Wie Sie wissen, gibt es sieben Strahlenenergien, und diese bringen in ihren wechselseitigen Beziehungen alles hervor, was wir sehen und erfahren können. Aus diesem Grund gibt es die unendliche Vielfalt. Alle Nationen sind als Seele und als Persönlichkeit unterschiedlich von diesen sieben Strahlen geprägt. Auf diese Weise erhalten Länder sehr verschiedene Eigenschaften.

Wie ich die Artikel des Meisters über "Einheit" und "Einheit ist eine Notwendigkeit" verstehe, handeln sie nicht allein von der Gruppenarbeit; obwohl der Meister darin die Arbeit der Gruppen anspricht, bezieht er sich auch auf die Welt als Schauplatz. Im Grunde spricht er über internationale Beziehungen und der Notwendigkeit von Einheit auf diesem Gebiet; sie ist von größter Dringlichkeit. In Ihren eigenen Gruppenbeziehungen ist es notwendig, dass die Einheit erkannt und entwickelt wird, aber das hat nicht die gleiche Auswirkung auf die Welt wie zum Beispiel der fehlende Sinn für Einheit von Präsident Bush, der die Weltprobleme kooperativ lösen könnte. Nur Einheit macht Zusammenarbeit möglich.

Wie wir wissen, sind die stärksten Verfechter des Konkurrenzkampfes, der das Gegenteil von Zusammenarbeit ist, Amerika, die europäischen Länder, Japan, Australien und Kanada. Einige wenige Länder geben den Ton an. Aber die Welt ist sehr viel komplexer. Deshalb erfordern die Probleme, die sich für ihre Entwicklung – ja selbst für ihren Weiterbestand – ergeben, Zusammenarbeit und Frieden sowie die Fähigkeit, gemeinsam an der Lösung von Problemen zu arbeiten, die letztlich die Existenz der ganzen Welt bedrohen. Dies sind die realen Probleme, die der Meister in seinen Artikeln über die Einheit anspricht.

Er bezieht diese Artikel auf die Gruppen, weil verschiedene Gruppen unter seiner Obhut stehen, und er entwickelt seine Ideen in Bezug auf beide Ebenen – sowohl **[203]** auf die der Gruppen als auch auf die des internationalen Schauplatzes, weil die Gruppen mit der Welt verbunden sind. Wie sich Einheit oder Konkurrenzkampf auf die Gruppen auswirken, ist relativ unwichtig, verglichen mit den Auswirkungen auf die Welt, auf unsere internationalen Beziehungen. Wenn Amerika zum Beispiel das Kyoto-Protokoll zur Stabilisierung der Treibhausgasemissionen unterzeichnet hätte, wäre das eine gute Sache gewesen, nicht nur, weil 180 Nationen – und zweifellos auch viele Amerikaner – das für gut halten, sondern weil Präsident Bush für eine bestimmte Haltung steht. Er vertritt die republikanische Position zu diesem Problem, die ihrer Tradition nach immer das verfolgte, was als im besten Interesse des von ihnen repräsentierten Landes, der Vereinigten Staaten, galt. Zweifellos kümmern sich die Abgeordneten jeden Landes seit jeher um das, was sie für die wichtigsten Interessen ihrer Nationen halten. Einige Länder sind ein wenig weiter entwickelt und werden in ihrem Bewusstsein stärker von der Seele beeinflusst, weshalb sie die Dinge in einem größeren Rahmen sehen. Sie sind in der Lage, nicht nur ihre eigenen persönlichen Interessen wahrzunehmen, sondern gelegentlich auch darüber hinaus zu schauen – und das ist gut und nützlich. Alles hängt also von der erreichten Evolutionsstufe und von der Bedeutung der Idee oder des Problems ab.

Ich würde sagen, dass Vielfalt das wesentliche Merkmal der menschlichen Existenz ist. Die Individualität jedes Menschen ist mehr als nur ein Faktum; sie ist eine der großen Gewissheiten der menschlichen Evolution. Die Individualität zeigt die Einmaligkeit jeder Person. Als eine Erweiterung des Individuellen ist auch jede Nation eine Seele mit einer Persönlichkeit, wobei entweder der Persönlichkeits- oder der Seelenstrahl dominiert, also mehr Einfluss besitzt.

Leider wird der Seelenstrahl in der heutigen Zeit größtenteils durch die Aktivität des geringeren Strahls, des Persönlichkeitsstrahls verdeckt, sodass die meisten Länder sich ausschließlich um ihre eigenen Interessen kümmern. Große, mächtige Länder wie die Vereinigten Staaten oder die Europäer sind darin effektiver als kleine Nationen, die international nicht stark genug sind, um ihren Stimmen Gehör zu verschaffen oder in irgendeiner Weise Einfluss nehmen zu können.

[204] Die größte Vielfalt innerhalb der größten Einheit, oder anders herum, die größte Einheit in der größten Vielfalt – das ist das Ideal, nach dem die Menschheit sucht und das dem Plan unseres Logos für die Entwicklung dieser Welt entspricht. Das ist nicht langweilige Gleichförmigkeit, sondern genau das Gegenteil. Maitreya sagt in einer seiner frühen Botschaften: *"Erlaubt mir, euch den Weg zu einem einfacheren Leben zu zeigen, in dem es den Menschen an nichts mangelt, in dem kein Tag dem anderen gleicht und sich die Freude der Brüderlichkeit durch alle Menschen kundtut."* (Botschaft vom 22. September 1977)

"In dem kein Tag dem anderen gleicht" – für mich ist das eine Aussage sondergleichen. Die einzigen Personen, für die keine zwei Tage sich gleichen, sind kleine Kinder, sowie jener Glückliche, der genug Geld und Muße hat, das zu tun, was er will, der sein Leben jeden Augenblick schöpferisch ausfüllen kann und daher keine stumpfsinnige Plackerei kennt. Langeweile und Plackerei sind das Ergebnis von Eintönigkeit. In der Einheit gibt es keine Gleichförmigkeit. Dabei geht es nicht darum, endlos dieselben Ideen zu wiederholen, bis es langweilig wird. Es geht darum, das Leben schöpferisch zu sehen und daher jeden Aspekt, jede Bewegung dieses Lebens kreativ, in jedem Augenblick neu zu erleben. Dieser Zustand der

Einheit, von dem der Meister spricht, ist der Zustand zeitlosen, schöpferischen Daseins, der jedem bestimmt ist.

Konsens

Wie viel Konflikt können wir in der Gruppe tolerieren, ohne die Gruppeneinheit zu gefährden?
Die kurze Antwort darauf lautet: keinen. Jeder Konflikt gefährdet die Gruppeneinheit. Aus dem gleichen Grunde ist Gruppen, die keinen Konsens herstellen können, auch die Einheit nicht möglich. Wenn sie einen Konsens erreichen können, tritt kein Konflikt auf. Da allerdings nur wenige Gruppen einen dauerhaften Konsens herstellen können, kommt es auch häufig zu Konflikten. Wie sehr wirkt sich das auf die **[205]** Gruppeneinheit aus? Das kommt ganz auf die Heftigkeit des Konflikts an. Wenn er sehr stark ist, kann er die Existenz der Gruppe gefährden.

Wir können nicht von einer Gruppe sprechen, wenn sie nicht ein gewisses Maß an Einheit – wenn auch noch nicht vollkommen – beweist, weil Einheit das eigentliche Merkmal einer Gruppe ist. Wir können die Einheit nicht verleugnen und uns gleichzeitig als Gruppe verstehen. Das wäre etwas anderes: das wären Menschen mit unterschiedlichen Vorstellungen, die ihre konditionierten Ideen, ihre persönlichen Vorurteile anbringen. Mit Synthese, dem Gedankenkonsens, der eine wesentliche Gruppenqualität ist, hat das nichts mehr zu tun. Dieser Konsens ergibt sich aus der Art der Gruppentätigkeit.

Die Idee eines Konsenses gab es früher schon. Dennoch meinen manche Menschen, dass es so etwas wie Konsens nicht geben kann. Sie glauben, in der "eigenen Ringecke" zu verharren, einige Ideen und Vorschläge zu gewinnen und andere verlieren, sei schon alles. Aber das stimmt nicht. Das ist eine zutiefst materialistische und, wie ich meine, falsche Vorstellung von dem, was Gedanken, was Ideen sind. Jede Idee, die uns auf irgendeinem Wege – vielleicht auch nur flüchtig – erreicht, hat mit dem wirklichen Leben zu tun. Wenn sie nur irgendetwas mit dem wirklichen Leben zu tun hat, muss sie die Wirklichkeit widerspiegeln. In vielen Situationen sieht die Wirklichkeit so aus, dass man seine Ideen vorbringt – und manchmal gewinnt man, manchmal verliert man. Das ist die Haltung eines Geschäftsmannes – man macht Gewinne und man macht Verluste.

Das ist die materialistische Lebensanschauung, die aber für uns nicht von Interesse ist. Für die Idee der Einheit oder die Frage, wie viel Konflikt eine vereinte Gruppe aushalten kann, ist sie völlig irrelevant. Letzteres hängt von der Intensität des Konflikts ab. Wenn es sich um einen kleineren Konflikt handelt, kann ihn die Einheit der Gruppe gewöhnlich überwinden. Besteht der Konflikt schon seit langer Zeit – und einige Gruppen haben lang anhaltende Konflikte –, gleicht er dem steten Tropfen, der die Einheit des Steines aushöhlt, bis der Stein ein Loch hat.

Dasselbe geschieht in einer Gruppe. Kleinere Konflikte sind mit gutem Willen und durch Zusammenarbeit leicht zu lösen. Zusammenarbeit ist für die Entwicklung von Einheit absolut notwendig, weil sie ein Aspekt **[206]** der Einheit ist. Wenn Sie eine einheitliche Sicht des Universums, der Weltprobleme haben, erkennen Sie, dass jeder davon betroffen ist. Jeder ist von den großen Problemen wie Umweltverschmutzung, Erderwärmung, dem steigenden Meeresspiegel und dergleichen betroffen. Diese Probleme müssen in Kooperation angepackt werden. Es gibt keinen anderen Weg. Niemand kann sagen, dass es ihn nichts angeht. Das Leben auf der Erde ist bedroht. Ich meine nicht nur durch Terroristen. Der Terrorismus ist eine Folge. Um den Terrorismus zu verstehen, müssen Sie sich der Ursache zuwenden, die mit den Besitzenden und den Besitzlosen tun hat, mit den Mächtigen und denjenigen, die ihnen die Macht verübeln oder an ihr teilhaben wollen. Der Terrorismus ist nicht die eigentliche Ursache für die Uneinigkeit, sondern die Folge einer bereits vorhandenen Missstimmung, die sich bei gewissen Menschen in Form von Terrorismus äußert – als effektivste, billigste und, im Falle des Fanatikers, natürlichste Methode, die Bereitschaft, für eine Idee zu sterben, unter Beweis zu stellen. Seit jeher sind Menschen für Ideen gestorben. Das ist die extreme Opferbereitschaft, die uns das Fische-Zeitalter beschert hat. Solange die Fische-Energie Ausgrenzung und Spaltung hervorbringt, gibt es diese Opferbereitschaft.

Wenn in Ihrer Gruppe kein Konsens besteht, herrscht Uneinigkeit. Wenn Sie die Möglichkeit eines Konsenses nicht einmal als Idee akzeptieren können, werden Sie nie zur Einheit finden.

Wie bringt man einen Konsens zustande? (Januar/Februar 1998)
Es gibt nur einen Weg zum Konsens: Kooperation. Sobald Sie zusammenarbeiten, wird der Konsens möglich. Wenn die Darlegung der verschiedenen Standpunkte in einer Konkurrenzsituation erfolgt, erreichen Sie keinen Konsens, weil jeder möchte, dass sein Standpunkt übernommen und für allgemein verbindlich erklärt wird. Dann kommt es zu einem Mehrheitsbeschluss, was nichts mit Konsens zu tun hat. Konsens ist das intuiti-

ve und daher von der Seele kommende Verständnis, dass ein bestimmter Prozess, den die Gruppe als solchen erkennt und in Angriff nimmt, die einzige Beschäftigung zu diesem Zeitpunkt und an diesem Ort ist. Auf diese Weise wird Konsens zu einer **[207]** sehr dynamischen Kraft. Sobald Sie einen wirklichen Konsens erreichen, steht die volle Energie – der Wille, die Liebe und die Intelligenz – der ganzen Gruppe dahinter. Es ist, als sei etwas Neues geschaffen worden, eine synthetische Stimme, die all die unvereinbaren Standpunkte, die verschiedenen Nuancen und Vorbehalte in sich vereinigt. In einer Gruppe, die vollkommen zusammenarbeitet, verschmelzen diese Standpunkte mit einem Mal auf intuitive Weise. Der endgültige Standpunkt wird von allen verstanden, angenommen und genauso umgesetzt. Dann wird die Gruppe plötzlich, mit der ganzen Kraft der Seelenenergie, vom Konsens getragen.

Mit der Aktivität, die dem Konsens entspringt, bewältigt man auch die Arbeit. Das sollte das Ziel aller Aktionen der Gruppe sein: sie gemeinsam und so konzentriert anzugehen, dass daraus gleichsam eine stählerne, scharfe Klinge wird, die geradewegs an die Arbeit geht. Andernfalls bleibt es bei kleinen Versuchen hier und dort – eine diffuse Vorgehensweise, die relativ wirkungslos bleibt.

Von Zeit und Zeit gibt es eine Art von Inspiration, die als synthetisierendes Feuer eine unmittelbare, selbstverständliche Aktivität auslöst, die direkt auf das Ziel zusteuert. Man erkennt sie, sobald man sie sieht. Man kann sich das nicht ausdenken; es geschieht einfach, wenn die Zusammenarbeit in der Gruppe so stark ist, dass ihre Gedanken und ihre Intuition in eine Aktion münden, die offensichtlich die folgerichtige, beste Vorgehensweise ist. Dann stehen Kritik und Bedenken nicht mehr zur Debatte. Die Aktion wird zu einem Schmelztiegel, in dem alle Ideen und Absichten, die ganze Intelligenz und alle schöpferischen Fähigkeiten der Gruppe zusammenfließen. Das ist ein Gruppengedanke, eine Gruppenaktion und mit nichts vergleichbar.

Priorität

Manchmal scheint es, dass bei dem Versuch, Gruppeneinheit und Zusammenhalt zu erreichen, sehr viel Energie verschwendet wird – und oftmals vergeblich. Was hat Gruppenpriorität – Einheit zu schaffen oder die Informationen über die Wiederkehr zu verbreiten?

[208] Die Arbeit der Gruppen besteht darin, die Botschaft der Wiederkehr zu verbreiten. Dabei arbeiten Sie entweder als Gruppe oder nicht. Wenn Sie als Gruppe arbeiten, dann wird die Gruppeneinheit zu einem Faktor, und wenn Sie nicht als Gruppe arbeiten, wird sie es nicht.

Diese Gruppe unterscheidet sich darin, dass sie nicht nur für die Wiederkehr arbeitet, sondern auch daran, möglicherweise den Beginn der Gruppeninitiation zu erreichen. Das ist ein Prozess und braucht seine Zeit. Die Wiederkehr ist zeitlich begrenzt. Maitreya wird öffentlich auftreten, die Menschen werden ihn sehen können. Dieser Aspekt der Arbeit nähert sich seinem Ende. Die laufende Arbeit der Gruppeninitiation wird – oder sollte – die Aufmerksamkeit sämtlicher Gruppen beanspruchen, weil sie grundlegend für unsere Tätigkeit ist.

Die Hierarchie arbeitet niemals nur an einer Sache. Mit großem Energieeinsatz verfolgen die Meister zwei, drei oder vier Dinge gleichzeitig. Sie haben eine Gruppe gefunden, sie haben sie in die Inkarnation gebracht und ihr diese gewaltige, magnetische Idee der Wiederkehr des Christus und der Externalisierung der Arbeit der Hierarchie gegeben, die mächtig genug ist, um diese völlig verschiedenen Gruppen zusammenzubringen, alle von derselben Sache angespornt.

Wie ich schon sagte, sind einige Gruppen stärker "zusammen" als andere. Bei einigen Gruppen sind neunzig Prozent ihrer Aktivität von der Seele gelenkt. Es gibt andere Gruppen, deren Aktionen nur zu dreißig Prozent von der Seele gesteuert werden, was bedeutet, das siebzig Prozent ihrer Tätigkeiten vom Gehirn, von der Persönlichkeitsebene bestimmt werden. Das führt zu Unterschieden in der Gruppenqualität, im Klang, in der Note, die von der jeweiligen Gruppe okkult erzeugt wird. An dem Ton, der von der Gruppe angeschlagen wird, erkennen die Meister den Grad der Seelenintegration.

Momentan manifestieren einige Gruppen daher mehr Seelenenergie und andere mehr Persönlichkeitsenergie. So ist die Situation im Augenblick, aber es gibt die Möglichkeit zu wachsen. Den Gruppen, die eine stärkere Seelenbeteiligung aufweisen, machen die genannten Probleme weniger zu schaffen. Die Gruppen, bei denen die Persönlichkeit stärker im Vordergrund steht, müssen sich vermehrt mit derartigen Problemen herumschlagen. Wir müssen das akzeptieren. Sie müssen **[209]** da durch und Seelenführung entwickeln und die Seele in ihre Gruppenarbeit einfließen lassen. Alle geben mehr oder weniger ihr Bestes.

Vertrauen

Welcher Faktor verhindert die Gruppeneinheit am meisten?
Der Hauptfaktor, der die Gruppeneinheit verhindert, ist die Kritik, wie der Meister in seinem Artikel sagte. Das Kritisieren einzelner Personen seitens eines oder mehrerer Gruppenmitglieder wirkt sich äußerst destruktiv auf die Gruppeneinheit aus.

Es gibt allerdings zwei Arten von Kritik – konstruktive und destruktive. Gewöhnlich ist Kritik destruktiv, aber das muss nicht so sein. Es gibt auch positive, konstruktive Kritik. Ein Meister oder erleuchteter Lehrer zum Beispiel, der einen Schüler oder Jünger auf Fehler, schlechte Angewohnheiten oder destruktive Tendenzen hinweist, verhält sich konstruktiv gegenüber einer destruktiven Einstellung. Mitunter ist sich die kritisierende Person der Destruktivität ihrer Kritik gar nicht bewusst und glaubt vielleicht, dass sie nur auf etwas hinweist, was ohnehin offensichtlich ist. Für den Betroffenen allerdings mag dies keineswegs so klar sein. Möglicherweise ist er sich dessen gar nicht bewusst, was nach Ansicht des Kritikers für alle offensichtlich zu sein scheint.

Gewöhnlich kritisieren wir das, was wir an uns selbst nicht leiden können. Wir projizieren es auf andere, die wir nicht besonders mögen. Wir befreien uns für eine gewisse Zeit davon, indem wir es einem anderen zuschieben und ihn für genau den Fehler, die Verblendung oder die Verhaltensweise kritisieren, die wir selbst ständig an den Tag legen. Das ist äußerst destruktiv. Es zerstört die Gruppeneinheit, weil es das Vertrauen zwischen den Gruppenmitgliedern zerstört.

Deshalb ist es so wichtig, dass der Prozess des Teilens zuallererst und vor allem anderen im wirtschaftlichen Bereich eingeführt wird. Nur auf dieser Basis kann jedes einzelne Weltproblem einer Lösung zugeführt werden. Das Teilen schafft von Natur aus Vertrauen, weil sich im Teilen der Liebesaspekt Gottes äußert. Er ist in jedem Menschen vorhanden, **[210]** aber in vielen ist er verschüttet, verborgen, ohne je das Tageslicht gesehen zu haben. Manche Menschen sind entschieden gegen das Teilen der Ressourcen der Industrieländer mit den Entwicklungsländern. Sie glauben, es gebe keinen Grund, weshalb sie – aus ihrer Sicht – ihren mühsam erworbenen Reichtum an diese arbeitsscheuen "langhaarigen Typen" abgeben sollen, die nichts tun und keine Jobs haben (weil es keine Jobs für sie gibt). Es ist sehr schwierig, diese Einstellung zu durchbrechen.

In den Vereinigten Staaten herrscht die weit verbreitete Meinung (die auch etwas für sich hat), dass das, was man im Leben erreicht, nutzbringender ist, ein größerer Beweis für den eigenen Wirklichkeitssinn, die eigene Individualität, die eigene Existenz als Mann oder Frau ist, als ein Staat, der dafür sorgt, dass niemand hungert. Die Leute sehen nicht, dass diese Arbeitslosen nichts zu essen haben, wenn der Staat nichts unternimmt. Wenn sie nichts zu essen haben, dann sterben sie. Die Leute wollen die einfache Wahrheit nicht begreifen, dass man verhungert, wenn man nicht genug zu essen bekommt. Millionen Menschen haben nicht genug zu essen, um am Leben zu bleiben. Die Leute bringen es fertig, zu sagen: "Na ja, das ist nicht meine Schuld, das geht mich nichts an."

Die Vorstellung, sich in der Wildnis zu befinden, die erst noch erschlossen werden muss, ist in Amerika noch immer ziemlich stark ausgeprägt. obwohl sie bereits in der vierten oder fünften Generation unter der Sonne Kaliforniens im Luxus leben. Sie haben es mit einer hoch technologisierten Industrie zu tun, die wirklich weit entfernt ist von den Lebensumständen der frühen Siedler, die vor eineinhalb Jahrhunderten in Planwagen kamen und in Holzhütten hausten.

Die Menschen mit dieser Einstellung fühlen sich noch immer als Pioniere. Sie können alles gewinnen oder verlieren, das hängt von Ihnen ab – nicht vom Staat, vom Stadtrat, auch nicht vom Sheriff. Es hängt allein von Ihnen ab – dem Mann mit einem Spaten oder Gewehr in der Hand –, so viel als möglich aus dem Leben herauszuholen. Das ist der Pioniergeist, der über eine schreckliche Vitalität verfügt und sich heute am deutlichsten in der enormen Energie zeigt, die die Vereinigten Staaten ausstrahlen. Sie ist in ihrer positiven Auswirkung für die besten Errungenschaften Amerikas verantwortlich. Aber sie steht auch für diese engstirnige Einstellung, dass es in diesem Leben nichts umsonst gibt. **[211]** Das stimmt schon, doch dieselben Leute investieren in die Börse, weil es dort etwas umsonst gibt. Sie sind also alles andere als konsequent.

Wenn Sie teilen, schaffen Sie Vertrauen, weil Sie damit Liebe beweisen. Teilen ist der Inbegriff der Liebe. In einer Familie teilt man alles entsprechend den gemeinsamen Bedürfnissen. Das Gefühl, eine Familie zu sein, ist in dieser Welt längst überfällig. Durch Teilen schaffen Sie ein Vertrauen, das Sie auch anderen Menschen vertrauen lässt. Wenn Sie Vertrauen zeigen, erhalten Sie Vertrauen. Wenn Sie Ihre Habe mit anderen teilen, schaffen Sie ein Vertrauen, ohne das keine wichtigen Entscheidungen getroffen werden können. Ohne Vertrauen wird es über die großen Probleme, die die ganze Welt angehen und die allein auf internationaler

Ebene gelöst werden können, niemals einen Konsens geben. Maitreya hat gesagt, dass jeder – jeder Mann, jede Frau und jedes Kind – die Erhaltung des Planeten als die höchste Priorität auf der Welt betrachten muss. Alle müssen mitmachen. Sie mögen über die Vorstellung lächeln, dass sich auch Kinder daran beteiligen, aber wenn es in irgendeiner Stadt eine Recycling-kampagne gibt, sind die Kinder die ersten, die ihre Eltern zum Mitmachen bewegen. Sie gehen auf die Straße und organisieren das Recycling. Recycling ist einer von vielen Wegen, durch die die Güter der Erde für die kommenden Generationen bewahrt werden können.

Wenn Sie Vertrauen haben, können Sie alles erreichen. Der hauptsächliche Grund für Gruppenkonflikte ist Kritik, weil Kritik das Vertrauen beeinträchtigt. Genau wie Sie durch Teilen die Welt verändern und Vertrauen schaffen können, können Sie ohne Vertrauen in einer Gruppe keine Einheit herstellen. Das ist unmöglich. Kritik zerstört das Vertrauen und deshalb die Einheit.

"Die kritische Zunge im Zaum halten." Bedeutet das auch, die Gedanken im Zaum halten?
Ja, natürlich. Die "Zunge" ist das Ergebnis der Gedanken. Man muss denken, bevor man spricht. Die "kritische Zunge" ist ein guter Ausdruck, und wir wissen, was der Meister damit meint. Er meint auch die Gedanken. Destruktives Denken, das nicht ausgesprochen wird, ist [212] genauso schädlich für die betroffene Person und die ganze Gruppe, wie wenn es ausgesprochen wird, weil der Betreffende sich so verhält, als würde er es aussprechen. Alle sind ständig davon beeinflusst.

Unterscheidungsvermögen

Sie sagten kürzlich, es gebe zu viele kluge Ideen. Was genau meinen Sie damit?
Es gibt kluge Ideen, und es gibt schöpferische kluge Ideen. Eine schöpferische Idee ist immer klug; sie ist neu. Alles Schöpferische trägt etwas Neues in sich. Das macht es für einige Menschen fragwürdig. Alles Neue veranlasst die Menschen, an seiner Richtigkeit oder Qualität zu zweifeln, aber hier muss man seinen gesunden Menschenverstand benutzen. Mit zu vielen klugen Ideen meine ich zu viele Gags, Verkaufstricks, wie sie in der kommerziellen Werbung benutzt werden. Gewöhnlich sind diese Mätzchen für uns als Mittel unangebracht.

Kann eine kreative Idee auch "zu klug" sein und damit der Gruppeneinheit schaden?
Wenn eine Idee kreativ ist, kann sie, meine ich, der Gruppeneinheit nicht schaden. Eine wirklich schöpferische Idee kann nur förderlich für die Gruppe und daher nicht gegen ihre Einheit sein. Wenn sie außerordentlich schöpferisch und klug ist, wird sie vielleicht nicht von der ganzen Gruppe verstanden und daher nicht umgesetzt. Aber sie kann der Einheit eigentlich nicht schaden.

Die schlimmsten Ideen sind die zerstörerischen. Alle Ideen, die grundsätzlich unwahr sind, schaden der Gruppe. Eine Vorstellung, die nicht wahr ist, aber von einigen für wahr gehalten wird, wirkt sich auf die Gruppeneinheit zerstörerisch aus, weil sie von einigen Mitgliedern geglaubt und von anderen verworfen wird. Einige sagen dann: "Das ist wahr. Ich habe das Gefühl, dass es wahr ist." Andere dagegen sagen: "Ich glaube das nicht. Ich habe das Gefühl, dass es nicht wahr ist. Das riecht mir nach Verblendung."

[213] Das Problem mit der Verblendung ist, dass sie in hohem Grade ansteckend wirkt. Sie ist wie eine ansteckende Krankheit, die durch die ganze Gruppe gehen kann, bis die Gruppe an der Verblendung zerbricht. Wenn die Verblendung mit falschen Vorstellungen zu tun hat, ist sie sehr zerstörerisch für die Gruppeneinheit, weil einige sie für wahr halten. Ihre eigene Verblendung passt sich der Verblendung der Unwahrheit an, und sie sehen nicht, was daran falsch sein soll. Andere, die mehr Urteilsfähigkeit haben, können aufgrund des Unterscheidungsvermögens ihres Verstandes – das Wirken der Seele durch den Verstand – sofort erkennen, dass es sich um Verblendung, um Unwahrheit handelt, und wollen nichts damit zu tun haben. Und so entsteht in der Gruppe Uneinigkeit. Das ist eine der großen zerstörerischen Kräfte in einer Gruppe.

Wie können wir mit einer solchen Situation umgehen, ohne ins Kritisieren abzugleiten? Wie geht man mit dieser Form von Verblendung um?
Wenn Sie etwas für grundsätzlich unwahr halten, geht es nicht mehr um einen unterschiedlichen Ansatz, um eine reine Persönlichkeitsdifferenz aufgrund der Strahlenstruktur, der Ausbildung oder der Lebensweise. Menschen haben immer die verschiedensten Ideen, wie gewisse Aktivitäten durchgeführt werden sollen. Die meisten Streitereien in den Gruppen spielen sich auf dieser Ebene ab. Aber vielleicht stellt sich manchmal auch die Frage: "Ist das, was wir veröffentlichen, tatsächlich wahr oder nicht? Ist es nur eine Verblendung, eine falsche Vorstellung einer bestimmten Person,

der einige Mitglieder glauben, dass sie die Wahrheit sagt?" Vielleicht denkt diese Person, dass sie die Wahrheit sagt, aber andere meinen aufgrund ihres Unterscheidungsvermögens, es sei nicht wahr. Dann müssen Sie sagen: "Für mich ist das Verblendung. Für mich ist das nicht wahr. Ich kann unter diesen Voraussetzungen nicht weitermachen."

Für mich gab es in den letzten 27 Jahren, in denen ich die Botschaft der Wiederkehr des Christus und der Hierarchie verbreitet habe, vor allem einen Faktor, an dem ich immer festgehalten habe: dass ich das, was ich sage, aufgrund meiner *Erfahrung* für wahr halte. Ich kann nicht etwas sagen, was ich nicht für wahr halte. Ich kann es nicht mit Überzeugung sagen, deshalb sage ich es lieber gar nicht. Wenn das, was Sie sagen, an sich **[214]** wahr ist, und Sie sagen es mit der Überzeugung, die Sie aus persönlicher Erfahrung gewonnen haben, wird man Ihnen glauben. Wenn es wahr ist, hat es die Kraft der Wahrheit. Wenn es verblendet, falsch, eine Illusion der Wahrheit ist, hat es diese Kraft nicht. Es kann vielleicht zwei Wochen oder sechs Monate oder ein Jahr überdauern, aber dann wird es verschwinden, als sei es nie gewesen. Nach allen Medienregeln sollte diese Information längst völlig veraltet sein, und doch ist das nicht der Fall. Tatsächlich wird sie jetzt bereitwilliger geglaubt als je zuvor.

Es ist also besser, nicht auf Verblendungen einzugehen?
Diejenigen, die eine Geschichte für Verblendung halten, dürfen nicht so handeln, als sei sie wahr. Diejenigen, die glauben, dass eine bestimmte Sache wahr ist, könnten sich zwar täuschen oder auch Recht haben, aber sie glauben daran und richten sich danach. Mit der Zeit wird sich herausstellen, was Wahrheit und was Verblendung ist. Die meisten Menschen sind verblendet. Sie befinden sich auf einer Evolutionsstufe, bei der das Bewusstsein auf die Astralebene gerichtet ist. Das ist der Bereich, für den sie empfänglich sind und Ideen aufgreifen und bewerten. Daher sind sie, ob sie es wollen oder nicht, zunächst einmal mehr oder weniger verblendet.

Auf dem Weg zur Jüngerschaft entwickeln Sie allmählich ein gewisses Unterscheidungsvermögen, und Sie wissen sofort, ob an einer Sache etwas Wahres ist. Ihre Seele sagt Ihnen durch den Verstand, ob etwas richtig ist oder nicht. Genau dieser Punkt trägt in einer Gruppe am meisten zur Spaltung bei, weil manche diese Urteilsfähigkeit nicht besitzen und sich deshalb auch nicht entscheiden können. Sie wissen es einfach nicht. Sie brauchen jemanden, der ihnen sagt, was wahr ist und was nicht. Jedem, der wie ich viele Vorträge hält oder Bücher schreibt, wird allein aufgrund dieser Tatsache schnell Glauben geschenkt. Das beweist aber noch lange nicht, dass diese Behauptungen wahr sind. Nur sein Unterscheidungsvermögen und die Überzeugung, mit der er spricht, können die Wahrheit seiner Aussagen vermitteln.

Sie können sich fragen, ob diese Ideen mit den esoterischen Lehren übereinstimmen, wobei Sie nötigenfalls bis auf die *Upanishaden* zurückgreifen müssen, auf **[215]** die *Bhagavad Gita* und auf alle Lehren, die in der Welt bis zu Jesus und dem Koran übermittelt wurden. Stimmen sie mit Blavatsky und Alice Bailey überein? Gibt es eine gemeinsame Verbindung zu all dem, oder besteht ein gewaltiger Widerspruch?

Wenn etwas wahr ist, wird es mit der Natur des Lebens übereinstimmen. Wenn es falsch ist, richtet es sich gegen das Leben. Die Menschen lieben die Verblendung. Neunzig Prozent der Menschen auf der Welt sind verblendet, weil sie auf dieser Ebene leben. Die Astralebene ist eigentlich unwirklich, aber für die meisten ist sie real. Deshalb hat sie eine faszinierende Anziehungskraft. Sie füllt die Esoterikbuchläden der Welt. Für viele Menschen ist die Astralebene der Einstieg zu etwas Höherem, aber das bedeutet nicht, dass sie selbst höher ist – sie ist bloß ein *Zugang* zu etwas Höherem.

Gibt es mittlerweile schon Fortschritte und etwas weniger Verblendung?
Ich weiß von meinen Vorträgen und Radio- oder Fernsehinterviews, dass die Fragen inzwischen etwas realistischer, etwas weniger verblendet sind – viele sind es allerdings immer noch. Es ist dasselbe wie mit falschen religiösen Lehren: es beruht alles auf Konditionierung. Verblendung ist gewissermaßen Konditionierung. Der konditionierte Verstand sucht immer nach einer schnellen und einfachen oder magischen Antwort auf die Weltprobleme. Es gibt aber keine schnellen und einfachen Antworten auf die grundlegenden menschlichen Probleme, die Probleme der Bewusstseinserweiterung. Sie sind nicht auf einen Mann angewiesen, der vom anderen Ende der Galaxis kommt, um Ihnen die Hand auf den Kopf zu legen und Sie von Ihrer Blindheit oder Verblendung zu befreien – und plötzlich sehen Sie alles, wie es im Denken Gottes existiert. Das klingt sehr schön in einem Buch, aber es ist Unsinn. Niemand kommt vom anderen Ende der Galaxis, um jemandem, der sich noch nicht einmal der ersten Initiation unterzogen hat, die Hand auf den Kopf zu legen. Es kommt überhaupt niemand vom anderen Ende der Galaxis. Sie müssen die Dinge in der richtigen Perspektive sehen. Dazu sind die Menschen leider noch nicht in der Lage. Sie besitzen nicht die nötige Urteilsfähigkeit **[216]** und glauben daher alles. Wenn Sie *alles* glauben, wird es schwierig.

Aber auch der Verblendete kann voller Überzeugung sprechen, weil er nicht weiß, dass er verblendet ist.
Genau. Ein Mensch, der eine verblendete Information verbreitet, kann davon ganz und gar überzeugt sein, weil er so verblendet ist, dass er den Unterschied nicht erkennt. Die Vorstellung kommt von der Astralebene – es ist wie im Traum. Man legt sich schlafen und träumt. Wenn Ihre Träume Wirklichkeit wären, könnten Sie alles tun. Wenn Sie im Traum an etwas denken, ist es auch schon da. Auf der Astralebene ist das genauso. Was immer Sie wollen, was Ihnen gerade einfällt, ist da, Sie können alles visualisieren, was Sie sich nur wünschen: Meister, denen Sie zu Dutzenden, auf irgendeiner Hochebene im Himalaja oder in den Anden begegnen. Sie schütteln allen die Hand und sie verneigen sich vor ihnen. Dann entdecken Sie zum ersten Mal, wie erhaben, wie groß, wie weit entwickelt Sie eigentlich sind. Und niemand hat es bisher bemerkt, niemand ist zu Ihnen gekommen und hat Ihnen gesagt: "Wissen Sie, Sie haben Recht. Wir haben es immer gespürt. Sie sind etwas Besonderes." Verblendung ist ein Minenfeld.

Die Menschen sind so sehr mit sich selbst beschäftigt, dass sie alles glauben, was sie erleben, einschließlich ihrer astralen Wachträume. Sie glauben es und halten es für wahr, genau wie man einige Sekunden lang meint, dass ein Traum wahr ist. Und wenn man aufwacht, sagt man sich: "Ach, es war nur ein Traum, was für ein Jammer." Oder aber: "Gott sei Dank, es war nur ein Traum." Meistens ist man viel zu beschäftigt mit Schauen, Denken und Tun, um dieses fortwährende astrale Phantasieren zu beachten. In manchen Menschen ist es so stark, dass sie alle möglichen Phantasien haben und ständig meinen: "Ich habe so ein Gefühl, ich fühle, dass es so ist." Wenn Sie ein Jünger sind und etwas begreifen, dann fühlen Sie es nicht, Sie wissen es. Sie wissen es, oder Sie wissen es nicht, aber niemals fühlen sie es. Die Menschen, die astral ausgerichtet sind, fühlen ständig etwas: "Ich habe das Gefühl, dass dieses oder jenes **[217]** geschehen wird." Sie können sicher sein, dass das nicht so ist, dass es bloß ein Gefühl ist wie jeder andere Traum auch.

Wenn derartige Berichte von anderen Verlagen und Quellen angeboten werden, können wir möglicherweise erkennen, dass einiges daran sehr verblendet ist, aber wenn sie vom Koordinationszentrum in diesem Land gebilligt und veröffentlicht werden, wird das Verständnis der Leser hinsichtlich der Glaubwürdigkeit der Informationen stark beeinflusst.
Ganz recht. Die Menschen suchen in dem, was sie lesen, nach Sicherheit. Sie können nicht alles lesen, und sie wollen das lesen, was wertvoll ist.

Wertvoll ist das, was ihnen ein gutes Gefühl verschafft, was interessant und befriedigend ist, was ihrer Verblendung, ihrem Verstand, ihrer Fantasie Nahrung gibt oder was ihnen zu einer neuen Lebensauffassung verhilft. In den meisten Fällen bleiben die Verlage bei *einer* Literaturgattung und man weiß, wie das Buch eines bestimmten Verlags sein wird – überaus verblendet und auf die am wenigsten bewussten Leserkreise ausgerichtet. Dann gibt es jene Bücher, die von einer größeren Urteilsfähigkeit zeugen und daher eine Klasse besser sind – Veröffentlichungen, die vielleicht eher von der sechsten als von der fünften Astralebene stammen. Die meisten der wirklich verblendeten Sachen – die allgemein üblichen Verblendungen – kommen von der fünften Astralebene.

Von der sechsten Astralebene stammen die höheren Aspirationslehren. *Ein Kurs in Wundern* zum Beispiel wurde – von Meister Jesus – durch einen Jünger übermittelt, der auf der sechsten Astralebene arbeitet. Dieser Jünger gab die Lehren an ein Medium weiter (eine Frau, die nicht wusste, dass sie ein Medium war), das sie dann aufschrieb. Sie sind ziemlich unverfälscht. Dies ist ein Beispiel für eine Lehre von hohem Niveau, die von einem Meister stammte und die schließlich, von der sechsten Astralebene aus, die physische Ebene erreichte.

Auf diese Weise können sehr hohe geistige Lehren auf den Astralebenen übermittelt werden. Normalerweise meiden die Meister die Astralebenen. Sie arbeiten nie selbst auf der fünften Astralebene, aber von Zeit zu Zeit übermitteln sie Aufgaben oder Erfahrungen auf der sechsten Astralebene, der Ebene, die mehr mit **[218]** dem Herzen als dem Solarplexus zu tun hat. Auf den höheren Stufen der sechsten Astralebene ist das relativ unverfälscht. Das ist aber alles relativ. Die Aspiration eines Menschen macht es möglich, dass ihm diese Lehren übermitteln werden können, wenn er auf dieser Ebene sensitiv ist.

Die Meister würden es zweifellos begrüßen, wenn alle Jünger auf der höchsten Seelenebene sensitiv wären, aber das ist nicht der Fall. Sie würden es auch begrüßen, wenn sie alle auf der Mentalebene sensitiv wären. Aber auch das ist nicht der Fall. Wenn sie also Informationen weitergeben und so viele Menschen wie möglich erreichen wollen, spannen die Meister von Zeit zu Zeit das Netz etwas weiter. Damit sind zwar Probleme verbunden, aber von Zeit zu Zeit greifen sie auf Menschen zurück, die astral sensitiv und nur auf der Astralebene empfänglich sind. Wenn es sich um die sechste Astralebene handelt, umso besser, manchmal vermitteln sie dort auch Erfahrungen. Deshalb gibt es so viele Menschen, die als "Maitreya" oder "Christus" die allgemeine Aufmerksamkeit auf sich gezogen haben. Alle diese Menschen reagieren auf die hierarchische Idee, dass der Christus in die Welt zurückkehrt, aber sie halten sich selbst dafür.

[Anmerkung des Herausgebers: Es gibt auf der Astralebene sieben Stufen, wobei die siebte ihre höchste Stufe darstellt. Darüber gibt es vier Stufen der Mentalebene, wobei die vierte die höchste ist. Über der Mentalebene liegt die Seelenebene, die geistige Ebene.]

Gruppeneinheit

Unsere Gruppe diskutierte über die verschiedenen Methoden, mit denen wir die Botschaft beziehungsweise die Information über die Wiederkehr verbreiten. Dafür setzen wir beispielsweise verschiedene lokal und neuerdings auch landesweit bekannte Vortragsredner ein, da sie mehr Menschen anziehen. Könnten Sie sich dazu äußern, wie solche und andere Aktivitäten zu unserem Gruppenziel beitragen oder davon ablenken?
Wenn sie alle die Botschaft verbreiten und es dieselbe Botschaft ist und die Botschaft wahr ist, spricht nichts dagegen. Es wird damit kein Schaden **[219]** angerichtet. Werden allerdings Unwahrheiten verbreitet, dann ist das etwas anderes. Wenn Menschen Unwahrheiten verbreiten, ist das destruktiv und schädlich für die Sache, schädlich für die Gruppe als Gruppe und schädlich für Maitreya und den Plan.

Die Meister erwarten keine Vollkommenheit. Wenn sie es täten, würde gar nichts geschehen, weil es nirgendwo Vollkommenheit gibt. Sie akzeptieren selbst einige der verblendetsten Menschen, die mir je begegnet sind, weil sie auf ihre Weise nützlich sind – also Informationen, die aus Quellen stammen, die für mich zu hundert Prozent von der fünften Astralebene kommen. Die Meister halten das insofern für nützlich, als dadurch die *Idee* der Meister in die Welt getragen wird. Diese Leute können hinsichtlich der Meister sogar völlig falsch liegen, das heißt, wer die Meister sind, welche Funktion sie haben, wie sie arbeiten. Es gibt alle möglichen "Lehren" über die Meister.

Wenn wir Informationen über die Wiederkehr des Christus und der Meister in der Welt verbreiten, haben wir die Pflicht, so exakt zu sein, wie es uns irgend möglich ist.

Wenn die Einheit nicht die Grundlage allen Lebens wäre, würden die dunklen Kräfte nicht versuchen, Menschen zu bekehren und auf ihre Seite

zu ziehen, sondern sich damit zufrieden geben, in ihrer Isolation zu leben. Ihre diesbezügliche Unwissenheit ist ihre Schwäche. Unsere diesbezügliche Unwissenheit ist ihre Stärke.
Wenn es wahr wäre, hätten Sie Recht. Ganz gewiss ist unsere Unwissenheit ihre Stärke, aber sie wissen sehr wohl, dass Einheit die Grundlage allen Lebens ist. Sie sehen sich als Exponenten dieser Einheit. Sie führen Krieg gegen die Kräfte des Lichts; in ihrer Ausrüstung gibt es keine Liebe. Sie haben die Menschheit seit mehr als 98.000 Jahren beherrscht und wollen sie auch weiterhin beherrschen. Aber sie können nicht so weitermachen.

Sie wissen ohne jeden Zweifel, dass durch das öffentliche Auftreten Maitreyas und der Meister in der Welt ihre Herrschaft in Gefahr ist. Sie werden in ihren eigenen Aufgabenbereich verwiesen, der darin besteht, den Materieaspekt des Planeten instand zu halten. Dort ist er nicht **[220]** böse, sondern normal; das ist die Rolle, die sie zu spielen haben. Ihr Einfluss auf die Menschheit wird allmählich schwinden.

Wenn man nach dem Prinzip des Nichtverletzens lebt, kann das auch den Einsatz von Gewalt und Zorn einschließen?
Es schließt nicht den Einsatz von Gewalt mit ein, aber möglicherweise Zorn, allerdings nur den Anschein von Zorn. Von Meistern ist bekannt, dass sie in einem offensichtlichen Wutausbruch, der natürlich fingiert war, auch einmal laut werden können. Das ist nur eine Kolorierung, die sie mitunter einfügen, um die Aufmerksamkeit auf das von ihnen Gesagte zu lenken und wenn nötig eine Kritik anzubringen.

Fördern regelmäßige Gruppentreffen die Gruppeneinheit, oder vergeudet die Gruppe damit nur ihre Kräfte?
Wenn Sie an jedem Wochentag ein Gruppentreffen hätten, kann das die Gruppeneinheit fördern, aber genauso gut das Gegenteil bewirken, sodass Sie damit Gruppenenergie vergeuden. Das hängt ganz davon ab, was Sie bei den Treffen tun, wie Sie vorgehen, wie gelassen die Beteiligten oder wie besessen sie von ihren eigenen Ideen sind. Auf eine Idee fixiert zu sein, die allen anderen Gruppenmitgliedern zuwiderläuft, ist gewöhnlich Verblendung und verzettelt nur die Kräfte der Gruppe.

Inwiefern können Mantrams – besonders das Mantram der Vereinigung – dazu beitragen, Gruppeneinheit zu entwickeln?
Es gibt solche und solche Mantrams. Ich glaube nicht, dass es für die Gruppeneinheit sehr förderlich wäre, wenn wir unaufhörlich "OM Mani

Padme Hum" sagten. Wenn Sie jedoch täglich das Mantram der Vereinigung* anwenden, wird das zwar nicht alle Weltprobleme lösen, aber immerhin dazu beitragen, dass sie die Notwendigkeit der Einheit im Kopf behalten. Es wurde von Meister Djwhal Khul durch Alice Bailey übermittelt. Es ist **[221]** ziemlich lang, aber wenn Sie es auswendig lernen und täglich, sooft Sie wollen, aufsagen, können Sie damit Ihr Bewusstsein für die Idee der Einheit, die Einheit der ganzen Menschheit fördern. Es ist sehr schön, und es lohnt sich durchaus, es zu lernen und zu benutzen.

* Bailey, Alice, *Die Geistige Hierarchie tritt in Erscheinung*, Verlag Lucis Genf, Hinweiszahl 142.

Nehmt meine Hand, meine Freunde, und lasst mich euch über den Fluss geleiten. Lasst mich euch über die schmale Brücke führen.

Lasst mich euch die Schönheit zeigen, die euch auf der anderen Seite erwartet. Diese Schönheit, meine Freunde, ist euer wahres Selbst.

Helft mir, meine Freunde, euch zu helfen, und lasst uns gemeinsam diese Welt verwandeln.

Maitreya, 20. Oktober 1981
(aus: *Botschaften von Maitreya – dem Christus*, Edition Tetraeder, München)

Transmissionsmeditation

Eine kurze Einführung

[223] *Eine Gruppenmeditation als dynamischer Dienst an der Welt und zur persönlichen spirituellen Entwicklung.*

Transmissionsmeditation ist eine Gruppenmeditation. Sie wurde eingeführt, um geistige Energien von den Meistern der Weisheit unserer planetaren geistigen Hierarchie besser zu verteilen, die die Hüter dieser Energien sind. Mit dieser Meditation können die Energien "heruntergeschaltet", das heißt, transformiert werden, damit sie der Allgemeinheit zugänglich gemacht und von ihr genutzt werden können. Transmissionsmeditation erzeugt – in Zusammenarbeit mit der Hierarchie der Meister – einen "Wirbel" oder ein Reservoir höherer Energie zum Wohl der Menschheit.

Im März 1974 gründete Benjamin Creme unter der Leitung seines Meisters die erste Transmissionsmeditationsgruppe in London. Inzwischen gibt es weltweit Hunderte solcher Gruppen, und ständig entstehen neue.

Mithilfe dieser Gruppen als Bindeglied kann die Hierarchie auf die Bedürfnisse der Welt reagieren. Das Grundmotiv dieser Arbeit ist der Dienst an der Welt, aber sie fördert ebenso die persönliche Entwicklung. Viele Menschen suchen nach Wegen, um die Welt zu verbessern – dieser Wunsch kann stark ausgeprägt sein, ist aber in unserem geschäftigen Leben oft schwer zu verwirklichen. Unsere Seele sucht nach einer sinnvollen Aufgabe, aber wir reagieren nicht immer auf ihren Ruf – und dadurch kommt es in uns zu Ungleichgewicht und Konflikten. Transmissionsmeditation gibt uns die Gelegenheit der Welt effizient zu dienen, da sie eine völlig wissenschaftliche Methode ist, die von uns nur ein Minimum an Zeit und Energie verlangt.

Benjamin Creme gibt auf der ganzen Welt Einführungen in die Transmissionsmeditation. Während der Meditation wird er von Maitreya, dem Weltlehrer, überschattet, **[224]** der auf diesem Wege den Teilnehmern kräftigende geistige "Nahrung" zukommen lassen kann. Viele Menschen werden durch dieses Erlebnis inspiriert, selbst mit der Transmissionsmeditation zu beginnen, wobei viele auch bestätigen, dass sie während der Meditation Heilung erfahren haben.

[Weitere Informationen siehe: *Transmission – eine Meditation für das neue Zeitalter* von Benjamin Creme.]

Die Große Invokation

Aus dem Quell des Lichts im Denken Gottes
ströme Licht herab ins Menschendenken.
Es werde Licht auf Erden.

Aus dem Quell der Liebe im Herzen Gottes
ströme Liebe aus in alle Menschenherzen.
Möge Christus wiederkommen auf Erden.

Aus dem Zentrum, das den Willen Gottes kennt,
lenke planbeseelte Kraft den kleinen Menschenwillen
zu dem Ziele, dem die Meister wissend dienen.

Durch das Zentrum, das wir Menschheit nennen,
entfalte sich der Plan der Liebe und des Lichts
und siegle zu die Tür zum Übel.

Lass Licht und Liebe und Kraft
den Plan auf Erden wieder herstellen.

Die Große Invokation wurde von Christus zum ersten Mal im Juni 1945 angewandt. Er gab sie der Menschheit, damit wir die Energien anrufen können, die die Welt verändern und die Rückkehr des Christus und der Hierarchie ermöglichen. Dieses Weltgebet wurde in viele Sprachen übersetzt und ist für alle gedacht, nicht nur für einige Gruppen oder Religionsgemeinschaften. Es wird täglich von gut gesinnten Menschen gesprochen, deren Anliegen es ist, richtige mitmenschliche Beziehungen in der Welt zu schaffen.

Gebet für das neue Zeitalter

Ich bin der Schöpfer des Universums.
Ich bin Vater und Mutter des Universums.
Alles kam von mir.
Alles kehrt zurück zu mir.
Verstand, Herz und Körper sind meine Tempel,
worin das Selbst verwirklicht
mein höchstes Sein und Werden.

Das Gebet für das neue Zeitalter wurde von Maitreya eingeführt. Es ist ein großes Mantram, eine so genannte Affirmation und hat invokative Wirkung. Mit der Anwendung dieses Gebets wird einem bewusst, dass Mensch und Gott eins und unteilbar sind. Das "Ich" ist das göttliche Prinzip, das hinter der ganzen Schöpfung steht. Dieses höhere Ich oder Selbst ist eine Emanation des göttlichen Prinzips und mit ihm identisch.

Dieses Gebet erweist sich als besonders wirksam, wenn man es mit konzentriertem Willen spricht oder 'denkt' und dabei die Aufmerksamkeit im Zentrum zwischen den Augenbrauen hält. Wenn sein Sinn erkannt und gleichzeitig der Wille eingesetzt wird, dann werden die formulierten Ideen aktiviert, und das Mantram entfaltet seine Wirkung. Wenn man es jeden Tag ernsthaft spricht, wächst in einem allmählich das Bewusstsein für das eigentliche, wahre Ich.

Bücher von Benjamin Creme

Maitreya – Christus und die Meister der Weisheit
Benjamin Cremes erstes Werk liefert die Grundinformationen über die Wiederkehr des Christus und deren Auswirkung auf die bestehenden Institutionen; über den Antichrist und die Kräfte des Bösen, die Seele und Reinkarnation, Meditation, Telepathie, Kernenergie, Ufos, alte Zivilisationen und die Notwendigkeit einer neuen Wirtschaftsordnung.
ISBN 978-3-932400-00-1, 273 Seiten, EUR 13,-/sFr 22,70

Die große Annäherung
Dieses Buch beschreibt die Probleme unserer chaotischen Welt und ihre allmähliche Transformation unter dem Einfluss einer Gruppe vollkommener Menschen, der Meister der Weisheit, die jetzt erstmals seit 98.000 Jahren wieder in das Alltagsleben zurückkehren. In einer außergewöhnlichen Synthese von Erkenntnissen malt es zukünftige Entwicklungen aus; mit visionärem Weitblick werden geistige Errungenschaften beschrieben, die einmal zu den erstaunlichsten wissenschaftlichen Entdeckungen führen werden. Es zeigt eine Welt, in der Kriege der Vergangenheit angehören – eine Welt, die die Bedürfnisse aller Menschen erfüllt.
ISBN 978-3-932400-09-4, 300 Seiten, 12 Farbabb., EUR 14,-/sFr 24,40

Maitreyas Mission, Band Eins
Der Weltlehrer Maitreya; seine Arbeit und seine Lehren, das Leben im neuen Zeitalter, Evolution und Einweihung, Meditation und Dienst, Heilen und gesellschaftliche Veränderungen, die Meister der Weisheit und ihr Schritt in die Öffentlichkeit, die Sieben Strahlen sowie Strahlenstrukturen von über 600 bedeutenden historischen Persönlichkeiten.
ISBN 978-3-932400-02-5, 396 Seiten, EUR 16,-/sFr 27,50

Maitreyas Mission, Band Zwei
Maitreyas geistige Lehren und seine Voraussagen; weltweite Zeichen und Wunder; Interviews mit einem Meister der Weisheit zum Zeitgeschehen und Vorträge von Benjamin Creme zu Themen wie Meditation, Bewusstseinswachstum, Psychologie, Dienst an der Welt, Gesundheit, Umwelt, Wissenschaft und Technik im neuen Zeitalter, sowie weitere Strahlenstrukturen.
ISBN 978-3-932400-03-2, 710 Seiten, 8 Farbabb., EUR 20,-/sFr 33,80

Maitreyas Mission, Band Drei

Maitreyas Prioritäten für die Zukunft, Interviews mit einem Meister der Weisheit über die Herausforderungen des 21. Jahrhunderts; Karma und Wiedergeburt, der Ursprung der Menschheit, neue Erziehung und Architektur, Meditation und Dienst, der Evolutionsplan und andere grundlegende Konzepte der zeitlosen Weisheit.

ISBN 978-3-932400-08-7, 643 Seiten, EUR 20,-/sFr 33,80

Transmission – eine Meditation für das neue Zeitalter

Dieses Buch bietet eine Übersicht über die Wissenschaft der Energieübermittlung, wie sie auf diesem Planeten seit über 18 Millionen Jahren besteht. Es gibt Anleitungen zur Bildung von Transmissionsgruppen und detaillierte Antworten auf viele diesbezügliche Fragen.

ISBN 978-3-932400-07-0, 188 Seiten, EUR 9,-/sFr 16,-

Botschaften von Maitreya – dem Christus

In den Jahren der Vorbereitung seiner Wiederkehr übermittelte Maitreya Benjamin Creme 140 Botschaften. Sie wollen den Leser dazu inspirieren, die Nachricht seiner Wiederkehr zu verbreiten und sich für die Millionen Menschen einzusetzen, die in einer Welt des Überflusses hungern müssen.

ISBN 978-3-932400-06-3, 287 Seiten, EUR 12,-/sFr 21,10

Lehren der zeitlosen Weisheit

Dieses Buch will Verständnis wecken für das geistige Vermächtnis der Menschheit und bietet eine sorgfältige und leicht verständliche Einführung in die zeitlosen Weisheiten, die allen geistigen Lehren jeder Richtung zugrunde liegen.

ISBN 978-3-932400-05-6, 74 Seiten, EUR 5,-/sFr 9,-

Erschienen bei Edition Tetraeder, München. Alle Bücher sind im Buchhandel erhältlich. Sie wurden von Gruppen, die die Verbreitung dieser Information unterstützen, auch in verschiedenen anderen Sprachen veröffentlicht, unter anderem auf Arabisch, Chinesisch, Französisch, Hebräisch, Italienisch, Japanisch, Niederländisch, Rumänisch, Russisch, Schwedisch und Spanisch. Weitere Übersetzungen sind geplant.

SHARE INTERNATIONAL

Ein Aufruf zum Teilen

Die Zeitschrift SHARE INTERNATIONAL bringt jeden Monat: Neue Informationen über den Weltlehrer Maitreya. Einen Beitrag von einem Meister der Weisheit. Weiterführende Erläuterungen der esoterischen Lehren. Beiträge und Interviews von Fachleuten verschiedener Gebiete zu Themen wie: Beseitigung von Hunger und Armut; gesellschaftliche und wirtschaftliche Veränderungen; Politik, Frieden und Menschenrechte; Naturwissenschaften und Medizin; Psychologie und Bildung. Nachrichten über UN-Aktivitäten und positive Entwicklungen bei der Transformation unserer Welt. Eine Rubrik, in der Benjamin Creme regelmäßig auf Leserzuschriften zu diesen Themen eingeht.

SHARE INTERNATIONAL vereint die beiden vorwiegenden Denkrichtungen des neuen Zeitalters – die politische und die spirituelle, das heißt die geistige Denkweise. Die Zeitschrift weist auf die Synthese hin, die den heute weltweit zu beobachtenden politischen, sozialen, ökonomischen und geistigen Veränderungen zugrunde liegt; und sie sucht zu praktischem Handeln und Mitarbeit bei der Umgestaltung der Welt anzuregen – im Sinne von mehr Gerechtigkeit und Mitgefühl.

SHARE INTERNATIONAL befasst sich mit Nachrichten, Ereignissen und Kommentaren, die einen Bezug zu Maitreyas Prioritäten haben: ausreichende, gute Ernährung und angemessene Wohnverhältnisse für alle sowie Gesundheitsfürsorge und Bildung als universelles Recht und die Erhaltung des ökologischen Gleichgewichts in der Welt.

SHARE INTERNATIONAL erscheint zehnmal im Jahr im DIN-A5-Format mit jeweils 30 bis 40 Seiten. Jahresabonnement EUR 30,- / sFr 55,-

Index

Hinweis für den Leser: Die im Index angegebenen Seitenreferenzen beziehen sich auf die in Fettdruck und eckigen Klammern im Text stehenden Zahlen und entsprechen den Seitenzahlen der englischen Originalausgabe.

Über den Autor

Der schottische Maler und Esoteriker Benjamin Creme hat in den letzten zwanzig Jahren die Welt auf das bedeutendste Ereignis in der Geschichte der Menschheit vorbereitet.

Er spricht weltweit in Fernsehen und Rundfunk und hält regelmäßig Vorträge in Europa, in den USA, in Japan, Australien, Neuseeland, Kanada und Mexiko.

Viele Jahre lang wurde er dafür von seinem Meister geschult. 1982 gab Benjamin Creme bekannt, dass der lang erwartete Weltlehrer Maitreya in London lebt und bereit ist, sich öffentlich vorzustellen, wenn die Medien ihn dazu einladen.

Bis jetzt hat sich diese Gelegenheit nicht ergeben, und Benjamin Creme erfüllt weiterhin seine Aufgabe als Botschafter dieser hoffnungsvollen Nachricht.

Benjamin Creme ist Autor mehrerer Bücher, die in sieben Sprachen übersetzt wurden, und Herausgeber der Zeitschrift *Share International*, die in über 70 Ländern gelesen wird. Für all diese Arbeit nimmt er kein Honorar. Benjamin Creme lebt mit seiner Familie in London.